The Design and Construction of Long Life Semi Rigid Pavement for Heavy Traffic with Heavy Wheel-load

# 重载交通长寿命半刚性路面设计与施工

沙庆林　著

人民交通出版社

## 内 容 提 要

本书结合作者近年来的最新科研成果撰写，扼要介绍了我国半刚性路面的发展历程和国内外的重载交通长寿命沥青路面；讲述了20世纪60年代初提出的我国独特的路面结构设计理论“强基薄面稳土基”，以及80年代中开始建设高速公路后补充的四大设计内容；重点论述了重载交通长寿命半刚性路面如何贯彻“强基薄面稳土基”的设计理论；详细阐述了粗集料断级配新SAC系列的设计理论与方法以及检验方法、新SAC的六个优点和在实际工程中的应用、水泥稳定碎石基层混合料采用粗集料中断级配CBG－25的设计方法和密实性检验方法，并提供了水泥稳定碎石强度变化很小的级配范围；阐述了为实现重载交通长寿命沥青路面研发的粗集料单一粒级筛分机；研究提出了以符合级配要求为核心的新施工工艺，以及黏结层与黏结防水层的施工工艺；创新应用了凸块钢轮压路机加强土基、底基层与基层之间的层间结合，形成相互紧固嵌入的特殊整体，其力学性质远优于一般的层间黏结；阐述了首次实现“稳土基”采用的隔断层。

本书可供高速公路设计与施工的技术人员使用，同时也可供高等院校相关专业师生教学参考。

**图书在版编目(CIP)数据**

重载交通长寿命半刚性路面设计与施工/沙庆林著.
—北京:人民交通出版社,2011.12
ISBN 978-7-114-09512-2

Ⅰ.①重… Ⅱ.①沙… Ⅲ.①半刚性路面—路面设计
②半刚性路面—路面施工 Ⅳ.①U416.223

中国版本图书馆CIP数据核字(2011)第244487号

**书　　名:** 重载交通长寿命半刚性路面设计与施工
**著 作 者:** 沙庆林
**责任编辑:** 刘永超　郑蕉林
**出版发行:** 人民交通出版社
**地　　址:** （100011）北京市朝阳区安定门外外馆斜街3号
**网　　址:** http://www.ccpress.com.cn
**销售电话:** （010）59757969，59757973
**总 经 销:** 人民交通出版社发行部
**经　　销:** 各地新华书店
**印　　刷:** 北京交通印务实业公司
**开　　本:** 720×960　1/16
**印　　张:** 16.25
**字　　数:** 303千
**版　　次:** 2011年12月　第1版
**印　　次:** 2011年12月　第1次印刷
**书　　号:** ISBN 978-7-114-09512-2
**定　　价:** 45.00元

# 前　言

近年来，我国的高速公路建设得到了飞速发展，高速公路通车里程迅速增加，截至2010年底，我国高速公路通车里程已达7.4万公里。高速公路在服务经济社会发展中的作用愈加显著，但随着我国经济的持续快速发展，社会对交通运输的需求也越来越大，高速公路尤其是东中部地区的国道主干线高速公路的交通流迅速增长，通行车辆中的重型车比例也在与日俱增，这就向我国的高速公路建设提出了新的挑战，即如何建成满足这种重载交通需求的长寿命高速公路，成为摆在广大高速公路建设者面前的一道难题。

由作者主持完成的西部交通建设科技项目“重载交通长寿命沥青路面关键技术研究”，取得了一系列创新成果，使半刚性基层沥青路面处于国际领先水平。交通运输部颁布的《公路水路交通运输“十二五”科技发展规划》中，也将重载交通长寿命半刚性基层沥青路面设计与施工技术列为科研成果的重点推广领域之一。为了给我国的重载交通长寿命路面提供一种切实可行的设计与施工方法，作者整合近40年的科研成果，并总结了在秦皇岛修筑的重载交通长寿命试验路的实践情况，撰写了本书。

本书共分七章。第一章绪论。简要介绍了当前我国高速公路上交通状况的显著变化以及我国半刚性基层与半刚性基层沥青路面的发展历程。

第二章国内外的重载交通沥青路面。着重介绍了国际上柔性路面的典型代表——澳大利亚柔性路面的结构和设计思想；扼要介绍欧洲的重载交通沥青路面，以及国内重载交通沥青路面的状况。

第三章国内外的长寿命沥青路面。主要包括：法国1998年的典型结构、20世纪60年代初哈尔滨二十道街长寿命半刚性路面、21世纪初我国新建的几条长寿命沥青路面试验路的情况。

第四章半刚性基层沥青路面的设计理论和力学计算。这是本书的重点之一，首先明确了20世纪60年代初交通部公路科学研究所提出的我国独特的路面设计理论——“强基、薄面、稳土基”及其包括的四大内容：路面结构组合设计、材料设计、厚度设计和路基路面综合设计。同时以重载交通长寿命半刚性路面为例，具体说明如何在高速公路路面建设中贯彻实现这个设计理论。利用力学计算结果论证了在路基顶面下1.5m处设置水平沥青膜隔断层的重要作用，并介绍了层间黏结的具体措施。还利用力学计算结果介绍了路面各力学指标间有很好的相关性和两种不同轴载的比较。

第五章重载交通长寿命沥青面层的设计理论及应用。这是本书的重点内容，主要介绍粗集料断级配SAC系列的设计理论、设计方法、检验方法以及应用等。

第六章新水泥碎石基层混合料的设计与检验。详细介绍了粗集料断级配新水泥碎石基层混合料的级配设计方法，并根据路上的实践经验确定其粗集料的含量，采用了两种密实性检验方法，得到其孔隙率很小，并提供了水泥碎石强度很小变化的级配范围。

第七章施工工艺。内容包括沥青混合料与水泥碎石混合料拌和厂设备的添置和改造；适用于各种级配的粗集料单一粒级专用筛分机等。本章还介绍了凸块钢轮压路机的创新性应用，土基隔断层、水泥碎石基层与沥青面层的施工，以及黏结层与黏结防水层的施工等。

重载交通长寿命路面作为全寿命周期成本最低的一种路面形式，很符合我国建设资源节约型和环境友好型高速公路的需求，在我国有着广阔的应用前景，作者期望本书能为随后相关标准规范的出台提供技术依据，并为我国重载交通长寿命路面的建设提供有价值的参考。书中参考了相关课题的研究成果，在此对参与课题研究的相关人员表示感谢。本书的撰写历时三年，虽经多次修改和完善，但限于作者的时间和精力，书中的不妥之处，恳请读者批评指正。

**作　者**

**2011年9月**

# 目　录

第一章　绪论 …………………………………………………… 1
　第一节　概况…………………………………………………… 1
　第二节　我国半刚性基层与半刚性基层沥青路面的发展历程 ……………… 11
第二章　国内外的重载交通沥青路面 …………………………………… 20
　第一节　国外的重载交通沥青路面 …………………………………… 20
　第二节　国内重载交通沥青路面状况 ………………………………… 26
第三章　国内外的长寿命沥青路面 ……………………………………… 31
　第一节　国外的长寿命路面 ………………………………………… 31
　第二节　我国已有的长寿命半刚性路面 ……………………………… 38
　第三节　我国新建的长寿命沥青路面试验路 ………………………… 42
第四章　半刚性基层沥青路面的设计理论和力学计算 ………………… 60
　第一节　"强基、薄面、稳土基"设计理论 …………………………… 60
　第二节　路面结构组合设计 ………………………………………… 71
　第三节　材料设计 ………………………………………………… 91
　第四节　路面厚度设计 …………………………………………… 95
第五章　重载交通长寿命沥青面层的设计理论及应用………………… 115
　第一节　SAC 系列矿料级配的设计理论 …………………………… 115
　第二节　新 SAC 系列矿料级配的设计方法 ………………………… 120
　第三节　新 SAC 系列矿料级配的检验方法 ………………………… 126
　第四节　新 SAC 矿料级配的性能 ………………………………… 145
　第五节　SAC 矿料级配优点………………………………………… 159
　第六节　新 SAC 的应用 ………………………………………… 160
　第七节　硬质沥青的应用………………………………………… 174
第六章　新水泥碎石基层混合料的设计与检验………………………… 189
第七章　施工工艺……………………………………………………… 212
　第一节　土基的施工…………………………………………………… 212

第二节　基层的施工……………………………………………………… 217
第三节　层间黏结层的施工…………………………………………………… 221
第四节　添置和改造水泥碎石与沥青混合料拌和机和质量检验………… 224
第五节　沥青面层的施工……………………………………………………… 227
第六节　铺筑试验路…………………………………………………………… 238
第七节　沥青混合料的变异性………………………………………………… 243
**参考文献**…………………………………………………………………… 251

# 第一章 绪 论

## 第一节 概 况

### 一、我国高速公路的交通状况

在设计高速公路时,根据 OD 调查等资料是很难准确预测未来年份的交通量和交通组成的,就以往沥青路面设计使用期为 15 年的情况下,要预测 15 年后的累计标准轴次也是很困难的,可以说其误差相当大。以下简要叙述我国三条比较有代表性的高速公路的交通情况。

1. 沪宁高速公路

双向 4 车道沪宁高速公路是一个典型实例。早在 20 世纪 90 年代,我国主干线高速公路和国道上的交通量就相当大。例如,1996 年建成通车的沪宁高速公路,设计年限为 15 年。设计时预计 2000 年的交通量为 20 198 辆/d,2010 年为 36 602 辆/d。该路运营期间的交通量见表 1-1。

**沪宁高速公路江苏段历年日均全程交通量一览表**(单位:辆/d) 表 1-1

| 时　间 | 苏州 | 无锡 | 常州 | 镇江 | 南京 | 全线平均 |
|---|---|---|---|---|---|---|
| 1996 年 | 11 238 | 11 877 | 11 110 | 9 916 | 9 140 | 10 402 |
| 1997 年 | 14 224 | 12 914 | 10 587 | 10 541 | 12 099 | 13 285 |
| 1998 年 | 16 285 | 14 718 | 12 018 | 12 796 | 14 182 | 13 964 |
| 1999 年 | 19 895 | 16 879 | 13 359 | 14 321 | 16 067 | 16 235 |
| 2000 年 | 23 200 | 19 290 | 13 684 | 15 170 | 16 999 | 18 087 |
| 2001 年 | 28 231 | 23 358 | 15 340 | 16 558 | 19 766 | 21 013 |
| 2002 年 | — | — | — | — | — | 25 349 |
| 2003 年 | — | — | — | — | — | 31 021 |
| 2006 年 | — | — | — | — | — | 39 451 |
| 2007 年 | — | — | — | — | — | 48 409 |
| 2008 年 | — | — | — | — | — | 49 327 |

由表 1-1 可以看出：

(1)当初预计的 2000 年交通量与运营期间全线平均的实际交通量基本一致；

(2)东段(无锡枢纽—花桥)交通量明显高于全线平均水平，是全线平均交通量的 1.21 ~ 1.26 倍；

(3)据调查，通车 6 年后，2002 年 1 ~ 8 月份，仅 8 个月时间，东段平均交通量为 33 478 辆/d，已很接近当初 2010 年的预计数。2006 年沪宁高速公路拓宽改建成双向 8 车道高速公路。据介绍，2007 年沪宁高速公路折算成全线平均的交通量(各种车辆)为 4.8 万辆/d，已超过设计时的 2010 年交通量的 31%。东段(无锡到上海)为 5.8 万辆/d，其中货车占 35%，即 1.68 万辆/d。如各种货车都折算成标准轴次，则累计当量标准轴次会显著超过 2 万辆/d。而且其中重型货车和超限超载车辆逐渐增多。到 21 世纪初的前 6 年，这种现象达到高峰。但总的来看，沪宁高速公路重载货车占的百分率并不大。

2. 广深高速公路

广深高速公路是另一个典型实例，该路为双向 6 车道。2008 年，广深高速公路深圳市辖段的交通量为 8 万辆/d，其中大客车和货车约各占一半，这也是设计时没有预测到的。广深高速公路设计时预估使用期 15 年内的累计标准轴次是 3 100 万。实际上该路通车后不久，其交通量和货车数量就已跃居全国高速公路之首。近几年来每天收费超过 1 000 万元(仅指省辖的 100km)。由于该高速公路特殊的地理环境，据统计通过的各种车辆，2007 年就达 36 亿辆之多，平均每天约 986 万辆；2008 年达 33 亿辆，平均每天约 904 万辆。广深高速公路近两年的交通量见表 1-2。表中二轴六轮、三轴、四轴及多轴均为货车的统计数据，广深高速公路将此三种货车换算成 BZZ-100kN 所采用的系数分别为 ×0.76、×4.69 和 ×7.25。用这些系数计算的结果，2007 年的累计当量标准轴次 ESAL = 23.54 亿次，平均每天 ESAL = 645 万次；2008 年的 ESAL = 18.85 亿次，平均每天 ESAL = 516 万次。近几年广深高速公路的收费总额每年在 36 亿 ~ 40 亿之间。

其他国道主干线高速公路也都有实际累计标准轴次显著超过设计时预估值的类似情况。特别是北南纵向主干线高速公路的重载交通和 ESAL 更大。早在 20 世纪 80 年代，美国就总结提出实际交通量往往是预估交通量的 2 ~ 4 倍。

广深高速公路近两年的交通量

表 1-2

| 车辆类型 | | 出口车流量(万车次) | | 交通总量(百万车次) | |
|---|---|---|---|---|---|
| | | 2008 年 | 2007 年 | 2008 年 | 2007 年 |
| 收费车辆 | 二轴四轮 | 8 407.57 | 8 778.13 | 2 453.77 | 2 663.01 |
| | 二轴六轮 | 2 010.48 | 2 174.70 | 546.84 | 618.36 |
| | 三轴 | 224.11 | 254.63 | 51.93 | 64.98 |
| | 四轴及多轴 | 745.05 | 896.57 | 169.12 | 217.84 |
| | 小计 | 11 387.21 | 12 104.03 | 3 221.66 | 3 564.19 |
| 免费车辆 | | 331.03 | 232.34 | 93.69 | 68.56 |
| 合计 | | 11 718.24 | 12 336.37 | 3 315.35 | 3 632.75 |

实际调查显示,一些主干线高速公路和国道上实际货车的后轴重分布状况为,轴载 100 ~ 120kN(10 ~ 12t)和 120 ~ 140kN(12 ~ 14t)的分别约占 13%。轴载超过 130kN(13t)的占 50% 多。轮胎充气压力一般在 0.9 ~ 1.0MPa,而实际中,后轮充气压力大于 1.1MPa 的接近 50%。这些重载货车使不少高速公路的沥青路面产生了严重辙槽和严重水破坏。

3. 京珠高速公路

2010 年 2 月,笔者调查了北南主干线京珠高速公路沿线几个主要路段的交通状况,结果见表 1-3。表中包括日平均交通量、日平均重载货车的数量及重载货车所占的百分率,其中,重载货车是指载货大于 8t 的货车。

京珠高速公路沿线的交通状况

表 1-3

| 名称 | 日平均交通量(辆/d) | 日平均重载货车(辆/d) | 重载货车比例 |
|---|---|---|---|
| 京石高速 | 52 124 | 9 076 | 17.4% |
| 石安高速 | 48 534 | 13 162 | 27.1% |
| 安新高速 | 15 501 | 5 930 | 38.3% |
| 豫南高速 | 10 662 | 5 670 | 53.2% |
| 临长高速 | 35 836 | 10 080 | 28.1% |
| 耒宜高速 | 21 370 | 4 955 | 23.2% |

从表 1-3 可以看到,日平均重载货车少的路段,仅 5 000 辆/d 左右,即 1 年 182 万辆左右,而平均重载货车多的路段则超过了 10 000 辆/d,即 1 年超过了

365 万辆。

从近几年了解的情况看，通常货车轴载符合规定的 100kN，但轴数增加到 5 ~6 个轴的半拖挂和拖挂车较多，同时轴距不超过 3m。这种多轴货车在主干线高速公路上和运煤路线上比较多见，一旦堵车就会有近百辆甚至上千辆车滞留在路上。

一些省从 2006 年开始就实施计重收费，并开始控制超载和超限车辆。例如，江苏省的沿江高速公路 2006 年 5 月，每天有各种车辆 20 000 辆，客车、货车各占一半。有 85.2% 的货车不超载，超载 30% 以下的货车占 11.9%，超载 30% ~50% 的货车只有 2%，超载 50% ~100% 的货车仅占 0.07%。据了解，近几年多数省已实行计重收费。在尚未实行计重收费的高速公路上和国道上，不但货车数量多，而且货车超载的情况仍然相当严重。

## 二、长寿命柔性路面

1997 年，英国运输研究所 TRL Michael Nunn（牛恩），在第八届国际沥青路面会议上发表了《长寿命柔性路面》论文。在此论文中，牛恩对 1984 年起英国建成的原沥青混凝土柔性路面进行了回顾分析。他指出，沥青混凝土层厚、施工质量好的柔性路面的主要损坏是表面出现裂缝和辙槽。后来的研究又发现，为了减少路面总寿命期间的费用，路面结构寿命至少要 40 年。英国现行路面设计方法的依据是已承担了 $20\times10^6$ 次标准轴载（英国的标准轴载是 80kN）的试验路。这些路的使用性能趋向被用于设计直到 $200\times10^6$ 次（2 亿次）的标准轴载。用弯沉值作为确定分期建设临界时间的依据。

### 1. 柔性路面

牛恩等发现，对于柔性路面，沥青混凝土层厚小于 18cm 时，在路基和沥青混凝土层中都会产生深辙槽。对于厚 9 ~16cm 的沥青混凝土层和厚 15cm 的柔性基层，辙槽与土基有关。以往研究已经证明，对于柔性路面，辙槽深度是由沥青面层、柔性基层与土基三部分在车轮荷载作用下产生的。所以规定土基的 CBR 值应大于 5。如沥青混凝土层厚大于 36cm，仅有主要由沥青混凝土层产生的较小的辙槽。实际上也就是说，沥青混凝土层厚大于 36cm 的情况下，柔性基层和土基不会再产生永久形变。

在沥青混凝土层厚 23 ~30cm 的四种路面结构上，加载 $22\times10^6$ ~ $71\times10^6$ 次（2 200 万 ~7 100 万次）未发现有疲劳破坏现象。他指出疲劳破坏不是路面结构使用性能长寿命的主要因素。这点与澳大利亚的经验一致。

牛恩得出结论，为了得到长寿命的路面，土基的 CBR 值要大于 5，应使用有一层最小厚度的良好的沥青混凝土，应认真施工并重视养护。同时，他提出，对于每年 $5\times10^6$ 次(500 万次)标准轴载的柔性路面，在不确定寿命时，沥青混凝土层厚建议为 26cm。对于长寿命并允许更换表层开裂的 10cm 沥青混凝土路面的上层，沥青混凝土层厚建议为 37cm。

显然，上述论述中牛恩并没有说明，表面裂缝指什么类型的裂缝。笼统地说有没有裂缝，不切合实际。实际上，沥青混凝土表面不产生裂缝是不可能的。所谓长寿命也就是在 40 年期间，柔性路面不会产生结构性破坏。实际上，英国 20 世纪 80 年代的新路面设计方法，对交通量最大的公路，柔性路面沥青混凝土层的厚度为 42cm。

应该说，上述情况仅针对英国习惯用的沥青混合料、英国的气候条件和交通状况。

荷兰通过对 176 段柔性路面的研究，发现在厚度大于 16cm 的沥青混凝土路面上，损坏仅限于从表面向下的裂缝，直到深 10cm 处，没有典型的疲劳破坏。同时得出结论，表面损坏主要是由轮胎产生的不均匀径向应力引起，这些应力大于底面的拉应力。但是，我国的研究表明，沥青混凝土是一种热胀冷缩的材料，沥青面层的裂缝主要是由温度变化引起的低温裂缝和温度疲劳裂缝。

2. 半刚性路面

A. R. Parry 和 M. E. Nunn 等对已经承受 $100\times10^6$ 次(1 亿次)标准轴载的半刚性路面结构的施工和养护历史进行研究后指出：设计是根据保证水泥稳定基层的弯拉强度大于温度翘曲应力和交通应力之和进行的。最近几年趋向于使用较高强度的水泥稳定基层和水泥处治底基层。

对于交通量大于 $100\times10^6$ 次(1 亿次)标准轴载(80kN)的公路，英国在厚 25cm 贫混凝土基层上铺 20cm 厚沥青混凝土，同时要求 CBR > 30% 的底基层厚 35cm，要求路基的 CBR 为 5%。他们认为此设计可满足预计累计标准轴载超过 $100\times10^6$ 次。

长寿命路面的论文发表后，引起了美国、欧洲一些国家和我国公路路面研究技术人员的重视。

美国沥青路面协会(APA)将长寿命路面定义为：在沥青路面设计使用年限达 50 年内无结构性的修复和重建，仅需根据表面层损坏状况进行周期性的修复。实际上，美国有的州采用 40 年，有的州采用 50 年。2004 年，美国联邦沥青技术中心颁发了长寿命路面奖，有 8 个州的一些路段获奖，其中大部分为州际高速公路或主干线公路。这些获奖路段都正常使用 35 年以上无结构性破坏，并且每次需表面罩面或修复的间隔时间大于12年。显然，这里不是指整条路，而是指某条路上的个别路段。此外，既没有介绍交通状况，也没有具体的路面结构。但联邦沥青技术中心至少证明在美国的交通状况下柔性路面是可以达到长寿命的。

在此前后，国外文献中曾出现过"永久性路面"这个名词。笔者认为，路面，包括其他工程结构物是不可能永久的。要求路面长寿命，同时给其某种定义是合适的。在我国，针对半刚性基层沥青路面，笔者提出长寿命路面的定义为：在40年使用期限内，路面不产生结构性破坏，仅表面层需要及时进行日常养护，以恢复面层的使用性能，重铺或加铺表面层的间隔时间为10年以上。

## 三、我国《公路沥青路面设计规范》交通等级的划分

《公路沥青路面设计规范》（JTG D50—2006）（以下简称《沥青路面设计规范》）的交通等级划分按下列两个标准进行：

（1）按设计年限内一个车道累计当量标准轴次 ESAL 或 $N_e$（万次/车道）划分；

（2）按通车运营后第一年的货车平均日交通量划分，即大客车、中型货车、大型货车、拖挂车等车型在每一车道上的日平均交通量［辆/（d·车道）］划分，见表1-4。但没规定大客车等的轴重，公路上一般为40kN。将交通等级划分为轻交通、中交通、重交通、特重交通四个等级。设计时根据上述两个条件的规定，选择一个较高的交通等级作为设计交通等级。

**《公路沥青路面设计规范》（JTG D50—2006）的交通等级划分** 表1-4

| 交通等级 | BZZ-100kN 累计标准轴次 $N_e$（次/车道）/$l_d^{②}$（mm） | 大客车及中型以上各种货车交通量［辆/（d·车道）］ |
|---|---|---|
| 轻交通 | $<3\times10^6/0.304$ | <600 |
| 中交通 | $(3\times10^6\sim1.2\times10^7)/0.230$ | 600~1 500 |
| 重交通 | $(1.2\times10^7\sim2.5\times10^7)/0.199$ | 1 500~3 000 |
| 特重交通 | $>2.5\times10^7/<0.199$ | >3 000 |
| 超重交通① | $1\times10^8/<0.151$ | — |

注①超重交通是笔者根据长寿命半刚性路面的要求加上的。

②$l_d$ 按《沥青路面设计规范》计算半刚性路面设计弯沉值的公式计算得。

《沥青路面设计规范》交通等级划分的设计年限为15年，路面使用到15年产生结构性破坏，需要翻修重建是符合规范要求的。实际上，已建高速公路沥青路面平均约使用6～7年就开始产生结构性破坏。表面层则通车后1～3年就产生严重的水破坏和辙槽。美国在20世纪80年代中，调查总结了其州际高速公路沥青路面的实际使用年限。最终公布的报告指出，按美国AASHTO的路面设计指南，沥青路面应该使用20年，但实际只使用8～12年。这就是我国和美国的路面工作者对长寿命沥青路面十分关注的根本原因。

## 四、重载交通长寿命路面的累计标准轴次

目前我国公路上的交通轴载换算成当量标准轴载(100kN)ESAL后的累计作用次数$N_e$一般都大于2 000万次，有的甚至超过1亿次。由于根据OD调查预测的交通量、交通组成和增长率本身的可靠性并不高，实际预估的15年内的累计标准轴次ESAL即《沥青路面设计规范》中的$N_e$与开放交通后设计使用期内的实际交通量会有很大误差。长寿命沥青路面的设计年限是40年，要预估40年内的交通状况难度更大。表1-3中平均重载货车最多的路段(至今通车约20年)达13 162辆/d，一年总计4 804 130辆，再通车20年共计会超过1亿辆。因此，设计年限40年的重载交通长寿命半刚性路面的累计标准轴次ESAL应为1亿次/车道。

利用《沥青路面设计规范》中计算半刚性路面设计弯沉值的公式，可计算得重载交通长寿命半刚性路面1亿次ESAL的设计弯沉值$l_d$为0.151mm。

2007年完成的河北省秦皇岛长寿命半刚性路面试验路，通车一年后，2 748m长正规试验路段的代表弯沉值左轮下(4小段)变化在0.124～0.155mm之间。

## 五、路面类型

近100多年来，国际上采用的路面有柔性路面、半刚性路面、刚性路面和刚性路面上铺设沥青混凝土面层几种类型，在英国称后者为刚性组合式路面，我国称复合式路面，也有人将其简称为白加黑路面。

### 1. 柔性路面

路面结构层都是用沥青结合料和无结合料的粒料(如级配碎石、级配砂砾和填隙碎石等)构成的称柔性路面。

美国最早于1873年就开始铺筑柔性路面，至今已有136年历史。美国AASHTO(各州公路运输工作者协会)总结2002年前的柔性路面结构列在表1-5中。

**美国 2002 年前的柔性路面** 表 1-5

| 传统柔性路面 | 厚沥青混凝土柔性路面 | 全厚式沥青混凝土路面 |
|---|---|---|
| 沥青混凝土面层 | 沥青混凝土面层 | 沥青混凝土面层 |
| 无结合料基层 | 沥青混凝土面层 | 沥青混凝土联结层 |
| 无结合料底基层 | 无结合料基层 | 沥青混凝土基层 |
| 压实的土基 | 压实的土基 | 压实的土基 |
| 天然地基 | 天然地基 | 天然地基 |

注:传统柔性路面沥青混凝土层厚常为 7cm。表中并没有注明各层的厚度和混合料的力学指标。美国高速公路主要使用柔性路面。

2. 刚性路面

水泥混凝土路面常简称刚性路面。早在第二次世界大战之前,德国就铺筑了很多水泥混凝土路面,第二次世界大战后前民主德国主要采用刚性路面,美国有的州也铺筑了不少刚性路面。在我国一般公路上水泥混凝土路面使用得很多。

3. 半刚性路面

我国早在 20 世纪 60 年代就开始使用准半刚性路面,如石灰土基层上铺渣油表面处治面层。在 80 年代初前后开始铺筑半刚性基层沥青面层试验路,正式研究半刚性路面。但是国际上正式定名半刚性路面却是在 1983 年的第 17 届世界道路会议上。会议提出,半刚性路面包括两个特点:一是路面结构层中有 1 ~ 2 层是用水泥、石灰或石灰粉煤灰等无机结合料稳定级配粒料或稳定土等材料构成的;第二是无机结合料稳定材料层具有一定的厚度,能使沥青路面结构的力学性能和承载能力显著优于柔性路面,但承载能力又不如刚性路面。换句话说,半刚性基层沥青面层这种路面结构国际上是于 1983 年从柔性路面中分离出来的。

2002 年美国 AASHTO 设计指南提供的路面结构类型见表 1-6。

**2002 年美国 AASHTO 设计指南的路面类型** 表 1-6

| 用 ATB 的半刚性路面 | 用 CTB 的半刚性路面 | 倒装式路面结构 |
|---|---|---|
| 沥青混凝土面层 | 沥青混凝土面层 | 沥青混凝土面层 |
| 沥青稳定基层 ATB | 水泥稳定基层 CTB | 无结合料基层 |
| 无结合料底基层 | 无结合料底基层 | ATB 或 CTB |
| 压实的土基 | 压实的土基 | 压实的土基 |
| 天然地基 | 天然地基 | 天然地基 |

从表1-5和表1-6可以看到，此两表对柔性路面与半刚性路面的差别有混淆。将沥青混凝土看作是柔性的，而将沥青稳定基层ATB却看作是半刚性的。没有提供任何指标值，也没有遵循1983年第17届世界道路会议对半刚性路面的定义。

4. 刚性组合式路面

刚性组合式路面是在刚性路面的基础上铺筑一定厚度的沥青混凝土面层，以克服刚性路面的缺陷发展起来的。

5. 正常设计和施工的四种路面使用性能的比较

1）柔性路面的优缺点

柔性路面的显著优点是车辆行驶舒适，噪声小。它的显著缺点是沥青混凝土层的厚度大，欧洲高速公路上通常超过30cm；需要用品质好的碎石和大量沥青，因此投资较大。在重载货车作用下容易产生辙槽，表面会产生温度裂缝。

2）半刚性路面的优缺点

半刚性路面的显著优点是能够用作重载交通长寿命沥青路面的结构，实际上路面结构的承载能力可完全由半刚性基层和半刚性底基层满足。其上只需铺12cm厚的沥青面层，在半刚性基层上的薄沥青面层容易产生反射裂缝，会增加沥青面层的裂缝数量。半刚性基层可用石料的品种较多，石料品质要求较低，可以就地取材。特别是半刚性底基层可以使用少量无机结合料稳定沿线的土。因此，半刚性路面的投资显著少于柔性路面，同时又具有柔性路面车辆行驶舒适和噪声小的优点。沥青面层的温度裂缝与柔性路面相似。

3）刚性路面的优缺点

经过优秀设计和施工的刚性路面的突出优点是承载能力最大，其突出缺点是收缩缝太多，而且对填缝料的要求很高，我国所用填缝料的耐久性差，容易老化。收缩缝多，行车舒适性差，噪声大。填缝料一旦老化，雨水容易透入。我国常在刚性路面下设置半刚性基层，一旦雨水侵入也会导致唧浆和混凝土板的边角断裂，严重影响刚性路面的使用性能和使用寿命。按设计，刚性路面应使用30年，但我国刚性路面的实际使用寿命常为设计年限的五分之一左右。

4）刚性组合式路面的优缺点

为了克服刚性路面的突出缺陷，在刚性路面上铺筑一定厚度的沥青混凝土面层，使行车较舒适和减小噪声，同时也能防止雨水透过收缩缝进入混凝土板底，大量减少混凝土板的边角断裂。这样就产生了刚性组合式路面。近10多年来，国内高速公路的刚性路面都先后改造成了复合式路面。但由于刚性路面的温缩性显著大于沥青混凝土的温缩性，沥青面层仍可能产生较多反射裂缝。并使雨水通过裂缝透入刚性路面的板底，逐渐导致混凝土板破坏。这就需要各地根据沿线的气温和所用沥青混凝土的厚度和性能来研究、总结合适的减少反射裂缝的措施，以及防止反射裂缝两侧啃边的措施。最佳方案是在混凝土面板下设置一个透水排水的基层。

## 六、美国华盛顿州1-90州际高速公路不同路面结构使用性能的比较

1. 美国1-90州际公路

美国华盛顿州1-90州际公路，全长480km。有三种路面结构：柔性路面结构占47%，半刚性(水泥处治基层)路面占33%，普通水泥混凝土路面占20%。全线被Cassade分成东西两部分。东段夏热冬寒，部分路段交通量较小，当量标准轴次ESAL=37.5万次/(车道·年)，部分路段交通量很大，ESAL=250万次/(车道·年)，平均每天每车道ESAL为6 849次，美国的标准轴载为80kN。

2. 柔性路面与半刚性路面使用性能的比较

东段柔性路面/半刚性基层沥青路面性能的调查情况见表1-7。

**路面使用性能比较** 表1-7

| 比较项目 | 距第一次施工时间(年) | 原施工厚度(cm) | 从第一次施工到第一次维修时间(年) |
|---|---|---|---|
| 平均值 | 29.3/38.2① | 24.1/23.1 | 12.4/10.8 |
| 变化范围 | 6~35/33~42 | 15.2~35.3/20.3~25.4 | 6~21/3~16 |
| 路段数 | 27/21 | 27/21 | 25/21 |
| 比较项目 | 现在磨耗层时间(年) | 现在不平整度指数IRI(m/km) | 现在辙槽深度RD(mm) |
| 平均值 | 4.7/7.1 | 0.8/0.9 | 5/7 |
| 变化范围 | 2~10/1~10 | 0.6~1.2/0.6~1.2 | 1~9/1~11 |
| 路段数 | 25/21 | 25/21 | 25/21 |

注①：表中"/"前的值指柔性路面，"/"后的值指半刚性路面。

从表1-7可以看到：

(1)柔性路面共27段，从第一次施工以来的平均寿命(考虑各段的长度加权平均)为29.3年，半刚性路面共21段，从第一次施工以来的平均寿命为38.2年；

(2)柔性路面平均厚度24.1cm，半刚性路面平均厚度23.1cm；

(3)从第一次施工到第一次维修的平均时间间隔,柔性路面为 12.4 年,半刚性路面为 10.8 年;

(4)到观测时磨耗层已使用的时间,柔性路面为 4.7 年,半刚性路面为 7.1 年,即半刚性路面的使用时间较柔性路面长 2.4 年;

(5)观测时的国际不平整度指数,柔性路面为 0.8m/km,半刚性路面为 0.9m/km;

(6)观测时的辙槽深度柔性路面平均为 5mm,半刚性路面平均为 7mm。

也就是说,虽然半刚性路面的国际不平整度指数较柔性路面的大 12.5%,前者的辙槽深度较后者的大 2mm,但前者的使用期却比后者的长 2.4 年。

上述统计结果证明,水泥处治基层半刚性路面完全可以作为长寿命路面结构。

## 第二节 我国半刚性基层与半刚性基层沥青路面的发展历程

### 一、我国第一条石灰土试验路段

1953 年交通部公路科学研究所与河北省交通厅合作,首次在国内铺筑石灰土基层中级路面试验路并取得成功。随后,国内不同地区都开始推广应用石灰土。

1. 哈尔滨市严重翻浆路段

20 世纪 60 年代初,为解决哈尔滨市二十道街沥青路面春季翻浆破坏的严重问题,笔者建议利用石灰土、石灰炉渣土等材料铺筑解决翻浆问题,使二十道街成为我国城市内第一条重载交通长寿命沥青路面。通车 45 年后,2006 年笔者再次观测二十道街时,原试验路路面未产生结构性破坏,仅 7cm 厚沥青面层进行了多次维修和重铺。

2. 20 世纪 60 年代中石灰土基层渣油表面处治

石灰土基层与渣油(石油经初步提炼后剩余的较稀的残渣)表面处治面层是 20 世纪 60 年代推广应用的主要路面结构。

3. 20 世纪 70 年代用石灰改善原黏性土做结合料的中级路面的水稳性

在 70 年代,我国主要公路上的路面是用黏性土做结合料的泥结碎石和级配砂砾。这些中级路面在当时的行车荷载作用下未发生破坏。由于这些路面的显著缺点是晴天扬灰和雨天泥泞。为克服其缺点,同时提高行车舒适性,在原路面上铺设渣油表面处治。但渣油表面处治面层铺设后不久，由于它阻止了原用土做结合料的中级路面下地基和土基中的气态水向外蒸发，气态水滞留在中级路面和路面下土基上部厚约15cm的硬土层（由于硬土层增大了路面的承载能力）中变成自由水，使路面的强度显著下降并使硬土层消失，导致路面很快产生结构性破坏。因此在70年代又发展了先用石灰处治原中级路面，再铺渣油表处，产生了泥灰结碎石和泥灰结砂砾等半刚性基层。

4. 全国研究推广应用重型压实标准和水泥稳定材料基层

20世纪70年代末期，笔者总结了我国援外公路工程中使用水泥稳定材料做沥青路面基层的经验，以及赞比亚等国使用水泥稳定基层沥青路面的经验，将这些经验带回国内总结成书，交由人民交通出版社，于1981年出版了《水泥稳定土基层与底基层》一书。70年代，辽宁省和广西壮族自治区也先后铺筑了水泥稳定砂砾和水泥稳定坡积碎石土试验路。

美国早在20世纪30年代初就开始使用石灰土，约比我国早了20年。

## 二、四条试验路

1979年国家设立重点科技项目“高速公路修建技术的研究”。1980年末，我国公路总里程约89万km，其中一级公路只有200km，二级公路有12.6万km。1981年交通部颁布了《公路工程技术标准》（含高速公路技术标准）。

由笔者负责的交通部公路科学研究所路面研究组，针对那时路面普遍发生的早期破坏现象，开展了多方面的技术研究。历时两年，先后在广西、北京、黑龙江和广东铺筑了四条应用重型压实标准、半刚性基层和次高级沥青面层（多蜡沥青混合料面层和多蜡沥青表面处治）的试验路，取得了丰富的第一手资料与实践经验。初步积累了半刚性基层在不同地区的使用经验和材料的物理—力学性质资料。1982年交通部公路科学研究所提出的重要研究成果有：重型压实标准、材料技术指标和标准值、半刚性材料特性和设计参数、半刚性材料组成设计方法、施工技术和配套的试验仪器。1981年由笔者研究开发的多功能路面强度试验仪和试验方法、试验结果的评定方法以及质量管理和检验内容等共涉及十多项室内外试验。这套试验仪器和试验方法首次应用到了各省（区）和市的试验室，同时被大专院校的试验室广泛应用。这是我国有关试验室首次拥有自己的试验仪器。

四条试验路各有特点，都为我国推广应用半刚性基层沥青路面提供了十分有用的技术依据。

1. 玉林试验路

1979年末,交通部公路科学研究所与广西壮族自治区合作完成的玉林石南至大江口路段试验路,是在桥头填土高达2m的路堤上铺筑的。用沿线的残积黏性土填筑路堤,路堤分10层施工,共检测压实度160多个点,平均压实度达到93%重型压实标准。用后轴重100kN,轮胎充气压力0.7MPa的黄河牌货车和贝克曼梁测得土基顶面的平均弯沉值为0.77mm,加两倍标准差的代表弯沉值(具有97.7%的概率)为1.03mm;用直径304mm的钢承载板测得的土基表面回弹模量值大于120MPa。采用的路面结构为:20cm石灰土底基层,15cm水泥砂砾或水泥坡积碎石土(7d龄期无侧限抗压强度3.0MPa)基层,2cm厚混合式双层表面处治(下层用喷洒法施工,表层用热拌沥青混合料,以避免通车后表面跑料)。由于已备做石灰土的素土遭雨淋变得潮湿,路拌石灰土时,未拌和到底,20cm石灰土的下部10cm厚仍为潮湿的素土层。通车5年后,虽然交通量不大,但路面产生了结构性破坏。每次解放牌货车通过,路面都产生严重弹簧现象。沥青面层裂成一块块面积0.5~0.6$m^2$的小块。由于啃边,小块面层间的缝宽约4cm。挖的探坑显示,基层中的裂缝与面层裂缝对应。但裂缝很细,由于雨水透入,能看清楚缝里有水痕。石灰土底基层表面用直径304mm承载板测得的回弹模量值甚至还小于土基的回弹模量值。此试验路给笔者的教训是,用路拌法施工半刚性材料层时,一定要拌和到底,不能留有素土夹层。

2. 门头沟试验路

1980年6月竣工的北京门头沟试验路是将原菜地下挖后铺筑的。所以土基强度相差大,土基代表弯沉值$l_r$小者仅2mm多,土基顶面下为砂砾(第1段和第2段);弯沉值大者为4.22~5.04mm,见表1-8。用重100kN三轮压路机碾压时有弹簧现象,只得人工将土基挖开,并将湿土晾晒后再碾压密实;局部面积甚至先用石灰处治后再碾压稳定。各段基层都是在同年6月完成的,基层上仅铺了3.5cm厚的多蜡沥青混合料面层。表1-8中路面的弯沉值都是在面层顶面测得的,并具有97.7%概率。

**1980年北京门头沟试验路实测弯沉值** 表1-8

| 路段号 | 半刚性材料 $h$(cm) | 测弯沉时间 | | | | | | 土基 $l_r$ |
|---|---|---|---|---|---|---|---|---|
| | | 1981.03 | 1982.03 | 1983.03 | 1986.03 | 1990.03 | 1992 | |
| 1 | 水泥砂砾,40 | 23 | 20 | 18 | 23 | 28 | 0.30 | 246 |
| 2 | 二灰砂砾,40 | 26 | 22 | 30 | 22 | 20 | 0.47 | 293 |
| 3 | 二灰砂砾,28 | 32 | 27 | 31 | 32 | 26 | 0.31 | 356 |

续上表

| 路段号 | 半刚性材料 $h$(cm) | 测弯沉时间 | | | | | | 土基 $l_r$ |
|---|---|---|---|---|---|---|---|---|
| | | 1981.03 | 1982.03 | 1983.03 | 1986.03 | 1990.03 | 1992 | |
| 4 | 石灰土砂砾,40 | 25 | 23 | 23 | 24 | 26 | 0.24 | 457 |
| 5 | 石灰土,37.5 | 39 | 33 | 31 | 36 | 26 | 0.26 | 422 |
| 6 | 二灰土,37.5 | 44 | 42 | 37 | 42 | 26 | 0.38 | 504 |

注:表中的代表弯沉值 $l_r$(0.01mm)均具有97.7%的概率。

分析表1-8的结果可以看到:

(1)从1982年3月~1990年3月(即试验路竣工后9年),各段路面的代表弯沉值基本稳定在一个水平,无明显增大。仅水泥砂砾基层沥青面层的代表弯沉值有较多增大。其原因应是,水泥砂砾基层分三层(每层12cm)施工,用铧犁和旋耕犁配合就地拌和,由于旋耕犁的最大拌和深度只有12cm,所以每层的底部都有约1cm素砂砾层,当时考虑砂砾中不含土,素砂砾层不会造成多大危害。因此,40cm厚水泥砂砾分成了三层,使用9年时结构强度有所下降。其他几种半刚性材料基层是在前面路段上人工拌和均匀后,运到预定路段上摊铺和压实的,所以没有素土夹层,9年期间,其代表弯沉值有所减小或基本稳定在0.26mm。

(2)即使在代表弯沉值高达4.22mm和5.04mm的土基上,铺筑37.5cm厚的石灰土和二灰土,都能在9年后保持路面的代表弯沉值为0.26mm。

此试验路采用了整层半刚性材料基层(无底基层)。半刚性材料有水泥级配砂砾、石灰粉煤灰(常简称二灰)级配砂砾、石灰粉煤灰碎砾石砂(先将有大颗粒的砂砾用碎石机破碎)、石灰土砂砾、石灰土和二灰土。基层最薄的是28cm二灰砂砾,最厚的是接近40cm的水泥砂砾和二灰砂砾,石灰土和二灰土都厚37.5cm。将上述人工拌和后的二灰砂砾运到预定路段铺筑的场外拌和方法,1992年被济青高速公路青州段采用,也取得了很好的效果。门头沟试验路表明了在弱土基上,铺筑近40cm半刚性基层可使路面的承载能力大幅度上升,使表面的代表弯沉值降到约0.4mm以内。也就是说在弱土基上的厚半刚性基层能显著提高路面的承载能力。

(3)随交通量增大和气候变化,表面弯沉值也有所增大。1991年的交通量比前几年显著增大,60kN轴载车辆24 000辆/d,1992年的表面弯沉值,仅石灰土砂砾和石灰土两段仍保持代表弯沉值不变。厚28cm的二灰砂砾和二灰土两段,由于其强度增长时间长,后期强度大,所以代表弯沉值恢复到前6年的水平。

(4)试验路同时表明,绝大多数沥青面层表面的裂缝与基层无关。例如,两个二灰砂砾路段,由于挖坑做分层回弹模量试验后,再用路面材料回填补坑,每个坑的四个角向外都产生放射形的裂缝,两段(25m×12m)裂缝的总长分别为106m和108m,但将面层全部铲除后,基层顶面都分别只有一条12m长的裂缝。要说反射裂缝,最多也只有12m长,占裂缝总长的11%多。它为随后半刚性基层的推广应用起了重要作用。

3. 肇东试验路

1981年夏完成的黑龙江省肇东试验路的观测表明,在气温低于-35℃,半刚性基层为收缩性最大的石灰土和水泥土,即使最薄的沥青面层只有4cm厚,一个冬季后其表面的横向裂缝仅比面层厚20~22cm的路段多约1倍。根据黑龙江省交通科学研究所的经验,在该地区如沥青面层的厚度大于20cm时,半刚性路面过一个冬季,面层不会产生收缩裂缝。也就是在三个最不利条件(-35℃,收缩性最大的石灰土和水泥土基层,仅4cm厚的多蜡沥青面层)下,反射裂缝仅占全部裂缝的52%。除黑龙江北部的高速公路最低气温低于-35℃外,国内其他高速公路的沥青路面结构都不存在其中的任何一个不利条件。因此,沥青面层上的横向裂缝主要是沥青面层本身的低温收缩裂缝和温度疲劳裂缝,而不是主要由半刚性基层引起的反射裂缝或对应裂缝。

4. 广深二级公路试验路

1981年秋,雨季前完成的广深二级公路上的试验路,半刚性基层和半刚性底基层采用了两种不同强度的材料,但其总厚度约为50cm。它的经验证明,虽然雨季后土基强度约降低40%以上,在基层顶面的代表弯沉值却仍小于基层竣工时的代表弯沉值。它表明半刚性材料层的强度随龄期增长。其增长对顶面弯沉值或整体承载能力的正面影响甚至还超过了土基回弹模量下降40%对顶面弯沉值的负面影响。

## 三、京津塘高速公路半刚性路面设计方案

1984年4月,为了解决公路建设制约国民经济发展的瓶颈问题,国务院批准利用世界银行贷款建设京津塘高速公路,标志着我国公路建设开始进入一个崭新的历史时期。上述四条试验路为笔者主持设计的京津塘高速公路的半刚性路面设计方案,奠定了坚实的技术基础。为了有充分的依据提出路面设计方案,交通部公路科学研究所与北京市公路局设计研究所合作,由笔者负责组织成立了大型中心试验室,人员最多时共40名技术人员。分路基组、半刚性材料组、沥

青与沥青混合料组和路面结构设计组。前三个组分别从原材料到混合料都做了必要的物理—力学性质试验。路面设计组研究提出了路面容许弯沉值设计公式和具有90%概率的弯沉综合修正系数 $F$ 的计算公式,这是经过材料试验研究,得出相应计算参数和广泛收集研究已有国内外资料后,提出的厚度设计和综合修正系数公式。路面设计组随后还提出了路面设计方案的范例。该设计方案是按强基薄面理论设计的。根据设计单位提供的分段交通量预估值,将全线分成四个交通等级。设计半刚性基层和半刚性底基层的厚度时,采用了通车20年后的累计当量标准轴次。设计沥青面层厚度时,参考了1977年的壳牌沥青路面设计手册。该手册总结国际间在水泥稳定基层上,随减少反射裂缝的要求程度而异,采用的沥青面层厚度变化在15~25cm之间。为减少进口沥青所需要的外汇,设计方案建议,根据交通等级的大小,采用沥青面层厚15cm、18cm和20cm三种。但在软土路基路段(天津—塘沽)沥青面层至少保留5cm待以后需要时再铺。水泥砂砾或石灰粉煤灰砂砾半刚性基层厚30cm,石灰土、水泥土或水泥石灰土底基层厚30~36cm,软土地段另加30cm土基改善层。该高速公路的路面设计方案对随后其他高速公路的半刚性路面的设计产生了很大影响。实际该高速公路的竣工面层厚度有18cm、20cm和23cm三种。

1986年,交通部公路科学研究所既参考了国外的有关规范,又结合我国的研究成果和实践经验,由笔者主编的《公路路面基层施工技术规范》纳入了水泥稳定土、石灰稳定土和石灰粉煤灰稳定土三种半刚性基层和底基层。例如,水泥稳定级配集料的级配范围虽比一些国家的级配范围缩小了很多,但对拌和厂和现场配料要求太低,导致半刚性基层竣工后容易产生横向收缩裂缝。曝晒时间长后,横缝的间距常是6~10m。它会增加沥青面层上横缝的数量。

## 四、半刚性路面技术水平达到国际先进

采用半刚性路面的国家不少,但我国使用得最多。上述国内四条试验路、京津塘高速公路路面设计方案的研究,以及“七五”和“八五”国家重点科技攻关课题等,都同时验证了半刚性路面的实际使用性能,并研究提出了多种半刚性材料的设计参数回弹模量值。它们都具有90%的保证率。

半刚性基层沥青混凝土面层,这种最能承受现代化交通荷载的路面结构很快在我国高速公路和其他高等级公路上得到广泛应用。可以说采用半刚性基层沥青路面是我国高等级公路沥青路面的特色。

1986年,国家设立了“七五”国家重点科技攻关项目“高等级公路半刚性基层沥青路面结构设计和抗滑表层”。1991年,又设立了“八五”国家重点科技攻

关项目“高等级公路半刚性路面典型结构的研究”,以及交通部设立了“半刚性基层沥青路面的可靠性研究”。这三个课题的研究成果将我国半刚性基层沥青路面的技术水平显著提高到了国际先进水平。

在此期间,我国半刚性基层沥青路面的主要创新成果有:

(1)厚约 40cm 的半刚性基层能大幅度提高弱土基上半刚性路面的承载能力。

(2)半刚性基层沥青面层的承载能力由半刚性材料层承担,沥青面层仅起功能作用。

(3)沥青面层的横向裂缝主要是面层本身的低温收缩裂缝和温度疲劳裂缝。裂缝起始于表面,自上而下传播。用蜡含量少于 3% 的优质重交沥青可以显著减少和延缓温度裂缝。

(4)由基层先开裂后导致面层产生的自下而上的反射裂缝,仅发生在薄沥青面层(约 8cm 以下)的情况。京石高速公路正定试验路证明,如果面层厚度超过 8cm,在面层表面仅产生由表面开始的对应裂缝。

(5)沥青面层的合理厚度是 12cm,其表面的温度裂缝最少,厚 15cm 面层的表面温度裂缝最多,9cm 厚面层的温度裂缝介于 12cm 厚和 15cm 厚面层之间。

(6)试验成功并推广应用了具有我国自主知识产权的创新研究成果多碎石沥青混凝土 SAC-16,并将其用于表面层。

(7)在华北轻冰冻地区用 SBS 改性沥青表面层的温度收缩裂缝多于优质非改性沥青面层的裂缝。

(8)在半刚性基层上和 4cm 厚表面层之间率先使用了应力吸收膜中间层 SAMI,通车 10 年期间,实践证明 SAMI 并没有起到减少反射裂缝的作用,但却使 4cm 厚面层 SAC-16 和 OGFC 既无水破坏坑洞,又无泛油现象。SAC-16 和 OGFC 表面层的使用性能符合要求。SAMI 起了很好的防水黏结作用,故笔者将应力吸收膜中间层改称为黏结防水层。

上述成果与 20 世纪 80 年代初的研究成果一起,形成了我国高速公路路面的建设模式,即重型压实标准、半刚性基层和底基层、沥青混凝土面层,其特点是“强基薄面”。这种结构可就地取材,为国家节约投资,同时更能适应现代重型交通的需要。

由于我国高等级公路广泛采用了具有我国特色的半刚性路面,高速公路建设又带动了多种不同形式大跨径桥梁的发展,公路建设被中国工程院和中国科协评为 20 世纪我国 26 项重大工程技术成就之一。

## 五、重载交通长寿命半刚性基层沥青路面

2005～2008年，为了对半刚性路面进行更加深入的研究，使它能适应中国特重和超重载交通的需要，交通部西部交通建设项目“重载交通长寿命沥青路面关键技术研究”课题组在河北省沿海高速公路秦皇岛段铺筑了5km试验路，从设计到施工取得多项创新成果（共有3个发明专利、9项革新）：

（1）设计和施工贯彻了我国独特的路面设计理论——“强基、薄面、稳土基”，土基下1.5m处采用水平沥青膜隔断层和底基层两侧向下设置土工膜垂直防水墙，以保持土基强度稳定，实现了路基路面综合设计中“稳土基”的要求。

（2）粗集料断级配新SAC系列矿料级配的设计理论和检验方法。使矿料级配设计不再仅凭经验，而是有明确的目标：将解决表面层的功能与整个沥青面层的抗辙槽能力结合在一起研究。由此得到的SAC系列具有统一的设计方法和检验方法，更具有科学性和可靠性。SAC10～SAC16用于表面层，SAC20和SAC25用于下面层，SAC20也可用于爬坡路段的表面层。

（3）新SAC矿料级配具有6大优点：密实透水性小，不易产生水破坏；高温抗永久形变能力强；表面构造深度大；可高温时振动碾压；很少离析现象；价格低廉。

（4）粗集料断级配新SAC-20和SAC-25矿料级配，使用AH-30或AH-20重交硬质沥青做沥青面层的下面层，其动稳定度DS在4 000～11 000次/mm之间，永久形变在1.3～3.0mm之间。

（5）新水泥碎石基层粗集料断级配CBG-25的级配设计和密实性检验方法，不仅具有科学依据，还提高了水泥碎石的强度和回弹模量，也大大缩小了干缩系数。同时得出水泥碎石的级配有个范围，在此范围内水泥碎石的强度相对稳定。CBG-25级配中粗集料占64%，强度为6MPa，7%水泥剂量，养生结束后曝晒3个月，在铺筑沥青下面层前，将基层清扫干净后发现，水泥碎石基层仍为一块完整的板体，90%多的路段水泥碎石基层无裂缝。

（6）提出了水泥混合料与沥青混合料拌和厂的设备配置和改造措施：研制出适用于各种矿料级配的粗集料单一粒级专用筛分机，将粗集料筛分为四个单一粒级；冷料仓增加到6个，冷料仓下安装称量误差小于±0.5%的电子秤，保证了冷料级配的可靠性和生产效率。

（7）采用凸块型压路机（即新型羊足碾）碾压，增强土基与底基层、底基层与基层之间的黏结。使59cm厚半刚性材料层与土基互相紧固嵌入，形成一个

很好的整体，这个紧固嵌入的整体有很特殊的作用，它将彻底改变半刚性材料层的力学性能，对保证路面长寿命将起关键作用。

(8)将两台不完全符合要求的水泥混合料拌和机串联后，先后连续拌和混合料，取得了更好的效果。

综上所述，中国广大公路工作者通过30年的研究，攀登了一个又一个新台阶，使当前我国对半刚性路面的研究和实践的技术水平处于国际领先位置。

# 第二章 国内外的重载交通沥青路面

作为长寿命的路面，必须考虑特重和超重交通。由于各个国家的标准轴载不同，如我国的标准轴载是100kN，美国的标准轴载是80kN，法国的标准轴载是130kN；各国习惯采用的路面结构类型不同，如我国主要使用半刚性基层沥青混凝土路面，美国主要使用柔性路面，法国的路面又不相同。所以本章介绍的国内外重载交通沥青路面不是在同一个水准上作相互比较，仅是协助读者了解不同国家的重载交通沥青路面的概况。

## 第一节 国外的重载交通沥青路面

### 一、澳大利亚的重载交通半刚性路面

1. 太平洋重载交通半刚性路面高速公路

澳大利亚的太平洋高速公路，选定的重载交通半刚性路面结构从顶面向下依次为23cm沥青混凝土面层、20cm水泥稳定碎石基层、15cm CBR > 12%的底基层，其下为CBR等于5%的土基。

澳大利亚认为上述路面结构具有以下特点：①路面设计寿命长；②损坏或破坏的风险小；③施工风险小；④与环境适应；⑤面层寿命长；⑥平整度和抗滑性能的标准高，行车噪声处于可接受的范围。显然，此高速公路的路面结构是半刚性路面，但未见该高速公路详细的沥青面层结构，也未见该高速公路的设计交通量。

太平洋高速公路的路面结构与我国高速公路的路面结构相比，前者的路面结构明显较薄。例如，我国京津塘高速公路实施后北京段沥青面层厚23cm，水泥级配粒料基层厚20cm，石灰土底基层厚30cm。与北京段相同的路面结构在天津段也有。但是，这样的路面结构在全线开放交通后约8年半在行车道上就产生了断断续续的路面结构性破坏。笔者并不了解太平洋高速公路已通车多长时间，也不了解其交通状况，只是听说，其路面使用性能正常，没有产生明显的破坏现象。此高速公路的路面只有15cm厚CBR > 12的底基

层，CBR >12 大致相当于回弹模量约 90 ~ 100MPa。京津塘高速公路的底基层是 30cm 厚石灰土，其回弹模量一般是 400MPa，至少是 300MPa。为什么我国的路面出现了早期结构性破坏，而太平洋高速公路的路面使用正常？其原因可能有三个：一是气候条件不同，二是交通条件不同，三是施工技术水平和管理水平等不同。笔者认为，第二和第三个原因至关重要，它是使用状况产生较大差别的关键因素。

2. 维多利亚州的柔性路面

维多利亚州近 10 年的重交通柔性路面有类似下列特点：

(1)聚合物改性沥青 PmB 开级配磨耗层，即 OGFC 表面层。

(2)0/14（指矿料级配的粒径范围，但未见具体的级配，下同）沥青混凝土联结层(320 沥青，相当于针入度 60 ~ 70 的沥青)，厚 4cm，透水性小。

(3)沥青混凝土基层。0/20-T 型沥青混凝土(600 沥青，相当于针入度 20 的硬沥青)(该层有两个功能，即荷载传布层和高温抗永久形变层)，厚 6cm + 6.5cm。

(4)沥青混凝土抗疲劳层。0/20 R 型沥青混凝土(加 1% 沥青)，厚7.5cm。在抗疲劳层上，至少要有 12.5cm 沥青混凝土覆盖，以防辙槽。

(5)0/20 3% 水泥处治层，厚 15cm；在水泥处治层开裂之前，最多能承担 75% 全部容许货车荷载(累计标准轴载)。在水泥处治层上，为减少反射裂缝，沥青混凝土至少厚 17.5cm。已在 25 年内证明它是有效的(在英国也认为半刚性层上有 17.5cm 沥青混凝土层时，不用担心有反射裂缝)。

(6)在非膨胀土上，受控制的路基最小厚 25 ~ 30cm[1]。

(7)在膨胀土上，路面的总厚度 100cm。

(8)在 CBR 约 2% 的土基上，重载交通的柔性沥青路面结构如下：

① 0/10 开级配沥青混凝土 OGA　用聚合物改性沥青(PmB)，厚 3cm（磨耗层）。

② 0/14 H 型沥青混凝土 AC(320 沥青)，厚 4cm（联结层）。

③ 0/20 T 型沥青混凝土 AC(600 沥青)，厚 6cm（荷载传布层和高温抗永久形变层）。

④ 0/20 T 型沥青混凝土 AC(600 沥青)，厚 6.5cm（同上一层）。

⑤ 0/20 R 型沥青混凝土 AC(加 1% 沥青成富沥青层)，厚 7.5cm（抗疲劳层）。

[1] 对于非膨胀土，也可用 CBR >10 的选料，厚 30cm。

⑥ 0/20 3% 水泥碎石,厚 15cm。

⑦ 选料 CBR >8% ,厚 25cm;选料 CBR >5% ,厚 33cm。

3. 新南威尔士州

对于重载交通柔性沥青路面,认为考虑下列设计是合适的。

(1)OGA(PA)多孔隙沥青混凝土表面层。

(2)沥青封层。

(3)0/14 沥青混凝土联结层。

(4)沥青混凝土基层。

(5)4% 水泥处治层。考虑能使用 20 年,对水泥处治层采用预裂措施,但没有说明用何种措施预裂及预裂的程度。

(6)控制路基(特别是对于 PI >45 的较低路堤)。在富沥青抗疲劳层上,至少需要 12.5cm 沥青混凝土覆盖,以防产生辙槽。

4. 澳大利亚重载交通沥青路面组合设计的几个重要原则

分析上述两个州重载交通公路上的柔性路面结构,可以清楚看到其路面结构组合设计理念,这也可以代表其他国家柔性路面的设计理念,此设计理念包括的几个重要原则如下:

(1)表面层使用聚合物改性沥青多孔隙沥青混凝土 OGA 或 PA,或称开级配磨耗层 OGFC,既是排水磨耗层,又是减噪磨耗层,以改善雨天行车安全,同时可减少平时行车的噪声。

(2)在表面层下一定要有一个黏结层,或称沥青封层。其作用是增加表面层与联结层的黏结,同时防止自由水透入下面各层,或采用透水性小的联结层,相当于国内的中面层,常是透水性小的沥青混凝土。美国佐治亚州常在 OGFC 下面用透水性小的 SMA 做联结层。笔者建议在表面层下用我国习惯称为的黏结防水层,其黏结和防水的效果会显著优于沥青封层和透水性小的联结层。

(3)在联结层下用硬质沥青做两层(共厚 12.5cm)沥青混凝土基层,其目的是将行车荷载传布到下层,使此层有较高的荷载传布能力和较好的高温抗永久形变能力,以尽量减少沥青面层的辙槽深度,也就是说,他有双重功能,可称其为“双功能层”。

(4)在“双功能层”下为富沥青(加 1% 沥青)混凝土层,该层常称抗疲劳层。

(5)在抗疲劳层下设 15 ~20cm 厚 3% ~4% 水泥碎石层(在此层上沥青混凝土层总厚 27cm),此层有两个作用:一是作为工作平台;二是希望该层开裂之前承担 75% 全部容许加载次数(即累计标准轴次),以延长柔性路面的寿命。

(6)土基上层用选料做路基改善层。改善层的厚度随选料的 CBR 而定，CBR >5% 时，厚 33cm，CBR >8% 时，厚 25cm。

5. 澳大利亚柔性沥青路面结构分析和力学指标计算

(1)澳大利亚不同州设计沥青路面的指导思想是一致的，即：表面层用开级配磨耗层，在开级配磨耗层下要有防止水向下层渗透的措施，用沥青封层或用一般沥青和透水性小的沥青混凝土作为联结层。这两层合在一起作为面层。面层的主要功能是抗滑、雨天减少溅水、防止水漂现象、减少噪声，以达到行车安全和舒适，同时还可阻止自由水向下渗入沥青混凝土基层。澳大利亚从来不用多孔隙沥青混凝土做基层或要求基层能排水，这也是近 20 年来欧美等发达国家设计柔性路面普遍使用的原则。沥青混凝土基层是主要承重层，它既要有较大的传布荷载能力，又要有较高的抗高温永久形变能力，其目的都是减轻面层可能产生的辙槽和延长路面的使用寿命。

在基层下设置一个富沥青的抗疲劳层，以延长沥青路面的使用寿命。在整个沥青结材料层下，设置一个强度不高和仅厚 15cm 的 3% ~4% 水泥处治材料层，其目的有两个：一是为铺筑上面的沥青结材料层，创造一个良好的工作平台；二是靠它承担一部分甚至大部分行车荷载，以延长路面的使用寿命。

实际上将半刚性材料层用作底基层，用沥青混凝土基层作为主要承重层。虽然近二三年来，国内有多人竭力推崇这种路面结构，提倡在半刚性基层上要将沥青混凝土层增厚到 26cm 以上，直到采用柔性路面结构。笔者认为，这种观点是不全面的，至少，目前还缺乏实践依据，同时也不符合我国"强基薄面稳土基"的路面设计理论(参看第四章)。应该说，正常施工的质量达到要求的半刚性基层的分布荷载能力显著大于常温下的沥青混凝土，半刚性基层本身不会产生永久形变，不会增加沥青面层的辙槽。

在半刚性底基层上用一层增加 1% 沥青，厚 7.5cm 的富沥青混凝土层，将其作为抗疲劳破坏层。也就是一旦半刚性底基层疲劳开裂后，靠这个抗疲劳破坏层，还能延长路面的使用寿命最多 25% 的累计标准轴次 ESAL。但是，厚 7.5cm 富沥青层的单价足以铺筑厚约 30cm 的水泥碎石基层，后者延长路面的寿命要比 25% 累计标准轴次多很多。

对于柔性沥青路面来讲，上述设计指导思想是正确的。但在具体实施时，还要根据具体情况和当地的经验，从技术和经济两方面进行细化和优化。

(2)维多利亚州路面结构的力学指标分析

在 CBR 约 2% 土基上的重载交通柔性沥青路面结构为：3cm PmB OGFC，4cm 沥青混凝土(黏度 320 沥青)，12.5cm(黏度 600 沥青)混凝土，7.5cm 富沥青混凝土,15cm 3% 水泥碎石,25cmCBR >8 的选料。

对此路面结构,用 BISAR3.0 程序计算其主要力学指标,如半刚性底基层底面的拉应力 $\sigma_{XX,5}$ 与拉应变 $\varepsilon_{XX,5}$ 以及路表弯沉值 $l_t$ 时,采用的模量计算值是:PmB OGFC为 1 400MPa,320 沥青混凝土为 1 000MPa,600 沥青混凝土为 1 200MPa,富沥青混凝土为 800MPa,水泥碎石为 1 200MPa,CBR >8 的选料为 50MPa,CBR 约 2% 的土基为 15MPa。计算结果如下:

$$l_t = 1.106\text{mm}$$

如果仅增加 15cm 厚 3% 水泥碎石替代 7.5cm 厚富沥青混凝土层,则不但价格便宜得多,而且路表的弯沉值 $l_t$ 将降低到 0.981mm,更有利于延长路面的使用寿命。

由此可以看到,用 15cm 水泥碎石代替 7.5cm 厚富沥青混凝土层,可以减小路面的弯沉值,对提高路面的使用寿命有重要技术效益,还可以节约很多投资。

## 二、欧洲的重载交通沥青路面

欧洲约 30 个国家的公路科学研究所(在英国称运输研究所 TRL,在别的国家,可能也有不同称呼,在此统一称公路科学研究所)和国际联合会(FEHRL)对长寿命路面的研究历程:

1)1998 ~ 1999 年西欧公路科学研究所所长会(WEDR)(现在称欧洲公路科学研究所所长研究会(CEDR))上,英国公路研究所的牛恩(Nunn)提出了长寿命柔性路面的建议。此建议后来被 WEDR 认可,并作为共同合作研究的一个领域。

2)欧洲在 2009 年确定由 FEHRL 和 CEDR 组成长寿命路面组(ELLPAG),并将长寿命路面作为确定下一步研究的焦点。

3)长寿命路面研究的原来目标,按时间长短有短期的、中期的和长期的 3 个。

(1)短期目标是对欧洲长寿命柔性路面的设计和养护的回顾。

(2)中期目标是对欧洲其他常用路面的类似技术状况进行回顾。

(3)长期目标是制订一个便于使用者掌握的欧洲常用路面结构长寿命路面的设计和养护的实用指南。

4)2002 年开始,由核心成员国的公路行政管理部门保证研究所需的基金。

5)2004 年正式颁布了欧洲长寿命柔性路面的实用指南,此指南包括了第 2 阶段的工作,并提供了欧洲长寿命半刚性路面的指南,也包括长寿命刚性路面。

ELLPAG同时又认为长寿命柔性路面的定义并不完全适用于半刚性路面和刚性路面。

6)ELLPAG将各种长寿命路面的定义统一如下。

长寿命路面是指一个设计与施工均好的路面，其路面结构要素能不定期的延长，只要设计的最大个别荷载和环境条件没有超过预估值，同时合适的和及时的表面层养护始终要进行着。

(1)ELLPAG认为，长寿命半刚性路面的设计与施工的许多方面与长寿命柔性路面类似。

(2)欧洲重载交通半刚性路面的典型结构如下：

①沥青面层8～20cm；

②水硬性结合料基层15～30cm(在法国用两层共48cm，同时沥青面层减薄到6cm)；

③在荷兰也可用水泥砂，只要其对冰冻和水分的耐久性符合要求；

④在西班牙，其高速公路网共有16.5万km。国道网中有2.5万km交通量是最重的，其中25%是半刚性路面。水泥碎石基层20～25cm厚，其7d龄期抗压强度$R_{C,7}$为4.5～7.0MPa。沥青混凝土面层10～20cm厚。2009年有5 000km高速公路已通车12年，累计有2 200万辆货车，没有任何结构性破坏。

⑤波兰水泥稳定土或水泥结碎石的强度立方体试件$R_{C,7}$为2.5～5.0MPa。最大交通量等级1 460万累计标准轴次，常用于高速公路的基层，沥青混凝土面层厚29cm，以减少反射裂缝。

在欧洲长寿命路面组会议上提出了如下5个研究项目，估计是作为长寿命路面以后的发展方向。

①调查研究半刚性路面的反射裂缝；

②评价控制反射裂缝的技术；

③检验交通对半刚性路面的影响；

④开发经济分析的工具；

⑤优化长寿命半刚性路面的养护策略。

7)英国的长寿命路面

2009年欧洲长寿命路面组发表了第2阶段的报告，报告的名称为《长寿命半刚性路面的使用指南》。此指南中提到长寿命半刚性路面的技术不像长寿命柔性路面那样完善，没有明确地说明交通量预估和设计方法等理念。报告中包括了奥地利、西班牙、波兰和英国等12个国家，这些国家中仅少数国家有不同比例的半刚性路面，且数量不一，少的只占高速公路里程的9%，主要是柔性路面。

各自的要求也不同。例如:奥地利在1960年~1970年水泥稳定基层的7d抗压强度$R_{C,7}$只有1.7~2.5MPa,1995年~1996年水泥稳定基层的$R_{C,7}$提高到3~3.4MPa。对于半刚性路面,欧洲普遍关心的是沥青面层会产生反射裂缝。为减轻反射裂缝,仍采用一些预裂基层的措施。如在基层没有结硬之前,预切间距3~5m的横缝;在基层没有结硬前,用压路机将基层压出很多细小的裂缝,在基层上使用应力吸收膜中间层等,直到2009年仍继续使用这些老技术。只有英国明确表明有长寿命半刚性路面,但未见实体工程的相关资料及报道。其简要内容为:

(1)标准轴载80kN。

(2)累计标准轴次2 000万~2亿次。

(3)水泥结碎石基层的厚度至少15cm。

(4)水泥结更粗的级配集料用于底基层。

(5)基层和底基层的7d抗压强度$R_{C,7}$用立方体试件,要大于10MPa。

(6)对于长寿命半刚性路面沥青混凝土面层至少厚20cm,以避免随后产生裂缝。

## 第二节 国内重载交通沥青路面状况

### 一、某出省运煤专线高速公路

#### 1.路面结构

2007年10月上旬,笔者调查了某省出省的运煤专线高速公路,该高速公路主线长54.5km,右幅出省行驶为重车方向,沥青面层厚18cm(4cm、6cm、8cm),左幅返回方向主要是空车,沥青面层厚15cm(4cm、5cm、6cm)。表面层为AC-13,用壳牌SBS改性90号沥青,中面层为AC-20,用壳牌SBS改性70号沥青,底面层为AC-25,用壳牌SBS改性70号沥青。水泥碎石基层厚36cm,设计抗压强度$R_{C,7}=3\sim4$MPa,石灰土底基层的设计抗压强度$R_{C,7}=0.8$MPa,厚40cm。这是国内半刚性基层沥青路面最厚(91cm和94cm)的高速公路之一。但所用沥青面层的矿料级配都是《公路沥青路面施工技术规范》中高温抗永久形变能力最差的连续式密级配AC-I型,虽然三层都采用了改性沥青,抗辙槽能力仍是显著不足。半刚性基层和石灰土底基层的设计抗压强度明显偏小,不符合重载交通的要求。

#### 2.通车后的路况

通车5年后,2007年10月上旬,笔者观测到重车方向行车道轮迹带出现纵向网裂与严重变形，且有水破坏修补的坑洞。实际上行车道已全线产生结构性破坏，由于沥青面层表面已铺了稀浆封层，看不到更详细的路况。该路通行的运煤货车以5轴车为主，载质量90t左右，即一个轴载约180kN。2005年全年交通量为231万多辆，平均每天6 329辆。2006年全年交通量为250万多辆，平均每天6 849辆。仅2005和2006两年就通过运煤大货车约400万辆。2007年改为计重收费，限制总质量不超过55t。

2006年共灌纵缝292条，全长7 437.9m，平均每条纵缝长25.5m，可见是断断续续的纵向裂缝。补坑洞356个，共432.08$m^2$，平均1个坑洞的面积为1.21$m^2$。

2007年上半年共灌纵缝长2 363m，补坑洞135.7$m^2$。在纵坡5%的上坡路段，辙槽深5cm，2006年6月中修处理，2007年又出现3～4.5cm深的辙槽。用稀浆封层处理。空车返回的方向，未做稀浆封层。能看到行车道开始产生结构性破坏的迹象，纵向裂缝和细小网裂，但下陷变形不明显。

3. 路面承载能力的检测结果

2007年8月下旬，用自动弯沉仪（后轴重100kN，轮胎气压0.7MPa）测量了路面弯沉，95%概率的代表弯沉值列在表2-1。

**代表弯沉值$l_{r,0.95}$分布率**　　表2-1

| $l_r$（×0.01mm） | 0～10 | 11～20 | 21～30 | >30 |
|---|---|---|---|---|
| 左幅主车道（返回空车） | 54.5% | 36.4% | 9.1% | 0 |
| 右幅主车道（出省重车） | 45.5% | 50.9% | 3.6% | 0 |

分析表2-1中的数据可知，对于这样大的重载交通，显然路面的代表弯沉值应在0.1mm以内，同时应采用97.7%的概率（即平均弯沉值加2倍标准差）。实际上，对于承载能力大或半刚性材料层厚的半刚性路面，自动弯沉仪检测时，自动弯沉仪的测杆处于弯沉盆范围内，所以测得的弯沉值是明显偏小的。因此，自动弯沉仪检测时，应用长5.4m的贝克曼梁进行比较测量，并在长贝克曼梁的支点处，用一台3.6m长的贝克曼梁检验前者的支点有无变形。并计算得自动弯沉仪测得值与长贝克曼梁测得值之间的关系，然后对自动弯沉仪测得值进行校正。所以实际上表2-1中的代表弯沉值是显著偏小的。

## 二、某省出省的运煤路线

1. 路面结构

2007年4月底笔者了解到该条运煤路线全长252km。2002年铺筑12km，面层用 AH-90 沥青。2003 年铺筑 19km，采用两层兰亭改性沥青。2004 年 10 月又铺筑 124km，采用两层兰亭改性沥青。2005 年铺到省界长为 97km，用科氏改性沥青。但未了解到沥青混凝土用了什么矿料级配。基层为水泥碎石，设计强度 $R_{C,7}=4\text{MPa}$，厚 20cm；底基层为水泥砂砾，设计强度 $R_{C,7}=2\text{MPa}$，厚 32cm。基层和底基层的设计强度显然偏低。半刚性材料层厚 52cm，沥青路面总厚 67cm。没有了解到沥青面层的详细情况和当前弯沉的检验结果。

2. 通车至 2007 年 12 月的路况

最早竣工的路面已有 6 年，全线通车已有 3 年。路面无结构性破坏，仅局部路段有修补的坑洞和程度不一的辙槽。

## 三、华东某高速公路

该高速公路于 1996 年建成通车，原为双向 4 车道。2006 年改造成双向 8 车道，这是国内旧高速公路拓宽改造的少数几条高速公路之一。在交通量较大的两个市段内，除生产路段外，还铺筑了柔性路面试验路。

1. 第 1 市段

1）生产路段是半刚性路面，其路面结构为：

4cm 改性沥青 SMA-13 + 8cm 改性沥青 SUP-20[❶] + 8cm AH-70 SUP-25[❷] + 40cm 水泥碎石基层 + 20cm 水泥稳定废料。总厚度：20cm 沥青面层 + 60cm 半刚性材料层，共 80cm。另外，此路段将废料进行了再生利用。

对于一般高速公路，路面结构厚度已足够。沥青面层总厚 20cm，也不薄。而且表面层和中面层都使用了改性沥青，但中面层和底面层都采用了美国的 SUP 级配，它是悬浮式密实结构。虽然中面层用了改性沥青，其高温抗永久形变能力仍不强，底面层采用了 AH-70 沥青，高温抗永久形变能力更差。一旦夏季气温偏高和重载货车增加，面层有产生较严重辙槽的危险。

2）柔性基层沥青路面结构为：

4cm 改性沥青 SMA-13 + 8cm 改性沥青 SUP-20[❶] + 8cm 改性沥青 SUP[❶]-20 + 10cm AH-70 LSM-25[❷] + 10cm 乳化沥青再生层 + 20cm 级配碎石 + 16cm 二灰碎石旧料和 2% 水泥再生层（强度大于 3MPa）。也就是柔性路面沥青面层 20cm 厚

---

❶ SUP—Superpave 的缩写，指 1993 年美国战略性公路研究规划研究成果中推荐的矿料级配，美国称是粗集料断级配，但属于悬浮式。SUP-25 指最大粒径 26.5mm，SUP-20 指最大粒径 19mm。

❷ LSM-25 指美国的大粒径沥青碎石，在美国与连续式密级配比 LSM 可能好一些。国内的试验表明，用 AH-70 沥青时，LSM 的动稳定度只有 1 600 ~ 1 900 次/mm。

与半刚性路面相同，只是三层都用改性沥青，另加一层厚 10cm 的 AH-70 大粒径碎石基层，其下还有一层厚 10cm 的乳化沥青再生层。沥青结材料层总厚 40cm，柔性结构总厚 60cm，其下有一层 16cm 厚 2% 水泥稳定旧料再生二灰碎石，总厚 76cm。其总厚度与后述江苏省沿江高速公路长寿命柔性路面相同。应该说，此柔性路面的结构设计理念与澳大利亚柔性路面的设计理念基本相同，差别仅在于澳大利亚在磨耗层下，有两层硬质沥青混合料（未见矿料级配的介绍）。以抵抗辙槽和减少传到下层的应力，同时沥青层的最下层为富沥青的抗疲劳层。柔性路面和半刚性路面都使用美国的 SUP 并不一定合适。

2. 第 2 市段

1）半刚性路面的路面结构

4cm 改性沥青 SMA-13 + 8cm 改性沥青（PmB）SUP-20 + 15cm AH-70 SUP-25 + 36cm 水泥碎石 + 15cm 石灰土。也就是 27cm 沥青面层 + 51cm 半刚性材料层，总厚 78cm。

据介绍半刚性路面所用的 PmB SMA-13 的动稳定度 DS 等于 6 900 次/mm，中面层 PmB SUP-20 的 DS 等于 1 300 次/mm，底面层 AH-70 SUP-25 的 DS 等于 1 200 次/mm。

2）柔性路面试验路

路面结构为：

5cm 改性沥青 SMA-13 + 8cm 改性沥青 SUP-20 + 8cm 改性沥青 SUP-20 + 8cm AH-70 SUP-25 + 8cm AH-70 SUP-25 + 11cm 级配碎石 + 11cm 级配碎石 + 20cm 干压回收废料 + 18cm 石灰土调高层。

也就是沥青结材料总厚 37cm + 22cm 级配碎石 + 20cm 干压回收废料 + 18cm 石灰土，总厚 97cm。

据介绍，改性沥青 SMA 的油石比为 5.9%，空气率 4.2%，*VFA* 为 76.9%，动稳定度 DS 为 6 790 ~ 7 290 次/mm，平均 7 040 次/mm。中面层改性沥青 PG-76 SUP-20 的油石比为 3.8%，空气率 4.8%，*VFA* 为 60.2%，DS 为 7 600 ~ 8 900 次/mm，平均 8 250 次/mm。也就是改性沥青 SUP-20 的 DS 较改性沥青 SMA-13 的 DS 高 17%。底面层 AH-70 沥青 SUP-25 的油石比为 3.9%，空气率 2.9%，*VMA* = 11.2%，*VFA* 为 74%，DS 为 2 020 ~ 2 290 次/mm。

3）用自动弯沉仪测量了单向共 480km 的弯沉值，其代表弯沉值 $l_{0.95}$ 如下：

| | | |
|---|---|---|
| $l_{0.95}$ < 0.1mm | 占 16% | 累计 |
| 0.10 ~ 0.15mm | 占 28.8% | 44.8% |
| 0.15 ~ 0.20mm | 占 24.2% | 69.0% |

| | | |
|---|---|---|
| 0.20～0.30mm | 占19.0% | 88.0% |
| 0.30～0.40mm | 占7% | 95.0% |
| >0.40mm | 占5% | 100% |

也就是有69%的路段95%概率的代表弯沉值在0.2mm以内；另31%的路段代表弯沉值在0.20～0.40mm之间。估计代表弯沉值大于0.2mm的主要是柔性路面。总的看，该路路面的承载能力并不佳。

据介绍，通车约4年后，该高速公路的柔性路面段产生了某些问题，半刚性路面使用正常。

# 第三章　国内外的长寿命沥青路面

## 第一节　国外的长寿命路面

### 一、法国 1998 年的典型结构

法国于 1977 年颁布了第一版的长寿命路面典型结构，1998 年颁布了新的典型结构，新版典型结构有较多改进。以下仅介绍新版典型结构的主要内容。法国的标准轴载是 130kN，更接近我国当前高速公路上的重载交通。典型结构中两个最大交通等级的半刚性路面实际上属于长寿命路面。因此，笔者在下面做较详细介绍。

1. 交通量等级

仅摘引交通量最大的两个等级，下脚标 30 指设计年限 30 年。

| 交通量等级 | $N_1$（日·方向） | 累计当量标准轴次 ESAL |
|---|---|---|
| $TC7_{30}$ | 3 000 | $30 \times 10^6$❶ |
| $TC8_{30}$ | 7 000 | $75 \times 10^6$❷ |

日交通量指载重大于 50kN 的货车数量。累计交通量 ESAL，其标准轴载为 130kN。

2. 土基等级

法国针对重载交通，根据土基形变模量 $E_0$ 的大小（MPa）和土基的最大弯沉 $l_{0,max}$（mm）（但未说明测试车的标准轴载，笔者估计应是 130kN），将土基分成 PF2、PF3 和 PF4 三个等级，其具体要求见表 3-1。

表 3-1 中的未处治土，实际上指广义的土，既含俗称的各种细粒土，又含各种粒料土、天然砂砾、坡积碎石土、山皮土等。

❶ 3 000 万，约相当于 9 000 万我国的标准轴 100kN，属于表 1-4 中的特重交通。

❷ 7 500 万，约相当于 2.25 亿我国的标准轴 100kN，属于表 1-4 中的超重交通。

土基等级表 表 3-1

| 土基等级 | PF2 | PF3 | PF4 |
|---|---|---|---|
| $E_0$(MPa) | 50 | 120 | 200 |
| $L_{0,max}$(mm) | 2.0① | 0.9①、0.8②、0.6③ | 0.5①、0.5③ |

注:①未处治土;
②石灰处治土;
③石灰水泥处治土或水泥粒料。

单纯的细粒土要满足 PF3 的要求比较困难,更不可能满足 PF4 的要求。本书第一章介绍的在广西玉林的重型压实标准试验路。一段填土路堤高 2m,长 100m,分 10 层施工,每层碾压结束后,总共测了 163 个压实度,其平均值达到了 93% 的要求。路基完成后,用后轴重 100kN 的黄河车测得的平均弯沉值为 0.77mm,97.7% 概率的代表弯沉值 $l_{0.977}$ 为 1.02mm,用直径 304mm 钢制承载板测得的回弹模量 $E_0$ 值为 120MPa。但 5 年后 $E_0$ 值降低到 80 多兆帕。

在法国,对于 PF3 和 PF4,通常在路基上面做石灰处治土、石灰水泥处治土或水泥粒料改善层,层厚 40 ~ 50cm。

本书第一章介绍的北京门头沟试验路,在不同强度的土基上用了多种半刚性材料层,不同厚度半刚性材料层上仅铺 3.5cm 厚沥青混凝土。面层表面不同时间的代表弯沉值参看表 1-8。

表 1-8 中,段号 5 和段号 6 土基的代表弯沉值 $l_{0.977}$ 高达 4.22mm 和 5.04mm。在这些弱土基上,铺筑厚 37.5cm 的石灰土和二灰土半刚性材料及 3.5cm 多蜡"沥青混凝土"面层,在一个冬季后,在 100kN 轴载下顶面代表弯沉值 $l_{0.977}$ 波动在 0.4mm 左右,表面上看都小于法国 PF4 等级的最大弯沉值 $l_{max}$ = 0.5mm。但在同一路面结构上用 130kN 轴载测得的弯沉值约为 100kN 轴载测得弯沉值的 3 倍。虽然门头沟试验路的代表弯沉值还在逐渐减小,10 年后代表弯沉值只有 0.26mm,仍然小于法国的 PF4 标准。

当然,笔者对法国测弯沉的具体方法,所得弯沉结果的整理方法以及模量的测量方法都不清楚,所以很难进行确切的比较。

3. 典型结构的两类路面

在上述三种土基等级上的路面结构有两类:一类是半刚性路面,即在土基改善层上先铺半刚性基层,在半刚性基层上再铺沥青面层;另一类称全厚式沥青混凝土路面,即在土基改善层上,用沥青混凝土基层,基层上再铺沥青混凝土面层。

4. 沥青混凝土类型

典型结构中面层的沥青混凝土有厚4cm的薄沥青混凝土BBM、很薄沥青混凝土BBTM、a级薄沥青混凝土BBMa、高模量沥青混凝土BBME、半开级配沥青混凝土BBSG、排水沥青混凝土BBDr。

由于以往不了解法国BBM的具体级配，也查不到相关资料。目前只能根据1999年在中国铺的试验路，大致了解BBM的矿料级配。1999年笔者曾与法国生产Styelf改性沥青的公司合作，在我国宣化—大同高速公路上共同铺筑了2km试验路，其中一半用了BBM的级配。此级配也不是法国公司正式提供的，而是根据施工时6次抽提筛分结果，每个筛孔通过率的范围和平均值计算得到的，见表3-2。从表3-2中4.75mm筛孔平均通过率的含量52.6%看，很接近美国的富勒曲线。

**BBM-16 的级配**　　表3-2

| 筛孔(mm) | 16 | 13.2 | 9.5 | 4.75 | 2.36 | 1.18 | 0.6 | 0.3 | 0.15 | 0.075 |
|---|---|---|---|---|---|---|---|---|---|---|
| 通过率范围(%) | — | 79.4 ~ 81.2 | 58.6 ~ 61.3 | 50.7 ~ 54.4 | 38.4 ~ 41.3 | 24.0 ~ 30.7 | 18.5 ~ 20.6 | 13.7 ~ 14.7 | 9.8 ~ 11.2 | 6.7 ~ 8.0 |
| 平均通过率(%) | 94.2 | 79.3 | 59.9 | 52.6 | 39.6 | 27.6 | 19.4 | 14.3 | 10.4 | 7.2 |

5. 面层结构组合CS

典型结构的面层用CS表示，它由一层磨耗层和一层或两层联结层组成。

1)全厚式沥青混凝土路面

针对重载交通$TC8_{30}$和$TC7_{30}$公路的全厚式沥青混凝土路面的面层结构CS随土基等级而变，如下：

PF3等级　$E_0=120\text{MPa}$，$l_{0,\max}=0.9\text{mm}$（未处治土），4cmBBDr + 6cmBBSG或BBME。

PF4等级　$E_0=200\text{MPa}$，$l_{0,\max}=0.5\text{mm}$（未处治土），4cmBBMa + 4cmBBM。

即全厚式沥青混凝土路面的面层厚8 ~ 10cm。

2)半刚性路面

针对重载交通$TC8_{30}$和$TC7_{30}$公路的半刚性路面的面层结构CS共有四种：

(1)2.5cmBBTM + (6 + 6)cm BBSG或BBME，或4cmBBDr + (6 + 6)cm BBSG或BBME，面层总厚14.5cm或16cm。

(2)2.5cmBBTM + 8cmBBSG或BBME，或4cmBBDr + 8cm BBSG或BBME，

或4cmBBMa+6cm BBSG或BBME。

面层总厚10cm或10.5cm或12cm。

(3)2.5cmBBTM+6cm BBSG或BBME,或4cmBBDr+6cm BBSG或BBME,或4cmBBMa+4cmBBM。

面层总厚8cm或8.5cm或10cm。

(4)2.5cmBBTM+4cmBBM,或4cmBBDr+4cmBBM。

面层总厚6.5cm或8cm。

上述第(1)种CS总厚14.5~16cm,第(2)种CS总厚10~12cm,第(3)种CS总厚8.5~10cm,第(4)种CS总厚6.5~8cm。每种CS中,面层厚者,其磨耗层为排水磨耗层BBDr,面层薄者为很薄沥青混凝土磨耗层。可根据具体情况,选用上述四种CS中的任一种。

6.两个最大交通量等级$TC8_{30}$和$TC7_{30}$时全厚式沥青混凝土的路面结构

1)交通量等级$TC8_{30}$

沥青混凝土基层用GB2(2号沥青混凝土)和GB3(3号沥青混凝土)

| 土基等级 | PF3 | | PF4 | |
|---|---|---|---|---|
| 面层 | CS(10cm) | | CS(8cm) | |
| 基层 | 12cmGB2 | 11cmGB3 | 11cmGB2 | 10cmGB3 |
| | 13cmGB2 | 12cmGB3 | 12cmGB2 | 11cmGB3 |
| | 13cmGB2 | 12cmGB3 | 12cmGB2 | 11cmGB3 |
| 基层总厚度 | 38cm | 35cm | 35cm | 32cm |
| 沥青混凝土层总厚度 | 48cm | 45cm | 43cm | 40cm |

2)交通量等级$TC7_{30}$

沥青混凝土基层用GB2和GB3

| 土基等级 | PF3 | | PF4 | |
|---|---|---|---|---|
| 面层 | CS(10cm) | | CS(8cm) | |
| 基层 | 11cmGB2 | 10cmGB3 | 10cmGB2 | 14cmGB3 |
| | 11cmGB2 | 10cmGB3 | 10cmGB2 | 14cmGB3 |
| | 11cmGB2 | 11cmGB3 | 11cmGB2 | |
| 基层总厚度 | 33cm | 31cm | 31cm | 28cm |
| 沥青混凝土层总厚度 | 43cm | 41cm | 39cm | 36cm |

从上述可以看到,交通量等级从$TC8_{30}$到$TC7_{30}$沥青混凝土基层总厚减少4~5cm。

上述基层分三层铺筑，一层沥青混凝土的厚度在10～14cm之间，这表示每层沥青混凝土都可以一次摊铺及一次碾压密实。但沥青混凝土拌和机的生产能力应足够大，如在4000型以上，同时要有1～2个100t的热料储料仓。

在其他条件相同的情况下，PF3土基上的沥青混凝土总厚度比PF4土基上的厚5cm。

其他条件相同的情况下，沥青混凝土基层用GB3的厚度较GB2少3cm。

7.两个最大交通量等级时的半刚性路面

1）交通量等级$TC8_{30}$

半刚性基层用GC3（3号水泥碎石）和GC4（4号水泥碎石）

| 土基等级 | PF3 | | PF4 | |
|---|---|---|---|---|
| 面层 | CS | | CS | |
| 基层 | 20cmGC3 | 20cmGC4 | 19cmGC3 | 19cmGC4 |
| | 18cmGC3 | 18cmGC4 | 15cmGC3 | 15cmGC4 |
| 基层总厚度 | 38cm | 38cm | 34cm | 34cm |

由上述看到，在PF3土基上，基层较PF4土基上厚4cm。同时，用GC3与GC4水泥碎石的厚度相同。

2）交通量等级$TC7_{30}$

半刚性基层用GC3和GC4

| 土基等级 | PF3 | | PF4 | |
|---|---|---|---|---|
| 面层 | CS | | CS | |
| 基层 | 19cmGC3 | 18cmGC4 | 18cmGC3 | 19cmGC4 |
| | 18cmGC3 | 18cmGC4 | 15cmGC3 | 15cmGC4 |
| 基层总厚度 | 37cm | 36cm | 33cm | 33cm |

从上述可以看到，半刚性材料用GC3与GC4比，在相同土基等级时，厚度几乎不变；在材料相同时，PF3土基等级的半刚性材料厚度都较PF4半刚性材料等级厚2～4cm；交通等级$TC8_{30}$降为$TC7_{30}$时水泥碎石基层厚度仅减薄1～2cm。

一层基层的厚度在15～20cm之间。也可以理解为一层水泥碎石基层的压实厚度在15～20cm之间。

8.两个最大交通等级的路面结构小结

最大交通等级的路面，土基的形变模量$E_0$至少为120MPa或弯沉值应小于

0.6(石灰水泥处治土或水泥粒料)~0.9mm(未处治土或处治土)(PF3)或 $E_0$ = 200MPa,弯沉值≤0.5mm(PF4)。

换句话说,需要有两层厚 40 ~ 50cm 底基层,其顶面 $E_0$ 值或弯沉值应达到上述要求。

1)全厚式沥青混凝土路面

(1)交通等级 $TC8_{30}$

沥青混凝土面层厚6.5(PF4)和8.5(PF3),如表面层采用排水沥青混凝土BBDr,则面层厚增加1.5cm,用GB2沥青混凝土,沥青混凝土总厚48cm(土基PF3)和43cm(土基PF4)。

(2)交通等级 $TC7_{30}$

用GB2沥青混凝土,沥青混凝土总厚41cm(土基PF3)和36cm(土基PF4)。

2)半刚性路面

沥青混凝土面层厚6.5 ~ 14.5cm。如表面层采用BBDr,则面层增加1.5cm。

(1)交通等级 $TC8_{30}$

用3级水泥碎石GC3和4级水泥碎石GC4,半刚性材料层都厚38cm(土基PF3)和34cm(土基PF4)。

(2)交通等级 $TC7_{30}$

半刚性材料用GC3,层厚37cm(土基PF3)和33cm(土基PF4)。半刚性材料用GC4,层厚36cm(土基PF3)和33cm(土基PF4)。

9.法国典型结构的总结

1)全厚式沥青混凝土路面

$TC7_{30}$交通等级能承担累计当量标准轴次ESAL = $45 \times 10^6$ 次;$TC8_{30}$交通等级能承担ESAL = $106 \times 10^6$ 次,即1.06亿次标准轴载(130kN);

2)半刚性路面

$TC7_{30}$交通等级能承担ESAL = $73 \times 10^6$ 次;$TC8_{30}$交通等级能承担ESAL = $171 \times 10^6$ 次,即1.71亿次标准轴载ESAL(130kN);

10.对于柔性路面和倒装式路面结构的限制

交通等级≥TC6,$N_e \geq 10.4 \times 10^6$(即1 040万ESAL)不用柔性基层。交通等级≤$TC5_{30}$,$N_e \leq 11 \times 10^6$(即1 100万ESAL)或交通等级≤$TC6_{20}$,$N_e \leq 7.8 \times 10^6$(即780万ESAL),可用倒装式结构。

## 二、美国的新建长寿命柔性路面

1997 年英国 TRL（运输研究所）学者牛恩（Nunn）提出长寿命柔性路面这一路面设计新理念和路面使用总寿命周期费用最少这个新观点，很快被一些国家的公路路面研究技术人员和公路工作者所接受。

美国在 21 世纪初，即 2001 ~ 2002 年，分别在加利福尼亚州、俄亥俄州、得克萨斯州和马里兰州铺筑了 4 段长寿命柔性路面试验路。其路面结构如下：

1）加利福尼亚州 I-710 Long Beach 长海滨高速公路，设计年限 40 年，ESAL $=100\times10^{6}\sim200\times10^{6}$ 次（1 亿 ~ 2 亿标准轴次）。采用全厚式沥青混凝土路面，沥青混凝土层总厚度 32.5cm。具体的路面结构组合为：2.5cm 厚聚合物改性沥青（PmB）开级配磨耗层（OGFC），7.5cm 厚 PmB 混凝土联结层，15cm 厚 PmB 高模量沥青混凝土基层，用针入度较小的沥青以抵抗辙槽，7.5cm 厚 PmB 富沥青混凝土抗疲劳层，沥青用量较最佳值多 0.5%。沥青混凝土层底面拉应变为 72με，土基顶面压应变为 180με。

2）俄亥俄州州际 I-77 公路，将 1 段 2mile 长水泥混凝土路面改建为长寿命柔性路面：路面结构层总厚 52.1cm。沥青结材料层厚 36.9cm，底基层为 15.2cm 厚级配碎石（2002 年铺筑）。沥青面层的具体结构组合为：聚合物改性沥青 PmB 3.8cm 厚磨耗层，22.9cm 厚 PmB 大粒径碎石（LSM）混合料基层，10.2cm 厚 PmB 富沥青混凝土抗疲劳层。

3）得克萨斯州 I-35 公路上铺了全厚式长寿命柔性路面，20 年的 ESAL $=48\times10^{6}$ 次，38cm 厚沥青混凝土面层（未计 OGFC 磨耗层），10cm 厚沥青混合料基层（2001 年 8 月）。沥青混凝土面层的结构组合为：开级配磨耗层（PmB OG-FC），5cm 厚 PmB SMA（防止水下透），8cm 厚 PmB SUP-19 基层，25cm 厚 PmB SUP-19 基层，10cm 厚 PmB 沥青混合料基层（空气率 2%），类似富沥青抗疲劳层。沥青面层总厚度约 50cm。由于路基为 4.6m 高的膨胀性黏土，所以沥青混凝土层较其他长寿命柔性路面厚。

4）马里兰州对拟新建的长寿命柔性路面的结构定为 35.5cm 厚沥青混凝土，底基层为 15.2cm 厚级配碎石，强夯填土路基。

沥青面层的具体结构组合为：5cm 厚 PmB SMA 磨耗层，30.5cm 厚 PmB SUP-19。

由上述可以看到，美国 4 个州的长寿命柔性路面的结构形式和厚度有较大差别。有的采用全厚式沥青混凝土厚 32.5cm，有的在级配碎石底基层上铺筑厚 36.9cm 的沥青混凝土层，有的全厚式沥青混凝土厚 48cm。仅加利福尼亚州的柔性路面提到联结层用改性沥青，基层用针入度较小的沥青。后者的设计理念与上述澳大利亚柔性路面的设计理念相同，其他三个州都未提及用什么沥青，4条路都没有介绍土基的要求，美国的标准轴载为80kN。

加拿大在2007年也完成了一段长寿命柔性路面试验路。

# 第二节　我国已有的长寿命半刚性路面

## 一、引言

1957年笔者留学前苏联回国后，经过1年劳动锻炼，1959年回到交通部公路科学研究所路面设计组工作，从事的第一个研究课题是“单一薄层路面的研究”。此课题使我深刻理解到，一层薄薄的低级路面为什么能承担一定交通量而不破坏？其原因在于土基上层有一个含水率小、密实度大和强度高且稳定的硬土层。单一薄层路面的研究，启发了路面设计组，并提出了今后沥青路面的设计理论应是“强基薄面稳土基”。那时候，在国内，只有少数大城市的主要街道使用沥青路面结构，而且常是柔性路面，半刚性路面很少。只有少数几条公路有沥青表面处治。路面设计组只能从资料上了解一些前苏联高等级公路沥青路面的情况与研究技术状况。那时，根本想象不到50年后，我国公路特别是高速公路能达到现在的水平，也根本想象不到高速公路的沥青路面会产生这么多早期破坏现象。虽然如此，现在看来，20世纪60年代初，提出的路面设计理论是合适的，特别适合于长寿命沥青路面。但要根据当前的情况，补充具体的内容。

高等级公路（含高速公路和一级公路）建设包括多方面的内容，如路线、路基路面、桥涵、交通工程及沿线设施等。在平原微丘区路线一旦选定后，通常不会产生明显的问题，在山岭重丘区的路线则有是否节约资源和对环境的影响等问题。交通工程及沿线设施在实施后，经过多年行车考验可能会发现有些不足，服务区在正式通车后也可能感到有些不足。应该说，路基路面是量大面广，投资最大，耗材最多的。路基路面的设计和施工牵涉到很多技术问题。

## 二、我国第一条市区长寿命半刚性路面——哈尔滨二十道街

1.哈尔滨二十道街的特点

1)唯一的大交通量主干道

哈尔滨二十道街是从松花江边进入市区的唯一一条主要干道。交通量大，直到现在，它仍然是一条重交通道路。由于受江水影响，路面下路基土的含水

率大。

2）路面严重翻浆

（1）1960 年前，二十道街每年春季沥青路面严重翻浆，使汽车无法正常行驶。而且要花大量资金重建路面。直到 20 世纪 80 年代，由于路面结构层薄和基层材料强度差，特别在重冰冻地区的市区道路和公路路面的翻浆现象相当普遍和严重。从 50 年代末期开始，交通部公路科学研究所部分研究人员（含笔者）与东北三省交通部门及市政部门共同调查研究春融期路面翻浆的原因和防治的措施。1960 年笔者又与哈尔滨市政研究所的主要技术人员共同分析出路面翻浆的原因，关键是路基中的聚冰带。

（2）路基中的聚冰带

从 20 世纪 50 年代中期至 80 年代初，公路和市区道路的路面结构都较薄，仅几个较大城市的市区道路有沥青混凝土面层。冬季几次寒流降临，冰冻线就穿过路面结构进入土基。寒流过后，气温常有一段时间有所回升并比较稳定，使土基中的 $-3$℃ 等温线有较长一段时间滞留在土基顶面下某一深度及略向下移动。$-3$℃ 等温线的滞留位置是其下土层中土颗粒吸附的薄膜水向上移动并结冰的位置。$-3$℃ 等温线滞留的时间愈长，移动到该等温线的水分愈多，结的冰层也愈厚，逐渐形成一层一层厚数厘米到近 10cm 的聚冰带。随后，通常在春节前后寒流再次降临，路基中的 $-3$℃ 等温线下移到更深的位置，并在那里滞留，其下土层中土颗粒周围的薄膜水向 $-3$℃ 等温线积聚，逐渐又形成一条聚冰带。这样整个冬季在土路基中会形成两条聚冰带。上面一条聚冰带称第一聚冰带，下面一条聚冰带称第二聚冰带。聚冰带，特别是第一聚冰带容易引起沥青面层产生不均匀冻胀，并导致局部面层开裂。

（3）路面翻浆的机理

第二年的春融期间，路面开始化冻。由于沥青路面的导热系数明显大于两侧路肩的导热系数，由表面向下化冻线进入第一聚冰带后，第一聚冰带的中间部分化冻深度大于两侧边部的化冻深度，化冻层变成盆状。第一聚冰带中间部分融化后，两侧边部仍是冻结状态。聚冰带积聚的大量冰层都化成了自由水，此自由水向两侧流不出去，也不可能下透到下面冻土层中。第一聚冰带变成了含水率相当大的软泥层，使路面下的土基几乎丧失了全部承载能力。汽车，特别是重载货车行驶在路面上，很快就将路面压碎成小块，接着将下面的泥浆压剪翻到表面，小块路面则压入泥浆中。路面上散布着一个又一个有破碎路面块的泥浆坑，这种破坏现象俗称翻浆。翻浆严重影响交通运输，路面严重翻浆段，汽车寸步难行，不得不使用多种材料先将坑洞暂时填平，维持交通。待夏季到来后再重新修补路面。

在一些市区道路和公路上，这种轻重不一的路面翻浆现象一年一年反复发生。

(4)二十道街聚冰带的深度

根据多年的调查观测资料，哈尔滨二十道街沥青面层下第一聚冰带不超过70cm，第二聚冰带在路表下1.3~1.5m。显然，在春融期间，是第一聚冰带化冻后使路面产生严重破坏。第二聚冰带化冻很晚，可能在5月中下旬才完全化冻，融水可以向下面土层中渗透，对路面的承载能力已无显著影响。

2.防治翻浆的原则与方案

1)防治原则

1960年，笔者与哈尔滨市政研究所一起制定的防治翻浆的原则是：

含防冻层的路面结构层总厚度应不少于70cm，使第一聚冰带不会在土基上部形成，也不会在路面结构中形成；采用强度较高、整体性和水稳性较好的石灰土或石灰炉渣土做主要承重层；采用透水性较好的砂做防冻垫层，使-3℃等温线在防冻层内滞留，阻止毛细水上升到路面结构层中，也防止冬季下层土颗粒吸附的薄膜水向-3℃等温线积聚。同时，使透过沥青面层进入路面结构中的水能排出路外。

2)防治方案

最后确定和实施的路面结构层总厚度为70cm，具体方案如下：

(1)沥青面层厚7cm，手摆片石厚约15cm，石灰土层厚30cm，各种砂垫层补足70cm厚；

(2)沥青面层与手摆片石层同上，炉渣保温层、石灰土层、各种砂垫层补足70cm厚；

(3)沥青面层与手摆片石层同上，石灰炉渣土30cm，各种砂垫层补足70cm厚；

(4)路面实施过程中另加的方案

在路面实施过程中又增加了下列两个方案：

①石灰土层下设石灰桩代替砂垫层；

②石灰土层下设砂桩代替砂垫层。

透过沥青面层进入手摆片石层的自由水能通过片石层排出路面外。

1961年二十道街试验路面实施时，现哈尔滨工业大学王哲仁教授全程参与。

3. 二十道街通车44年后的试验路面状况

2005年7月笔者在王哲仁教授陪同下，专门察看了二十道街试验路面的使用状况。据介绍，在此期间沥青面层的表面裂缝较多，曾多次处理，并拓宽了一个车道。仔细观察此路面时，仅发现新旧车道纵向接缝有少量沉陷。除后加的两个方案路况不佳外，原车道路拱完整，未产生过结构性破坏。这条试验路的实践证明，半刚性路面完全可以达到长寿命要求。

## 三、我国第一条按“长寿命”半刚性路面设计的高速公路

我国第一条按“长寿命”半刚性路面设计的高速公路是广州—深圳高速公路，该高速公路由香港合和实业有限公司与广东省交通厅合作兴建。该路全长122.8km，双向六车道。深圳段于1993年通车，1994年7月18日全线通车。路面的设计年限与国内其他高速公路相同，为15年，累计当量标准轴载(100kN) ESAL只有3 314万轴次，设计弯沉值0.23mm，但路面结构层厚度却是当时一般高速公路的两倍。如慢车道或重载货车道的路面总厚度是110cm，其具体结构从顶面向下为：4cmLH-20II，即后来改成方孔筛的AC-16II；8cm AC-25I；10cm AC-30II；10cm AM-30。沥青面层总厚32cm。其下为23cm水泥碎石上基层，23cm级配碎石下基层，32cm未筛分碎石底基层。整体路面结构是半刚性基层厚沥青路面，可以说这是20世纪我国高速公路最厚的沥青面层。这样厚的路面结构显然是属于长寿命的，除施工质量不佳路段外，一般不可能产生结构性破坏。假如在水泥碎石基层下，再用一层3%水泥碎石下基层替代级配碎石下基层，其承载能力会更好，实际上沥青面层也可以减薄。由于该高速公路主要是香港某企业家投资的，笔者认为此路面结构是按照他的意图设计的，也是有远见的设计。笔者十分关心此高速公路沥青面层的裂缝情况。1995年初，笔者第一次亲自目测此路面的状况，并在广州段任意下车走1km，发现有11条横向裂缝，如果说这是半刚性基层的反射裂缝，显然不符合国际上的常理。笔者分析广州冬季的最低气温是5℃，所以没有低温收缩裂缝。但是，广州夏季，刚刚还烈日高照，地面温度高达60℃，倾刻之间就可能大雨倾盆而下，使路表温度快速降到30℃。这种气候变化一天可出现3~4次。每次变化都会使表面层产生温缩应力。温缩应力的反复作用使表面层逐渐产生横向温度裂缝，笔者特称其为温度疲劳裂缝。

全线通车14年后，2008年3月中旬，笔者亲自观察和了解了广深高速公路深圳市辖段的交通状况，日均交通量超过8万辆，其中小车占50%；大客车和货车占50%。货车是三联轴双轮胎货车，总重最大138.7t，最大超载率220%。广深高速公路是国内高速公路中交通量最大和重载车辆最多的一条高速公路，不

计深圳市段，省管段100km长，平均一天收费超过1 000万人民币。可以说，其承载能力能满足长寿命半刚性路面的要求。深圳市辖段当前沥青面层已产生辙槽深度1.6~5.6cm，已需要处理。深圳市段的部分沥青面层虽由于已通车15年，沥青老化，表面跑料较多（轻度松散），但通车15年来，从未修补过。

2007年广深高速公路又安排了全线的弯沉测定。由于沿线交通量大，用自动弯沉仪测量时，不可能同时用贝克曼梁进行标定，据负责测量的技术人员介绍，只能利用以往在其他高速公路上的标定结果。由于在不同路面结构上两种仪器测试结果的相关关系不同，所以，所得计算结果会有明显偏差，通常是偏小。但作为这条高速公路不同路段的相对比较还是有价值的。

测量时以中央分隔带两侧，外侧重车道1km长为一个计算单元，即每1km长计算一个代表弯沉值。原计算值采用了95%概率的代表值（即 $l_{0.95}$）。习惯上以往国内外都采用97.7%概率的值，即 $\bar{l}+2S$（标准差）作为代表弯沉值。

现将原检测单位提供的 $l_{0.95}$ 归纳分析如下：

两侧共检测了121km。

| $l_{0.95}$ | | 累计 | 可承担的ESAL[1] |
|---|---|---|---|
| <0.1mm | 占4.1% | | $777.6\times10^{6}$次（7.776亿次） |
| 0.1~0.15mm | 占6.6% | 10.7% | $102.4\times10^{6}$次（1.024亿次） |
| 0.15~0.20mm | 占30.6% | 41.3% | $24.3\times10^{6}$次（24 430万次） |
| 0.20~0.30mm | 占55.4% | 96.7% | $3.2\times10^{6}$次（320万次） |
| 0.30~0.41mm | 占3.3% | 100% | $0.67\times10^{6}$次（67万次） |

由上述归纳结果可以看到，2007年时该高速公路路面的承载能力有相当大的差别，最大值与最小值之差超过约1 000倍。对于 $l_{0.95}>0.3$mm的共4km长占3.3%的路段，应该特别注意此段路面可能会产生结构性破坏。实际上，如果所测弯沉值，相当于用贝克曼梁测得的结果，则此段路面早就已经破坏了。

## 第三节 我国新建的长寿命沥青路面试验路

我国从2003年开始，也先后在广东省云浮、江苏省沿江高速公路、河南省尉氏—许昌高速公路、山东省滨州—大高高速公路，铺筑了不同结构的长寿命沥青路面试验路。2004年河北省沿海高速公路设立长寿命半刚性路面研究课题，

[1] 可承担的ESAL是用公路沥青路面设计规范中计算设计弯沉值的公式反算得到，同时以 $l_{0.95}$ 的大值计算。

2005 年交通部设立西部交通建设科技项目“重载交通长寿命半刚性基层沥青路面关键技术的研究”课题。河北省的课题作为西部科技项目的一部分，在沿海高速公路秦皇岛段按“强基、薄面、稳土基”路面设计理论完成了 2 747.8m 长半刚性路面试验路，外加对比段，共长约 5km。于 2007 年 12 月通车。

上述这些已建长寿命路面都需要由时间和交通状况来考验。试验路所做的有关基层和沥青面层的试验结果都统一归纳在下面有关章节中。

笔者认为，21 世纪将是长寿命沥青路面设计与施工全面大发展的新时代，也将是公路路面技术大幅度提高的新时期。

## 一、广东省云浮长寿命路面试验路

2004 年，某大学在广东省云浮铺筑了三种长寿命路面试验路，并于同年年底开放交通。

1. 路面结构

据介绍，采用的分段路面结构如下：

1）长寿命柔性路面（K18 +260 ~ K18 +800 左幅，长 540m）

磨耗层为厚 4cm 聚合物改性沥青 PmB SMA-13；中间层为厚 13cm AC-20I（加 1% 橡胶粉形成“高模量沥青混凝土”），其功能是抗永久形变，下一层为厚 15cm AC-25I 抗疲劳层（级配偏细，沥青用量为偏多的上限）；沥青面层总厚 32cm。

面层下为厚 20cm 2% 水泥碎石下基层；底基层为 20cm 级配碎石。

路面总厚度为 72cm，没有各层的具体力学指标值的有关资料。

从整个设计理念看，此试验路的柔性路面段与国外的长寿命柔性路面比没有以试验结果为依据的基础。名义上中间层是抗永久形变的高模量沥青混凝土，实际上在 AC-20I 中加 1% 橡胶粉形不成高模量沥青混凝土；名义上要求 AC-25I 成为抗疲劳层，但仅靠偏细级配，沥青用量为偏多的上限也形不成抗疲劳性能显著好的沥青混凝土。仅有的差别是抗疲劳层加厚了，另外增加了 20cm 级配碎石底基层。

2）半刚性基层厚沥青混凝土面层（K17 +818 ~ K17 +940 左幅，长 122m）

沥青面层与上述柔性路面相同（总厚 32cm），其下为 20cm 厚 4% 水泥稳定碎石基层，15cm 厚级配碎石底基层，路面总厚度 67cm。应该说半刚性基层下用级配碎石底基层，从结构组合设计看不合理，不但路面的力学性能不好，还多用了优质碎石和资金。仅用 20cm 水泥碎石和 15cm 级配碎石加上 32cm 沥青面层，形成的路面整体承载能力也不可能达到长寿命的目的。半刚性材料层偏薄，如将15cm级配碎石换成15~20cm无机结合料稳定土层，路面的承载能力将较大，但也不可能达到长寿命要求。

3）半刚性基层沥青路面（K18+800~K19+300左幅，长500m）

表面层为4cm厚改性沥青SMA-13。中面层为13cm厚高模量沥青混凝土AC-20I，用来抵抗辙槽，分两层施工。底面层为8cm厚AC-25I（级配偏细，沥青用量偏多）抗疲劳层，沥青面层总厚25cm。下为32cm厚6%水泥碎石基层，底基层为15cm厚级配碎石（分两层施工），路面总厚72cm。

2. 四年后的路面状况

2008年3月笔者专程参观了国内第一条长寿命路面试验路。云浮县是将大块岩石加工成大方块饰面石板的基地。所以试验路所在公路上虽然交通量不大，但货车载质量不小，属于重载货车，沥青面层已产生严重辙槽，主要是沥青混凝土产生了严重剪切形变。由于路面外侧边部沥青面层鼓起过高影响交通，不得不局部铲平以利交通。同时此试验路还有多处已修补的坑洞式水破坏。行车通过试验路后到正常的半刚性路面路段却没有这些破坏现象。该试验路不成功的原因，既有路面结构组合设计问题和材料设计问题，又有施工问题。

## 二、江苏省沿江高速公路多种长寿命沥青路面试验路

在江苏省高速公路指挥部统一安排下，2004年8月交通部公路科学研究所在该省沿江高速公路上铺筑了长5.693km多种路面结构的长寿命试验路，路面结构总厚度全是76cm。于2004年10月通车，至今已6年多。

1. 试验路路面结构

试验路不同结构与分段里程桩号如下：

1）长寿命柔性路面（K173+513~K174+524，长1 011m）

该段的路面结构为4cm（SMA-13）+6cm（AC-20I）+8cm（AC-25I），此18cm厚面层均采用SBS改性沥青（以下第3段和第4段的面层相同），其下为2×9cm AH-70沥青稳定碎石基层，再下为9cm富改性沥青抗疲劳层，16cm级配碎石底基层，15cm二灰土工作平台，也就是45cm厚沥青混凝土层中有27cm使用了改性沥青。此长寿命柔性路面的设计理念可以说与澳大利亚的重交通柔性路面的设计理念基本相同。其差别主要有两点，一是澳大利亚在工作平台上的沥青混凝土层总厚只有27cm，此长寿命柔性路面试验路在工作平台上有45cm厚沥青混凝土，比澳大利亚重交通柔性路面厚度增加18cm。考虑到我国交通状况的特点，适当加厚，也是可以理解的。二是澳大利亚的沥青混凝土基层使用了

AH-20 硬质沥青，而此长寿命柔性路面使用的是价格高得多的改性沥青。此外，除表面层用了粗集料断级配 SMA 外，其他都是采用了高温抗永久形变能力较差的连续式密级配 AC20-I 型、AC25-I 型和 ATB 基层。应该说，这段试验路欠缺试验依据，难以证明所采用的矿料级配能在较长使用期内不产生早期破坏。此试验路的有利客观条件是该省采取计重收费的政策，使得超载货车的超载量很小，超载货车在重型货车中所占比例也很小。

2）刚性组合式路面（K174 +524 ~ K175 +164，长 640m）

其路面结构为：4cm 厚 SBS 改性沥青 SMA 面层 +6cm SBS 改性沥青 CDAC-20（粗密实沥青混凝土），沥青面层厚 10cm；下为 26cm 厚连续配筋水泥混凝土，再下为 20cm 厚水泥碎石，20cm 厚二灰土。

3）刚性组合式路面（K175 +164 ~ K175 +765，长 601m）

其路面结构为：6cm SBS 改性沥青 SMA-13 +24cm 连续配筋混凝土 +26cm 水泥碎石基层 +20cm 二灰土底基层。

4）倒装式厚沥青面层结构（K175 +765 ~ K177 +515，长 1 750m）

SBS 改性沥青混凝土面层（4cm +6cm +8cm）共 18cm，下为厚 7cmAH-70 沥青稳定碎石（ATB）基层（沥青结材料层总厚 25cm），再下为 15cm 厚级配碎石，16cm 厚水泥碎石，20cm 厚二灰土。也就是在 36cm 厚半刚性材料层上铺 15cm 级配碎石，再铺 25cm 厚沥青面层，能否实现长寿命还有待时间考验。

5）半刚性基层厚沥青面层（K177 +515 ~ K179 +134，长 1 691m），属常规结构

SBS 改性沥青混凝土面层（4cm +6cm +8cm）共 18cm，下为厚 7cm AH-70 沥青稳定碎石，沥青结合料层总厚 25cm；再下为 31cm 厚水泥碎石基层（分两层施工），20cm 厚二灰土底基层。半刚性基层和底基层共厚 51cm。

2. 路表弯沉值

对这 5 段试验路，在不同时间用落锤式弯沉仪 FWD 检测路表弯沉值，并将结果折算成相当于轴载 100kN 轮胎气压 0.7MPa，用贝克曼梁测得的值列在表 3-3 中，表中代表弯沉值具有 95% 概率。

下列观测次序和时间的代表弯沉值 $l_{0.95}$（0.01mm）　　表 3-3

| 段号 | 第 1 次 | 第 2 次 | 第 3 次 | 第 4 次 | 第 5 次 | 第 6 次 | 第 7 次 |
|---|---|---|---|---|---|---|---|
| | 2004.12 | 2005.07 | 2005.10 | 2006.01 | 2006.04 | 2006.08 | 2006.12 |
| 1 | 3.48 | 2.73 | 6.71 | 5.59 | 4.43 | 9.41 | 8.16 |
| 2① | 1.10 | 0.87 | 2.15 | 3.47 | 1.19 | 2.75 | 4.93 |
| 3② | 0.89 | 0.89 | 2.01 | 2.84 | 1.86 | 2.48 | 4.86 |

续上表

| 段号 | 第1次 | 第2次 | 第3次 | 第4次 | 第5次 | 第6次 | 第7次 |
|---|---|---|---|---|---|---|---|
| | 2004.12 | 2005.07 | 2005.10 | 2006.01 | 2006.04 | 2006.08 | 2006.12 |
| 4 | 7.25 | 5.39 | 11.03 | 7.59 | 9.79 | 15.0 | 13.14 |
| 5 | 2.29 | 1.83 | 3.78 | 4.55 | 2.72 | 7.38 | 6.31 |
| 6 | 1.87 | 1.83 | 3.76 | 4.65 | 3.37 | 5.50 | 6.37 |

注:①二层沥青面层;
②一层沥青面层。

从表3-3可以看到:

(1)两段连续配筋路面的弯沉值最小;第4段倒装式厚沥青面层的弯沉值最大。

(2)通车约一年后,表中第3次观测,弯沉值普遍增大。第1段柔性路面的弯沉,是第1次观测值的1.93倍,第2、3段的弯沉仍是最小。但增大为第1次观测值的1.95和2.26倍,第4段增大为第1次观测值的1.52倍,第5段增大为第1次观测值的1.65倍。

(3)通车两年后,表中第7次观测弯沉值又普遍增大。例如,第1段增大为第1次观测值的2.34倍,第2段为第1次观测值的4.48倍,第3段为第1次观测值的5.46倍,第4段的弯沉值最大,是第1次观测值的1.52倍,第5段为第1次观测值的1.65倍,第6段为第1次观测值的2.01倍,弯沉值增大是由土基模量显著减小引起的。

该省对水稻田地区高速公路的地基和土基的施工相当严格认真。把田地表层的植物根系挖除后,先用石灰处理面层原地基。向上填土时,凡土的含水率偏大,达不到规定压实度时,就用5%石灰处治土,再碾压密实。到土基上层80cm(以往俗称95区)时,不论土的含水率是否合适,一律都用8%石灰处治土(未见石灰土的7d抗压强度)。由于水稻田地段的土常为黏性土,仅用5%和8%石灰处理,其7d龄期抗压强度和水稳性仍不高。

虽然对路基进行了如此严格的认真处治,但是路面的承载能力还是在显著减小。其重要原因是,由土基和地基中自由水产生的气态水透不过沥青面层,滞留在土基和石灰土处治层中又变成自由水,使土基、石灰土处治层的强度明显减小的结果。

3.不同时间的辙槽深度

从2004年12月(通车2月),到2006年12月(通车2年)不同时间分别测得各段试验路的平均最大辙槽深度RD(每100m测1点)见表3-4。通车近3年时,各段的辙槽深度RD平均值见表3-5。实际上3年后,个别点的RD第1段已超过10mm,第4段已达12mm,第5段已接近15mm。

**通车 2 年不同观测次序和时间的辙槽深度 RD**(mm)　　表 3-4

| 段号 | 第 1 次 | | 第 2 次 | | 第 3 次 | | 第 4 次 | | 第 5 次 | | 第 6 次 | | 第 7 次 | |
|---|---|---|---|---|---|---|---|---|---|---|---|---|---|---|
| | 左① | 右① | 左 | 右 | 左 | 右 | 左 | 右 | 左 | 右 | 左 | 右 | 左 | 右 |
| | 2004.12 | | 2005.07 | | 2005.10 | | 2006.01 | | 2006.04 | | 2006.08 | | 2006.12 | |
| (1) | 1.9 | 2.0 | 3.9 | 2.4 | 3.2 | 3.4 | 5.7 | 3.6 | 3.8 | 3.3 | 7.4 | 7.1 | 7.9 | 6.5 |
| (2) | 1.4 | 1.0 | 3.2 | 1.8 | 4.4 | 2.8 | 3.1 | 1.7 | 2.6 | 2.0 | 4.4 | 4.3 | 6.0 | 4.3 |
| (3) | 1.3 | 1.3 | 2.7 | 1.6 | 5.2 | 3.1 | 2.8 | 2.1 | 4.3 | 3.2 | 5.0 | 5.0 | 6.3 | 5.3 |
| (4) | 2.1 | 1.8 | 4.0 | 2.3 | 4.0 | 3.1 | 4.6 | 4.2 | 4.5 | 4.0 | 7.0 | 6.5 | 6.7 | 8.1 |
| (5) | 2.9 | 3.0 | 4.6 | 2.9 | 4.7 | 2.8 | 6.7 | 4.7 | 4.9 | 3.6 | 9.2 | 8.5 | 8.5 | 9.5 |
| (6)② | 1.0 | 1.8 | 3.0 | 1.7 | 3.5 | 2.9 | 2.5 | 2.2 | 3.0 | 2.3 | 4.2 | 4.9 | 3.1 | 3.8 |

注：①左，指左轮下的值；右，指右轮下的值；
②指正常生产路段半刚性基层沥青路面。

**通车近 3 年各段的平均辙槽深度 RD**(mm)　　表 3-5

| 时　　间 | | 2007.09 | | |
|---|---|---|---|---|
| 各段的辙槽深度 | | 左轮 | 右轮 | 平均 |
| 1 | 柔性路面 | 7.36 | 5.92 | 6.64 |
| 2 | 10cm AC，RCC | 7.20 | 4.87 | 6.04 |
| 3 | 6cm AC，RCC | 5.57 | 4.72 | 5.14 |
| 4 | 25cm 厚沥青混凝土倒装式结构 | 8.01 | 6.01 | 7.01 |
| 5 | 半刚性基层 25cm 厚沥青混凝土面层 | 9.95 | 7.78 | 8.87 |

表 3-4 和表 3-5 的结果表明：

(1) 辙槽 RD 逐年增大。

(2) 平均辙槽 RD 大的是第 5 段，平均为 8.87mm(18cm 沥青面层下有 7cm AH-70 稳定碎石)，其原因可能是 AH-70 稳定碎石的抗永久形变能力较差。第 4 段 RD 平均为 7.01mm(倒装式结构，18cm 沥青面层下有 7cm AH-70 稳定碎石和 15cm 级配碎石)，略小于第 5 段。显然这两段的结构组合设计很不合理。其不佳的使用性能早在其他高速公路上显示出来。平均辙槽 RD 小的是第 3 段(面层 10cm)和第 2 段(面层 6cm)。

有意义的是正常生产路段(半刚性路面)的辙槽 RD 最小，试验路起点前 1 400m的平均 RD，左轮为 2.12mm，右轮为 3.02mm，平均 2.57mm。试验路终点后 800m 的平均 RD，左轮为 5.47mm，右轮为 5.12mm，平均 5.29mm。

上述结果表明，并不是沥青面层下的基层刚性愈大，辙槽愈严重。第 2 段和第3段的刚性最大，但这两段上的沥青混凝土面层的RD并不是最大。第5段的辙槽最大，与在18cm面层下又加7cm沥青稳定碎石(ATB)有关。第4段的沥青结材料层与第5段相同，由于在半刚性材料层上还有15cm厚级配碎石可作为缓冲层，所以其RD小于第5段。当然，在此也不排除每段相同沥青混合料的矿料级配和压实度也会有不同。

4. 交通状况

据介绍，2006年该高速公路的交通状况为：

交通量2万辆/d，客货车各占一半；由于江苏省严格实行计重收费，不超载的货车占85.23%；超载50%～100%的货车占0.07%；超载30%～50%的货车占2.0%；超载30%以下的货车占11.87%。对各种长寿命路面的使用是个很有利的交通条件，但要真正检验这些路面结构是否能长寿命，却有困难。

## 三、河南省尉氏—许昌高速公路长寿命刚性复合式路面

河南省尉氏—许昌高速公路长64km，全线都按长寿命刚性复合式路面设计与施工。这是国内最长的一条长寿命路面。

1. 路面结构

其路面典型结构见图3-1。

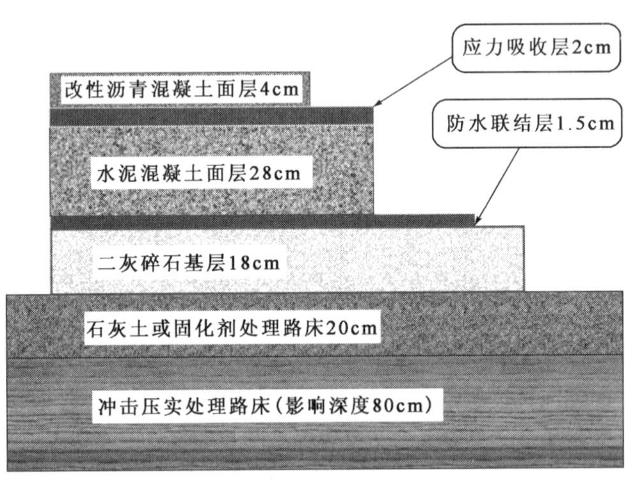


图3-1　尉许高速公路路面结构图

由图3-1可以看出：该路面结构为4cm改性沥青密实混凝土面层，2cm应力吸收膜中间层（目的是防水和防止反射裂缝），28cm水泥混凝土板，1.5cm防水联结层（相当于黏结层），18cm二灰碎石基层，20cm石灰土或固化剂路基改善层，路面总厚度73.5cm。冲击式压路机压实土基上层80cm。

1）沥青面层

4cm SBS改性沥青面层，动稳定度DS＝5 000～8 500，DS＞4 000～6 800，小梁弯曲 $\varepsilon_{max}=3\,500\mu\varepsilon$，冻融劈裂约91%，设计空气率3%～4%，现场 $V_a<7\%$，改性沥青用SBSmB I-D，另外，软化点≥85℃，弹性恢复（25℃）＞80%，TFOT后5℃延度35～50cm。

2）应力吸收层

（1）应力吸收层采用SMA-5，石灰岩5～3mm，3～0mm，矿粉，木质素纤维，天津壳牌SBS改性沥青SBS1-D。沥青混合料中石料与沥青的黏附性大于4级，矿粉用量＞8%，油石比8%。

（2）轮辙试验

轮辙试验的动稳定度DS≥2 000次/mm，小梁弯曲试验的最大破坏应变5 000με；设计空气率2%～3%，压实空气率2%～3%；应力吸收层用SBS含量5.5%的特制改性沥青，其软化点80～85℃，25℃的弹性恢复＞85%，TFOT后5℃延度35～50cm。

应该说，此路面结构的承载能力足够，不会产生路面结构性破坏。但沥青面层是否能保持在10年以上才重铺或加铺一次，还有待跟踪观测。改性沥青混凝土面层，没有说明用了什么矿料级配。用改性沥青会增加该层高温抗永久形变能力，但又将增加面层的温度裂缝。2cm的应力吸收层不利于抗辙槽能力，也未必能减少面层的反射裂缝。此外这条路的投资相当大。

2. 通车后的简况

该高速公路于2005年通车，通车至今已5年。没有竣工时面层使用性能的有关资料。仅听说，面层表面有较多裂缝，约每2条水泥混凝土板的收缩缝上有1条反射裂缝，值得进一步观察和掌握交通状况。

## 四、山东省滨州—大高段高速公路长寿命路面试验路

滨州—大高段高速公路试验路是天津—汕头高速公路的一部分，试验路为双向四车道，幅宽24m，分超车道、行车道和紧急停车带三部分。

该长寿命柔性路面试验路共有三段，约3km长，另有两个对比段全长共5km。由山东省交通厅与美国联邦公路局合作进行路面结构设计与施工，且部

分设备由美国提供。在路面结构中埋设了较多传感器。对路面各结构层所用的材料都做了很多物理—力学性质试验,可以说是工作做得最细,资料最丰富的一条试验路。

应该说,这是一条很值得跟踪观测的试验路。

1. 试验路的路面结构

柔性路面试验路和对比段的路面结构组合和厚度见图3-2。

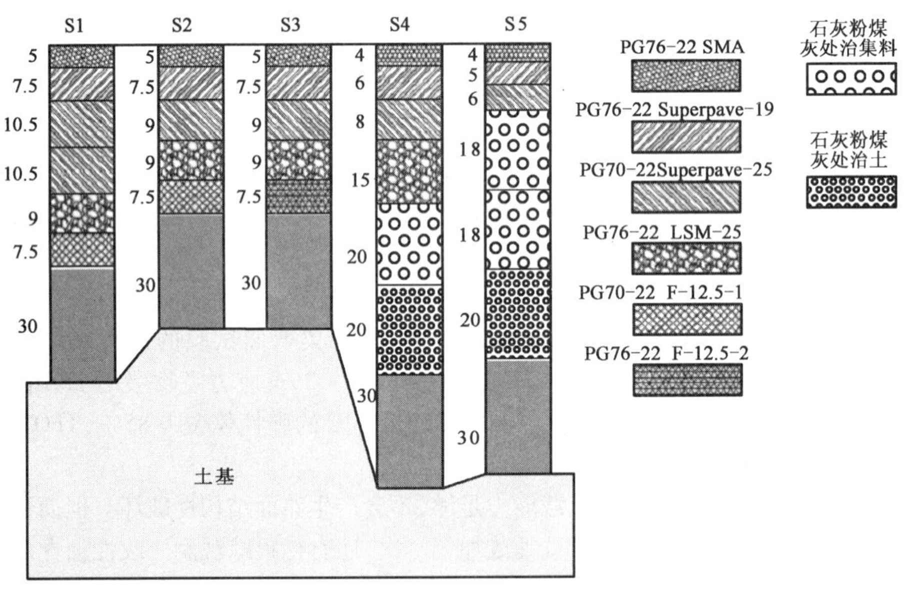


图3-2 滨州长寿命路面结构图(厚度单位:cm)

图3-2中S1、S2和S3为长寿命柔性路面。其表面层为5cm厚的改性沥青SMA,沥青为PG 76-22(美国按使用性能分等区分沥青等级,称PG等级)PG76-22的沥青认为可适应高温76℃和低温-22℃,实际上并非如此简单。我国的AH-70沥青通常是PG 64-22)。因此PG 76-22和PG 70-22都是聚合物改性沥青,据说在试验路所用的沥青中添加SBS时用了物理和化学方法共同改性。

第2层联结层为7.5cm厚的PG 76-22 SUP-19;

第3层基层为10.5cm、9cm、9cm厚的PG 70-22 SUP-25(最大粒径25mm);

第4层基层S1段为10.5cm厚的PG70-22 SUP-25,S2和S3段为9cm厚的PG76-22大粒径沥青碎石LSM-25;

第5层S1段为9cm厚的PG76-22 LSM-25;S2段为7.5cm厚的最大粒径12.5mm的PG 70-22富沥青层F-12.5,S3段为7.5cm厚的最大粒径12.5mm的

PG 76-22 富沥青层 F-12.5；

S1 段的第 6 层为厚 7.5cm 的 PG 70-22 富沥青层 F-12.5。

此三段的底层均为厚 30cm 的 8% 石灰处治土路基改善层，S4 和 S5 路基上部也有 30cm 石灰处治土改善层，最下为土基。该试验路长寿命柔性路面沥青面层的厚度和总厚度都超过了 21 世纪初美国几个州的长寿命柔性路面。美国俄亥俄州的长寿命柔性路面，沥青混凝土层底面的设计拉应变不大于 70με，实测拉应变为 125με。也就是实测拉应变是设计拉应变的 1.786 倍，这个观测结果值得我们注意。

2. 沥青混凝土总厚度

S1 段沥青混凝土总厚度为 50cm，此段 7.5cm 厚的抗疲劳层沥青混凝土用的 PG70-22 沥青。与前述美国得克萨斯州的长寿命柔性路面相似。比美国其他 3 个州的长寿命柔性路面都厚。

S2 段沥青混凝土总厚度为 38cm。

S3 段沥青混凝土总厚度为 38cm。

可以说，这三段柔性路面结构充分反映了美国联邦公路局的意图，但不一定能适应我国的交通状况和气候条件。除 5cm 表面层使用了粗集料断级配 SMA 外，其中面层 SUP-19 级配中粗集料的含量为 52.6%，是悬浮式密实结构，底面层采用的 SUP-25，粗集料含量为 60.5%，是松接触密实结构。

3. 对比段

S4 和 S5 段都作为对比路段。S5 段是国内某些高速公路用的半刚性基层沥青路面，S4 段沥青面层厚 18cm、S5 厚 15cm。S4 段半刚性基层厚 20cm，S5 段半刚性基层 36cm，半刚性底基层均为 20cm。

S4 段是山东省近年来高速公路开始用的半刚性路面结构。其特点是在沥青混凝土层与半刚性基层之间增加一层 15cm 的大粒径碎石，沥青面层 33cm。

图 3-2 清楚表明，5 段长寿命路面结构中都有 SUP 沥青混凝土，5 段长寿命路面的共同特点是表面层全是厚 4～5cm 的 SMA；沥青面层的各层都采用了改性沥青。

4. 开放交通

滨州—大高段于 2005 年 10 月通车，津汕高速公路于 2007 年底全线通车。通车至今的交通状况尚不清楚。2009 年 7 月笔者步行观察上述 3 段长寿命柔性路面，发现已经产生辙槽。据介绍，2010 年 6 月，辙槽深度已达到 5mm。

对于上述多条已建成的以及今后陆续还要建的长寿命柔性路面和不同基层

的长寿命沥青路面,当前迫切需要解决的问题是,如何组织对其性能的演变进行跟踪观测和及时总结。同时,要采取强有力的措施,在相同条件(含气候条件、行车荷载条件与施工条件)下,对多种沥青路面结构进行试验检验,优选出既早期破坏很少、使用性能好,又耐久的值得推广应用的长寿命路面。

## 五、秦皇岛段长寿命半刚性路面试验路

“重载交通长寿命沥青路面关键技术的研究”是2005年交通部与河北省交通厅合作研究的重要项目。笔者作为项目负责人确定以我国最早创建的,也是使用最广泛、最有经验的半刚性路面为研究对象。其目标是使半刚性路面能建成符合要求的长寿命路面,以弥补美国长寿命路面仅是柔性路面以及欧洲(除英国外)实际上没有长寿命半刚性路面的缺陷,从而对世界路面技术的发展做出贡献。该长寿命半刚性路面的设计和施工共有3个发明专利和9项革新。

1. 路面结构

河北省沿海高速公路从秦皇岛到黄骅港。重载交通长寿命沥青路面的试验路位于该高速公路的起点秦皇岛,简称秦皇岛试验路。试验路总的区分为两段,第1段正式试验路段(K0+060~K2+807.8,长2 747.8m)是按“强基、薄面、稳土基”设计理论设计和施工的;第2段是后加的,并作为对比路段(K2+807.8~K5+036,长2 228.2m),其中包括长880.7m的一座大桥。第2段路基路面实际全长1 347.5m。第2段的路基中未做隔断层和防水墙,仅是“强基薄面”。第1段试验路路面结构竣工图见图3-3。详细内容参看本书第四章。

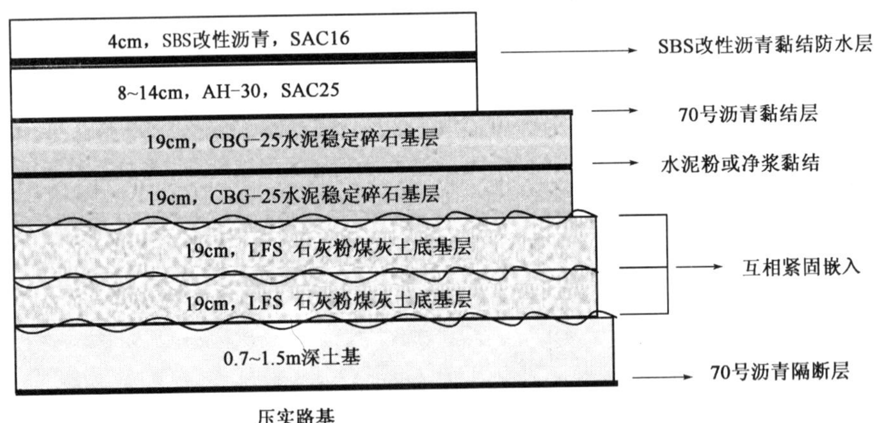


图3-3　试验路路面结构竣工图

### 2. 路面结构的说明

图3-3详细反映了试验路的路面设计理论“强基、薄面、稳土基”及其首项重要内容，路面结构组合设计，以及这次实施所采用的创新技术。

1）强基

试验路沥青面层的基础是2层新水泥碎石基层CBG-25和2层石灰粉煤灰土底基层，每层各厚19cm，基层和底基层总厚76cm。沿海高速公路原路面结构设计，是2层水泥碎石基层和1层石灰粉煤灰底基层，各厚20cm，总厚60cm。试验路减少了2cm水泥碎石基层，增加了18cm底基层，将一般高速公路的半刚性路面改造成了长寿命半刚性路面。

图3-3的路面结构组合，仅是试验路用的，并不意味着凡是长寿命半刚性路面都要用图3-3的结构。从节约资源和充分利用当地材料的角度出发，可以做下述调整：

（1）如当地富产砂砾，可以采用相同强度标准的水泥砂砾以减少碎石用量；

（2）如当地能取得粉煤灰，可以使用石灰或水泥粉煤灰砂砾做基层，其7d龄期的抗压强度应不小于2MPa（石灰粉煤灰）和3MPa（水泥粉煤灰）；

（3）由于1cmCBG-25的单价相当于1.86cm二灰土（$R_7=1.44$MPa）的单价，可以减少1层19cm的水泥碎石，同时相应地增加厚35cm的二灰土底基层，原有两层共厚38cm的二灰土，改为二灰土总厚73cm，可分4层铺筑，每层厚18cm。也可以针对沿线的土，用少量水泥、石灰或水泥加石灰进行稳定，并采用路外拌和均匀后，运到路段上铺筑的施工方法，以避免层间有不均匀的夹层，或用厂拌法拌和均匀后，运到现场铺筑。

2）薄面

全长4 976m的试验路，除长887m的一座大桥外（桥上沥青面层仅厚10cm），实际路段仅长4 089m，其中2 206.5m长（占54%）都采用12cm厚沥青面层。

由于生产路段的沥青面层厚18cm，为与其做比较，试验路保留1段（长897.8m）18cm厚沥青面层，另1段（长783m）沥青面层厚15cm，两段共占试验路的46%。这就是图3-3中第2行厚度为8～14cm的原因。这一层都采用一次摊铺一次碾压的施工工艺。现沥青面层的平均厚度为13.7cm，较原设计沥青面层厚度18cm减薄了4.3cm。目前准备铺筑的长寿命路面示范工程的沥青面层将厚12cm。

3）稳土基

在土基顶面下0.7～1.5m修筑水平沥青膜隔断层，阻止下层气态水上升，以保持土基强度稳定。同时在底基层底面两侧往下用防水土工薄膜做垂直防水墙，防止进入两侧边坡的自由水渗入土基中。防水墙的下端与水平隔断层相接，见图 3-4。由于此防水墙是在土基完成后铺筑底基层前，人工用铁锹挖沟后埋设的，比较费时和费工。在不设垂直防水墙的情况下，可在土基上层做两层厚 30cm 的改善层，改善层可用天然级配砂砾或强度略低于底基层的无机结合料稳定沿线的土。

沥青面层减薄了，节约了沥青，节约了优质碎石，节约了烘干筒的燃料。水泥碎石基层减薄了，节约了水泥和碎石，将中、下面层合成 1 层，采用 AH-30 沥青和 SAC25-1 矿料级配在该层厚度达 14cm 时，仍采用一次摊铺和一次碾压的工序，减少了一道摊铺和碾压工序，节约摊铺机和压路机的燃油，符合资源节约型和环境友好型的要求，还延长了这两种机械的使用寿命。

该长寿命路面，显著减少了表面层的维修，表面层的重铺和加铺的周期延长到 10 年以上。可以明显减少行驶车辆的燃油消耗，延长车辆的使用寿命，达到低碳排放的要求，实现总寿命周期费用最少。

4）沥青面层

（1）表面层

表面层厚 4cm，采用紧密骨架密实结构 SAC16-1 矿料级配和河北省黄骅港生产的 SBS 改性沥青，实际采用的油石比为 4.5%，残留稳定度 96.7%，冻融劈裂强度比 93.0%，空气率 $V_a$ =4.8%。$V_a$ =6% 时的动稳定度 DS 大于 6 000 次/mm。用 SGC 制件后 DS 变化在 8 080 ~ 31 500 次/mm 之间，平均 22 700 次/mm。抗剪强度 $\tau$=0.97MPa。

（2）下面层

厚 8 ~ 14cm 下面层采用 AH-30 沥青紧密骨架密实结构 SAC25-1 矿料级配，沥青混凝土的油石比为 3.5%，残留稳定度 90%，空气率 $V_a$ =4% 时的动稳定度 DS =8 681 次/mm，按现场要求的空气率 $V_a$ =6% 时的动稳定度 DS =5 445 次/mm。用 SGC 旋转压实仪制件后 DS 变化在 5 680 ~ 22 500 次/mm 之间，平均 12 170 次/mm。抗剪强度 $\tau$=1.6MPa。

5）试验路各小段的路面结构

试验路共 4 个小段，路面结构下隔断层的深度不一样，在 0.7 ~ 1.5m 之间。在小段后标出时，用 $h_{下}$ = ×m 表示。

（1）K0 +060 ~ K0 +919（路段长 859m、路面总厚度 88cm）。由土基顶面往上为 38cm 二灰土底基层 +38cm CBG-25（二灰土底基层和水泥碎石基层均分成两层铺筑）+12cm 沥青面层（8cm SAC25 +4cm SAC16），$h_{下}$ =1.5m，参看图 3-3。

（2）K0 +937 ~ K1 +310（路段长 373m，路面总厚度 91cm）。底基层、基层同上，沥青面层厚 15cm （11cm SAC25 +4cm SAC16）。地基很不均匀。

（3）K1 +310 ~ K1 +720（路段长 410m，路面总厚度 72cm）。是严重风化破碎石方路堑段。57cm 水泥碎石基层分三层铺筑在无隔断层的地基上，沥青面层 15cm （11cm SAC25 +4cm SAC16）。$h_{下}=0$。

（4）K1 +720 ~ K2 +807.8（路段长 1 087.8m，路面总厚度 94cm），底基层、基层同（1）段，沥青面层厚 18cm （14cm SAC25 +4cm SAC16）。$h_{下}=0.7\sim1.5$m。

上面 4 段的下面层 8cm、11cm 和 14cm 厚均采用一次摊铺一次碾压的施工工艺。

对比段：

（1）K2 +807.8 ~ K4 +000（路段长 1 192.2m，路面总厚度 70cm），20cm 二灰土底基层 +20cm 水泥碎石基层 +12cm 沥青面层（8cm SAC25 +4cm SAC16），是路面厚度最薄的一段。该段内含一座大桥，长 880.7m，桥面上沥青面层厚 10cm，下层 6cm 用 AH-30 SAC25-1，表面层同上。

（2） K4 +000 ~ K5 +036（路段长 1 036m、路面总厚度 70cm），20cm 二灰土底基层 +38cm CBG-25 +12cm 沥青面层（8cm SAC25 +4cm SAC16）。

6）隔断层和垂直防水墙

（1） 预计在土基顶面下 1.5m 处设置水平隔断层，由于试验路路堤高度变化，实际隔断层的深度在 0.7 ~1.5m 之间，见表 3-6。

**不同位置隔断层的深度** 表 3-6

| 序号 | 桩号 | 位置 | 埋设深度（cm） |
|---|---|---|---|
| 1 | AK0 +000 ~ AK0 +113 | 全幅 | 150 |
| 2 | AK0 +113 ~ AK0 +330 | 全幅 | 120 |
| 3 | AK0 +330 ~ AK0 +591.485 | 全幅 | 150 |
| 4 | K0 +650 ~ K0 +836 | 全幅 | 120 |
| 5 | K0 +836 ~ K0 +924 | 全幅 | 90 |
| 6 | K0 +924 ~ K1 +310 | 全幅 | 80 |
| 7 | K1 +740 ~ K2 +060 | 全幅 | 70 |
| 8 | K2 +060 ~ K2 +380 | 全幅 | 75 |
| 9 | K2 +380 ~ K2 +807.8 | 全幅 | 80 |

(2)垂直防水墙

为防止自由水从两侧渗入到隔断层的土基中,在底基层下面的两侧用防水土工薄膜设置了垂直防水墙,见图3-4。

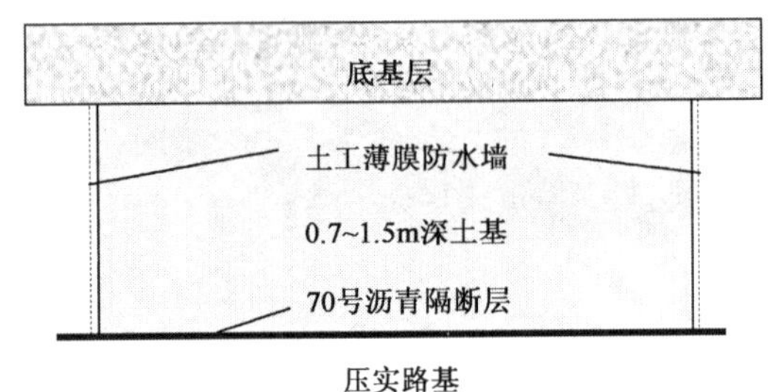


图3-4　隔断层与垂直防水墙示意图

(3)土基的回弹模量

土基竣工后,用后轴重100kN的汽车(充气压力0.7MPa)测量了土基顶面的弯沉值,结果见表3-7。由表3-7可以看到,土基的97.7%概率的代表弯沉值比较接近,说明各段土基的均匀性比较好。其代表弯沉值较门头沟试验路部分小段土基的代表弯沉值小得多。

土基回弹弯沉检测结果　　表3-7

| 序号 | 检测起始桩号 | 里程(m) | 点数 | 平均回弹弯沉值(0.01mm) | 标准差(0.01mm) | 弯沉代表值(0.01mm) |
|---|---|---|---|---|---|---|
| 1 | K0+568~K1+100 | 523 | 154 | 135.95 | 43.78 | 223.50 |
| 2 | K1+100~K1+640 | 540 | 164 | 109.73 | 42.47 | 194.67 |
| 3 | K1+780~K2+720 | 940 | 358 | 179.65 | 44.32 | 268.29 |
| 4 | K3+700~K4+510 | 810 | 274 | 191.85 | 33.24 | 258.33 |
| 5 | K4+540~K4+885 | 345 | 80 | 200.53 | 35.89 | 272.31 |

利用 $l_0=9\,308E_0^{-0.938}$ 公式,或 $\lg l_0=\lg 9\,308-0.938\lg E_0$,

即 $0.938\lg E_0=\lg 9\,308-\lg l_0$ 可计算得表3-7中的值。

用代表弯沉值计算:

序号1的 $E_0=53.3$MPa;

序号2的 $E_0=61.7$MPa;

序号3的 $E_0=43.9$MPa;

序号4的 $E_0=45.7$MPa;

序号5的 $E_0=43.2$MPa。

3. 秦皇岛试验路的现场检验

1)施工单位的试件

施工单位试验室制的轮辙试验试件的空气率为6%,共做6个试验,试件的动稳定度DS的范围为3 957~5 785次/mm,平均4 874次/mm,变异系数$C_v$=15.1%。

2)施工温度

铺筑表面层SAC16-1期间,正是沿海高速公路含秦皇岛试验路全力突击抢工期完成任务的时候。10月下旬气温已很低,夜间最低气温已不到10℃,有时只有5~6℃,往往清晨4时左右就开始生产沥青混合料。只得提高沥青混合料的拌和温度到195~200℃。尽管如此,运料车将混合料运到现场时,温度已下降到180~186℃。摊铺温度,特别是前几车混合料的摊铺温度下降得更多,平均下降到156℃,几乎比到达现场的温度下降了约30℃。直到有阳光照射,摊铺温度才下降到160℃左右。下午,摊铺温度可达到164~168℃,比到达现场温度低18℃。表面层的松铺厚度为4.7~5.1cm,平均4.8cm,即松铺系数平均为1.205。

3)碾压

保持上述摊铺温度大约摊铺15~20m后,立即用双钢轮双驱动振动压路机DD110、DD130振动碾压,所以初压温度实际上与摊铺温度很接近,最多不会低过5℃。在错半轮碾压过程中始终是振动碾压,趁沥青混合料温度较高时,用振动压实达到密度,轮胎压路机仅参加复压一遍,进一步使表面密实。

4)表面构造深度TD

秦皇岛重载交通长寿命沥青路面试验路,新SAC16-1表面层竣工后,从K2+000~K2+666用砂补试验法共测了25个断面,多数断面,每个断面测2个点,少数断面测3个点,正常位置共测50个点。TD变化在0.84~1.62mm之间,平均1.18mm,变异系数$C_v$=14.2%,局部离析粗糙处有3个点,TD平均2.15mm。

此外,在K1+170左幅,中央分隔带外侧,共测了8个点(间距相同),TD变化在1.33~1.98mm之间,平均1.64mm,$C_v$=15.3%。在K0+950右幅,共测了5个点(间距相同),TD在1.04~1.59mm之间,平均1.30mm。

5)无核密度仪检测

表面层SAC16-1碾压结束后,除表面构造深度外,还用无核密度仪检测、评价SAC16-1压实后的均匀性,具有实际意义。用无核密度仪在K1+070~K1+120长60m的路段上,每隔10m和20m共测量了5个断面,每个断面测9个点,离中央分隔带分别为间隔1m一个点。所得结果简列于表3-8。

无核密度仪检验结果　　表 3-8

| 密实度 (g/cm³) 断面桩号 检测点 | K1 +070 | K1 +080 | K1 +090 | K1 +100 | K1 +120 |
|---|---|---|---|---|---|
| 1.0m | 2.338 | 2.323 | 2.341 | 2.331 | 2.336 |
| 2.0m | 2.344 | 2.338 | 2.337 | 2.314 | 2.344 |
| 3.0m | 2.333 | 2.389 | 2.327 | 2.321 | 2.329 |
| 4.0m | 2.356 | 2.355 | 2.318 | 2.340 | 2.336 |
| 5.0m | 2.351 | 2.366 | 2.319 | 2.333 | 2.339 |
| 6.0m | 2.352 | 2.341 | 2.336 | 2.317 | 2.281 |
| 7.0m | 2.313 | 2.361 | 2.312 | 2.343 | 2.334 |
| 8.0m | 2.350 | 2.353 | 2.349 | 2.347 | 2.329 |
| 9.0m | 2.328 | 2.338 | 2.335 | 2.354 | 2.346 |
| 平均 | 2.341 | 2.352 | 2.330 | 2.333 | 2.330 |
| $C_v$(%) | 0.6 | 0.8 | 0.5 | 0.6 | 0.8 |

由表 3-8 可以看到，在同一个断面上 9 个测点的变异系数都很小，变化在 0.5% ~0.8% 之间，平均 0.66%。5 个断面密实度的平均值变化在 2.330 ~ 2.352g/cm³ 之间，平均 2.337g/cm³，在 50m 长和 9m 宽的面积上，共检测了 45 个点的密实度，其值变化在 2.281 ~2.389g/cm³ 之间，平均 2.337g/cm³，标准差 $S$ 为 0.017，变异系数 $C_v$ 为 0.74%，可见 SAC16-1 表面层的均匀性相当好。

由于 SAC16-1 的油石比为 4.5%，此时的最大理论密度为 2.509 2g/cm³。上述各测点的空气率或孔隙率是用 $V_a$ = 1 - 密度/最大理论密度得到，其单位是%。总共 44 个测点的 $V_a$ 变化在 4.8% ~9.1% 之间，平均 6.9%。

4. 秦皇岛试验路未能达到预期效果的原因分析

1) 表面层 SAC16 生产配合比

试验路表面层 SAC16 做生产配合比试验，正好赶上河北试验室生产任务极其繁忙时期，试验人员缺少，试验设备排队，因时间紧迫未进行 $VCA_{AC}$ 方法检验（SAC25-1 做了 $VCA_{AC}$ 方法检验），所用粗集料未筛分成单一粒级。这是一大缺陷。

2) 黏结防水层

笔者考虑到必须使表面层与下面层黏结得好，又不能透水，所以，下面层与表面层之间特地设置了一个黏结防水层。专门请富有黏结防水层施工经验的队伍施工，无论是沥青洒布量和碎石撒布量及均匀性都满足设计要求，质量有保障。遗憾的是，由于施工单位承担的工程量太多，做好的黏结防水层抢工时遭到破坏。由于60%黏结防水层的工程量安排在10月中下旬，当时气温已较低，（白天气温仅10℃左右），刮起4级大风，洒下的沥青温度很快降低到地面温度，虽然撒布碎石的时间与喷洒沥青的时间仅差几分钟，凉碎石撒在沥青膜上与沥青根本不黏结。在已喷洒改性沥青和撒布白碎石的小段上，次日又临时变更计划，改为到生产路段作业。于是，完工的黏结防水层小段，经施工车辆在上行驶几天后，白碎石被车轮甩起，白碎石脱落，并在沥青膜上形成两条松散的白碎石堆积带。铺表面层前，只能人工先用竹扫帚将两条带上的白碎石略扫匀后，再铺筑SAC表面层。但40%～45%露黑部分覆盖上的一层灰砂，无法清扫，难以完全达到黏结防水层的作用，留下很大隐患。

3）表面层施工

试验路表面层仅4cm厚，90%表面层施工被施工单位安排在秦皇岛大风降温期间进行。笔者离开工地后，从880m大桥桥面开始，施工在夜间（最低气温仅5～6℃），伴随4～5级西北风中抢工完成。拌和楼拌和温度无法保障，运料车无保温被覆盖，沥青混凝土的初压温度远远低于规范要求，压实度不够，孔隙率大于设计值。竣工通车的第2年，笔者上路步行5km察看，竟然发现其中有一小段是生产路段用的AC-13沥青混凝土，可见施工时的混乱。同时发现水泥混凝土大桥桥面上有5个坑洞补块，路面上的个别地方沥青面层也产生了不同程度的坑洞式水破坏和裂缝。

安徽省卢铜大桥桥面上也是铺了两层沥青面层，采用的技术措施与秦皇岛重载交通长寿命沥青路面、桥面上的相同。由于施工正常，通车至今6年多未产生一个坑洞水破坏，无裂缝和辙槽。

实践再次证明，再好的设计，没有好的施工做保障，也无法实现。

# 第四章　半刚性基层沥青路面的设计理论和力学计算

## 第一节　“强基、薄面、稳土基”设计理论

20 世纪 60 年代初，交通部公路科学研究所路面组，根据当时国内低级路面的实践经验及所了解的发达国家沥青路面的状况和使用经验，研究提出了今后我国路面的设计理论应该是“强基薄面稳土基”，到 80 年代中开始建设高速公路后，又补充提出此设计理论应该包括四个设计内容，即，路面结构组合设计、材料(包括原材料和混合料)设计、厚度设计和路基路面综合设计。第 4 个内容是指路面设计时必须要考虑路基的状态和强度。虽然近半个世纪过去了，情况发生了非常大的变化。至今我国已建成高速公路超过 74 000km，大约 95% 高速公路采用了半刚性基层沥青路面(简称半刚性路面)。上述路面设计理论和四个设计内容对我国当前的半刚性基层沥青路面设计仍然是合适的，只是要适当给予新的内容。

### 一、强基薄面

人工构造物如房屋、桥梁和水坝等都有基础。这些人工构造物都要求基础强固，不会由于基础不够强固而产生破坏。公路路面也是如此，但路面的基础与上述构造物的基础又不相同，路面是铺筑在土基上的多层体系。本书第一章所述四种路面结构都是沥青面层对原材料的要求品种多且质量高，投资最大，其下面的结构层，由于要求的功能不同而且可以就地取材，投资较小。但面层的使用性能和耐久性又与下面结构层的强弱有很大关系。下面的结构层实际上是面层的基础。因此，所谓的强基是指面层以下的结构层需要强度大，在路面使用期间能保证路面结构不产生破坏。国内高速公路路面的实践证明，强基薄面是最节约资源、最经济的一种路面结构。

简要地说，我国当前的半刚性路面是由沥青面层、半刚性基层、半刚性底基层和土基四部分构成的。这种常用路面结构的主要承重层是半刚性基层，辅助承重层是半刚性底基层。这两个承重层完全可以满足预期交通，特别是重载交

通长寿命半刚性路面上的行车荷载反复作用所要求的路面承载能力。客观上，路面承载能力不需要沥青面层来补足，只要求沥青面层起功能性作用。功能性作用包括：保护基层的完整性，不受行车荷载直接作用；保护基层不受气候因素的直接作用，防止雨水透入；提高面层的平整度，使行车舒适和减少油耗，实现低碳运输；提高面层的抗滑性能，使行车安全；降低路面噪声，减少环境污染；保持面层自身的耐久性，不易产生严重辙槽和明显的水破坏等。因此，沥青面层不需要厚。

1988 年在北京—石家庄高速公路正定段铺筑的试验路中有两小段半刚性基层上只有 4cm 厚 SAC-16 面层和 4cm 厚开级配磨耗层 OGFC，路段各长 100m，仅在基层顶面设计了一个防止或减少反射裂缝的应力吸收膜中间层 SAMI。使用 10 年未产生水破坏与明显泛油和辙槽，SAC-16 段上仅有 6 条半横向裂缝。OGFC 路段仅通车的第 1 年产生局部松散，修补后使用了 10 年未产生其他破坏现象。就单价而言，面层是最昂贵的。$1m^2$ 面积 1cm 厚改性沥青 SAC16-1 表面层的单价为 10.58 元[❶]，约相当于 $1m^2$ 面积 4.8cm 厚半刚性基层或约 $1m^2$ 面积 8.8cm 厚半刚性底基层。硬质沥青 SAC25 中下面层，$1m^2$ 面积 1cm 厚的单价为 6.87 元，约相当于 $1m^2$ 面积 3.07cm 厚半刚性基层或 5.7cm 厚的半刚性底基层。也就是 1cm 厚水泥碎石基层，其 7d 龄期的无侧限抗压强度 $R_{C,7}=6\text{MPa}$，相当于 1.84cm 厚二灰土底基层（$R_{C,7}=1.44\text{MPa}$）。从技术角度讲，加强加厚半刚性基层和底基层，对提高路面承载能力的作用，远大于加厚沥青面层。从经济角度讲，加强加厚半刚性基层和底基层，比加厚沥青面层会减少很多投资。实践证明，路面的承载能力能否保持稳定，还要看土基的强度或承载能力能否稳定。

## 二、稳土基

稳土基是通过采取措施保持土基在设计使用期间，一定深度范围内的强度或回弹模量比较稳定，不会产生显著的变化，从而保持路面结构的承载能力比较稳定，不易提前产生路面结构性破坏。

### 1. 设置土基隔断层的意义

早在 20 世纪 70 年代，我国公路工作者，特别是路面技术人员，从实践中就体会到，地基和土基中的气态水上升会导致路面结构的承载能力显著降低，参看本书第一章第二节。

---

❶ 所述单价为河北省交通勘察设计院针对 2007 年秦皇岛长寿命半刚性路面试验路及生产路段做的预算。

20 世纪 90 年代中期，山西省的路面工作者从实践中体会到高速公路半刚性路面的承载能力有衰减现象。半刚性基层上沥青面层的强度只有在气温升高时才下降，但检测路面的承载能力通常不在夏季高温季节，而且不同时间检测的承载能力还要进行温度修正。半刚性材料层的强度是随路龄增长的。只有土基的承载能力会受自由水的影响而下降。高速公路的厚沥青面层阻止地基和土基中气态水向外挥发的能力较 20 世纪 70 年代的渣油表面处治要强得多。不能向外挥发的气态水一旦变成自由水，滞留在土基和强度不足、水稳性不好的底基层内，就会使其强度显著下降并导致半刚性路面的承载能力明显衰减。

江苏省沿江高速公路的长寿命路面试验路，有柔性路面、半刚性路面和刚性复合式路面。路面结构 76cm 厚，通车一年路面的弯沉值增大 1 倍，再过一年弯沉值又增大约 20%，也是一个典型实例。其主要原因是地基和土基中的气态水上升，不能透过厚沥青面层，只能在石灰处理强度不足和水稳性不好的石灰改善地基、土基和二灰土底基层中变成自由水，使后者的承载能力或回弹模量大幅度降低的结果。

因此，在土基顶面下某一深度处，设置防止气态水上升的隔断层，以保持其上土基的回弹模量 $E_0$ 值稳定，从而保持路面承载能力稳定，具有十分重要的意义。

2. 隔断层的深度

土基隔断层设在哪一位置是个值得研究的问题。在路面结构厚度计算中，在查表确定或试验确定土基的 $E_0$ 值后，通常把土基看作是具有此已定 $E_0$ 值的半无限体。也就是从土基顶面开始直到无穷深处，土基都具有同一个 $E_0$ 值。实际上，这种情况是不存在的。

在地下水位接近地表的地段，如水稻田地区、低洼地段、山间谷地、大江大河附近的冲积平原等，常有下述情况：即使在地基上填筑了数米高的路堤，由于实际用承载板或贝克曼梁在路堤顶面测定土基 $E_0$ 时，其影响深度常小于 1m，并在不利季节测得 $E_0 = 60\text{MPa}$。如在路面力学计算和路面厚度设计时，采用 $E_0 = 60\text{MPa}$，就等于承认从土基顶面向下直到无穷深处，都是 $E_0 = 60\text{MPa}$。实际上，数米以下，土基的 $E_0$ 要小得多，甚至只有 20 ~ 30MPa 左右。它对路面力学计算的结果有很大不利影响，设计得的路面结构也不够安全。

实践中，也存在另一种相反的情况，如在挖方路段，即使是土质地段，在没有潜水渗入的情况下，在某一深度以下，土的模量可能很大，超出几倍。当然，它对路面计算结果也有很大影响，但这是有利的影响，可以将其看作是一种安全储备。

### 3. 不同隔断层深度的路面力学计算

我国早在20世纪60年代初就编制了路面力学计算程序。以往的路面力学计算程序没有将计算程序改变成一般人都能方便使用的实用程序。使用者无法根据自己的需要来改变其中的某些设计参数,如泊松比和层间黏结状况。因此,有的大学或研究单位只得自己编制路面力学计算程序。国外,一些国家包括大公司也都编有路面力学计算程序。国内外的力学计算程序都用同一个计算理论,即习称的弹性层状体系理论,而且一些基本假设也都相同。因此,这些不同单位编制的计算程序的计算结果并没有明显的差异,只是在计算的力学指标数量上有些差别。

早在十多年前,壳牌国际沥青公司就在推广便于掌握和应用的路面力学计算程序BISAR3.0。将预定参数输入后,可以很快得到每个结构层顶面和底面的应力 $\sigma$、应变 $\varepsilon$ 和位移,而且参数可以由使用者按自己的意愿或需要输入。它犹如一个手持计算器,只要输入参数,很快就可以提供所需要的结果。

本书不同章节为说明某个具体问题需要进行力学计算时,都使用了BISAR3.0程序。因此,在本节中首先介绍该程序所提供的信息表,见表4-1。

**BISAR3.0 程序信息表**　　表4-1

| 层序 | 层间 | $\sigma_{xx}$ | $\sigma_{yy}$ | $\sigma_z$ | $\varepsilon_{xx}$ | $\varepsilon_{yy}$ | $\varepsilon_z$ | $l_t$ |
|---|---|---|---|---|---|---|---|---|
| 1 | 0 | -0.309 | 0.033 | 0 | -211.4 | 73.2 | 46.1 | |
| | | 0.063 | -0.057 | -0.164 | 78.8 | -21.0 | -110.5 | 420.0 |
| 2 | 0 | 0.008 | -0.056 | -0.164 | 78.8 | -21.0 | -190.4 | 413.8 |
| | | 0.063 | 0.054 | 0.040 | 74.3 | 60.4 | 86.7 | 413.8 |
| 3 | 1 | 0.025 | 0.020 | -0.040 | 74.3 | 60.4 | -128.6 | 374.9 |
| | | 0.053 | 0.050 | -0.010 | 106.5 | 98.8 | -88.3 | 374.9 |

表4-1的说明:

(1)层序,指从表面开始往下各层的序号。本例中面层序号为1、基层序号为2、底基层序号为3。如面层有两层或三层,而且所用的沥青混凝土性质有显著差别,则也可将面层分为两个或三个序号。

(2)层间,指层间黏结状况,此程序只区分两种状况。0表示完全摩擦或黏结、1表示光滑或不黏结。表4-1中,第一个0表示面层与基层之间为完全摩擦或黏结,第二个0表示基层与底基层间为黏结,最后一个1表示底基层与土基间为光滑。

(3)力学指标。计算力学指标时,有三个轴,$x$ 轴为与路面中心线平行的轴,

$Y$ 轴为与路面中心线垂直的轴，$Z$ 轴为由路表垂直向下的轴。

$\sigma$—表示应力。

$\varepsilon$—表示应变。

$\sigma_{xx,1}$—面层底面的应力。

$\sigma_{xx,2}$—基层底面的应力。

$\sigma_{xx,3}$—底基层底面的应力。

其下脚标 $xx$ 表示 $x$ 轴方向，下脚号 $yy$ 表示 $y$ 轴方向，$xx$ 和 $yy$ 右侧的 1、2、3 分别表示面层、基层、底基层的底面，$\sigma_{yy1,0}$ 和 $\varepsilon_{yy1,0}$ 分表示 $y$ 轴方向面层顶面的应力和应变。

$\sigma_{xx}$、$\sigma_{yy}$ 和 $\sigma_{z}$——分别表示 $x$ 轴方向、$y$ 轴方向和 $z$ 轴方向的应力，应力以 MPa 表示；$\varepsilon_{xx}$、$\varepsilon_{yy}$ 和 $\varepsilon_{z}$ 分别表示 $x$ 轴方向、$y$ 轴方向和 $z$ 轴方向的应变，应变以 μm（=0.001mm）表示。

每一个层序右侧力学指标栏下有上下两个数，上一个数表示该层表面的值，下一个数表示该层底面的值。

指标值为正，表示拉应力或拉应变，指标值为负，表示压应力或压应变。

$l_{t}$—表示路表的理论回弹弯沉，用 μm 表示。

4. 力学计算示例

如初定的一种路面结构为：半刚性基层（水泥稳定级配集料或二灰[1]稳定级配集料）厚 40cm，石灰土、二灰土[1]或水泥石灰土等底基层厚 36cm。同时，初定在土基顶面下 1.5m 处设置隔断层。半刚性基层和半刚性底基层总厚 76cm，沥青面层厚 12cm、15cm 和 18cm。为了进一步确定合适的隔断层设置深度，进行了较系统的力学计算。计算时，采用沥青混凝土的 $E_1$ = 1 000MPa，基层采用 $E_2$ = 1 100MPa，底基层 $E_3$ 采用 800MPa（水泥碎石或水泥砂砾）和 300MPa（石灰土），土基采用 60MPa。隔断层上的土层厚度为 1.0m、1.5m 和 2m。隔断层下的土基回弹模量 $E_{0,0}$ 值取 30MPa 和 20MPa 两种。路面结构层的泊松系数按以往习惯取 0.25，土基的泊松系数取 0.35。

用 BISAR3.0 的计算结果表明，隔断层上土基的厚度对表面弯沉、层底弯拉应力、弯拉应变和土基顶面的压应变都有显著影响。为了简单起见，仅计算底基层底面的最大拉应力 $\sigma$ 与最大拉应变 $\varepsilon$ 及表面理论回弹弯沉值 $l_{t}$。

1）底基层的 $E_3$ = 300MPa

底基层 $E_3$ = 300MPa 时的计算结果列在表 4-2 中。表中弯拉应力 $\sigma$，弯拉

[1] 指石灰粉煤灰，水泥粉煤灰、水泥石灰粉煤灰。

应变 $\varepsilon$ 和表面弯沉 $l_t$ 下都有 3 个值。这 3 个值分别针对面层厚 12/15/18cm。

**底基层 $E_3$ =300MPa 的计算结果**　　表 4-2

| 面层厚 12/15/18cm | | 弯拉应力 $\sigma$(MPa) | 弯拉应变 $\varepsilon$(MPa) | 表面弯沉 $l_t$(mm) |
|---|---|---|---|---|
| 无隔断层①,土基 $E_0$ =60MPa | | 0.024/0.022/0.021 | 68.4/63.8/59.6 | 0.328/0.319/0.311④ |
| 隔断层上土层厚 1.0m | $E_{0,0}$② =20MPa | 0.026/0.025/0.023 | 74.0/69.2/64.9 | 0.519/0.506/0.494 |
| | $E_{0,0}$ =30MPa | 0.025/0.024/0.022 | 71.7/67.0/62.7 | 0.431/0.420/0.409 |
| 隔断层上土层厚 1.5m | $E_{0,0}$ =20MPa | 0.025/0.024/0.022 | 71.5/66.9/62.9 | 0.489/0.447/0.466 |
| | $E_{0,0}$ =30MPa | 0.025/0.023/0.022 | 70.2/65.6/61.4 | 0.414/0.404/0.394 |
| 隔断层上土层厚 2.0m | $E_{0,0}$ =20MPa | 0.025/0.023/0.022 | 70.2/65.6/61.5 | 0.466/0.455/0.445 |
| | $E_{0,0}$ =30MPa | 0.024 3/0.022 7/0.021 2 | 69.5/64.9/60.7 | 0.402/0.393/0.383 |
| 土基 $E_0$ =20MPa③ | | 0.038/0.036/0.033 | 102/94.4/87.9 | 0.618/0.599/0.581 |
| 土基 $E_0$ =30MPa | | 0.033/0.031/0.029 | 89.5/83.3/77.7 | 0.485/0.471/0.458 |

注:①假定 $E_0$ =60MPa 直到无穷深不变;

②$E_{0,0}$表示隔断层下土基的回弹模量;

③假定无隔断层时,土基 $E_0$ 降低到 20MPa 和 30MPa 两种情况;

④秦皇岛长寿命半刚性路面竣工后一年测得的实际回弹弯沉值约为 $l_t$ 的 1/3。

2)底基层 $E_3$ = 800MPa

底基层 $E_3$ = 800MPa 的计算结果列在表 4-3 中。

**底基层 $E_3$ =800MPa 的计算结果**　　表 4-3

| 面层厚 12/15/18cm | | 弯拉应力 $\sigma$(MPa) | 弯拉应变($\varepsilon$) | 表面弯沉 $l_t$(0.001mm) |
|---|---|---|---|---|
| 无隔断层,$E_0$ =60MPa | | 0.047/0.044/0.041 | 53.6/50.3/47.2 | 0.293/0.287/0.281 |
| 断层上土层厚 1.0m | 层下 $E_{0,0}$ =20MPa | 0.051/0.048/0.046 | 58.3/54.8/51.6 | 0.474/0.464/0.454 |
| | 层下 $E_{0,0}$ =30MPa | 0.049/0.047/0.044 | 56.4/53.0/49.8 | 0.390/0.382/0.374 |
| 断层上土层厚 1.5m | $E_{0,0}$ =20MPa | 0.049/0.046/0.044 | 56.4/53.0/49.9 | 0.448/0.439/0.431 |
| | $E_{0,0}$ =30MPa | 0.048/0.045/0.043 | 55.3/51.9/48.8 | 0.376/0.368/0.361 |

续上表

| 面层厚 12/15/18cm | | 弯拉应力 $\sigma$(MPa) | 弯拉应变($\varepsilon$) | 表面弯沉 $l_t$ (0.001mm) |
| --- | --- | --- | --- | --- |
| 断层上土层厚 2.0m | $E_{0,0}=20$MPa | 0.048/0.046/0.043 | 55.4/52.0/48.9 | 0.428/0.419/0.412 |
| | $E_{0,0}=30$MPa | 0.048/0.045/0.042 | 54.7/51.3/48.2 | 0.365/0.358/0.351 |
| $E_0=20$MPa | | 0.065/0.061/0.057 | 72.1/67.5/63.3 | 0.547/0.533/0.519 |
| $E_0=30$MPa | | 0.059/0.055/0.052 | 65.5/61.4/57.6 | 0.431/0.420/0.410 |

5. 力学计算结果的分析

1)比较表 4-2 与表 4-3 可知,$E_3=800$MPa 和 $E_3=300$MPa 对表面弯沉值的影响程度如下:

面层厚 12/15/18cm

土基中无隔断层　$E_0=60$MPa　$E_3=300$MPa　　$E_3=800$MPa

表面弯沉值(mm)　0.328/0.319/0.311　0.293/0.287/0.281

底基层 $E_3=800$MPa 与 $E_3=300$MPa 相比,表面弯沉值减小 10.7%/10.0%/9.6%

无隔断层　$E_0=20$MPa　$E_3=300$MPa　　$E_3=800$MPa

表面弯沉值(mm)　0.618/0.599/0.581　0.547/0.533/0.519

$E_3=800$MPa 与 $E_3=300$MPa 相比,表面弯沉值减小 11.5%/11.0%/10.7%

无隔断层　$E_0=30$MPa　$E_3=300$MPa　　$E_3=800$MPa

表面弯沉值(mm)　0.485/0.471/0.458　0.431/0.420/0.410

$E_3=800$MPa 与 $E_3=300$MPa 相比,表面弯沉值减小 11.1%/10.8%/10.5%。

由表 4-2 和表 4-3 还可以看到:

底基层下土基顶面向下的半无限体的 $E_0$ 为 60MPa,路表弯沉值 $l_t$(0.001mm)、底基层底面的弯拉应力 $\sigma$ 值(MPa)和弯拉应变 $\varepsilon$(0.001mm)值均最小。

2)以表 4-2 为例

(1)在土基顶面下 1m 处设置隔断层

即保持土基顶面下 1m 内的 $E_0=60$MPa,隔断层下的 $E_{0,0}$可变与不设隔断层(即土基 $E_0$ 保持 60MPa 不变)比,其应力、应变和表面弯沉的变化百分率如下:

①允许 1m 以下土基的模量 $E_{0,0}$降到 20MPa,在此情况下,$l_t$、$\sigma$ 和 $\varepsilon$ 的值都

分别增大。例如,面层厚 12cm 时,路表弯沉 $l_t$、底基层底面拉应力 $\sigma$ 和底基层底面拉应变 $\varepsilon$ 的值都分别增大 58.2%、10.5% 和 8.2%;面层厚 18cm 时,$l_t$、$\sigma$ 和 $\varepsilon$ 的值都分别增大 58.8%、12.1% 和 8.9%。

②1m 以下 $E_{0,0}$降到 30MPa。面层厚 12cm,$l_t$、$\sigma$ 和 $\varepsilon$ 的值分别增大 31.4%、6.3% 和 4.8%;面层厚 18cm 时,$l_t$、$\sigma$ 和 $\varepsilon$ 的值分别增大 31.5%、7.2% 和 5.2%。

(2)在土基顶面下 1.5m 处设置隔断层

①1.5m 以下 $E_{0,0}$降到 20MPa。面层厚 12cm 时,$l_t$、$\sigma$ 和 $\varepsilon$ 的值分别增大 49.1%、5.9% 和 4.5%;面层厚 18cm 时,$l_t$、$\sigma$ 和 $\varepsilon$ 的值分别增大 49.8%、6.8% 和 5.5%。

②1.5m 以下 $E_{0,0}$降到 30MPa。面层厚 12cm 时,$l_t$、$\sigma$ 和 $\varepsilon$ 的值分别增大 26.2%、3.4% 和 2.6%;面层厚 18cm 时,$l_t$、$\sigma$ 和 $\varepsilon$ 的值分别增大 26.7%、4.3% 和 3.0%。

(3)在土基顶面下 2m 处设置隔断层

①2m 以下 $E_{0,0}$ 降到 20MPa。面层厚 12cm 时,$l_t$、$\sigma$ 和 $\varepsilon$ 的值分别增大 42.1%、3.4% 和 2.6%;面层厚 18cm 时,$l_t$、$\sigma$ 和 $\varepsilon$ 的值分别增大 43.1%、4.3% 和 3.2%。

②2m 以下 $E_{0,0}$ 降到 30MPa。面层厚 12cm 时,$l_t$、$\sigma$ 和 $\varepsilon$ 的值分别增大 22.6%、2.1% 和 1.6%;面层厚 18cm 时,$l_t$、$\sigma$ 和 $\varepsilon$ 的值分别增大 23.2%、2.4% 和 1.8%。

(4)土基顶面向下到无穷深处,$E_0$ 从 60MPa 下降到 20MPa

面层厚 12cm 时,$l_t$、$\sigma$ 和 $\varepsilon$ 的值分别增大 88.4%、61.3% 和 49.1%;面层厚 18cm 时,$l_t$、$\sigma$ 和 $\varepsilon$ 的值分别增大 86.8%、60.9% 和 47.5%。

(5)从土基顶面向下到无穷深处,$E_0$ 从 60MPa 下降到 30MPa

面层厚 12cm 时,$l_t$、$\sigma$ 和 $\varepsilon$ 的值分别增大 47.9%、39.5% 和 30.8%;面层厚 18cm 时,$l_t$、$\sigma$ 和 $\varepsilon$ 的值分别增大 47.3%、39.6% 和 30.4%。

上述分析表明:

(1)如路面结构设计时采用土基回弹模量为 60MPa(在非潮湿多雨地区,竣工不久路基土的回弹模量常能达到甚至超过这个值),如一旦有气态水上升,或自由水浸入,土基回弹模量就会显著下降。20 世纪 80 年代初的试验路证明,即使在年降雨量仅 500 ~600mm 的北京地区,试验路过一个冬季,土基的回弹模量就降低约 30%。在广东和广西的试验路,过一个雨季,土基回弹模量就下降 40% ~50%。随路龄增长,土基 $E_0$ 值还可能继续下降。随之而产生的路表弯沉

值 $l_t$、底基层底面的弯拉应力 $\sigma$ 和弯拉应变 $\varepsilon$ 的增大十分显著。表4-3的计算证明：

$E_0$ 从60MPa降到30MPa，面层厚度 $h_1=12cm/18cm$ 时，$l_t$、$\sigma$ 和 $\varepsilon$ 分别增大47.9%/47.3%、39.5%/39.6%和30.8%/30.4%。

$E_0$ 从60MPa降到20MPa，面层厚度 $h_1=12/18cm$ 时，$l_t$、$\sigma$ 和 $\varepsilon$ 分别增大88.4%/86.7%、61.3%/60.9%和49.1%/47.5%。

同时，也证明 $l_t$ 的增大百分数显著大于 $\sigma$ 和 $\varepsilon$。在 $l_t$ 这样大量增加的情况下，显然路面结构的使用寿命会显著缩短。要想使路面结构达到长寿命要求，就相当困难。只有采取有效措施，阻止表面水侵入土基，同时阻止下层气态水透入土基和水稳性不好的底基层，保持土基和底基层的回弹模量 $E$ 值稳定，才能使路面结构的承载能力稳定，从而使路面结构达到长寿命要求。

(2)在土基顶面下不同深度处设置气态水隔断层，从理论上分析，隔断层设置得越深，也就是保持土基回弹模量为60MPa的层厚愈大，对 $l_t$、$\sigma$ 和 $\varepsilon$ 的影响越小。为方便分析，将表4-2中不同深度隔断层对 $l_t$、$\sigma$ 和 $\varepsilon$ 的影响值(增大%)汇列在表4-4中。实际上，增大百分率愈大，对路面的使用性能和耐久性愈不利。

**隔断层深度对 $l_t$ 等指标的影响($E_3=300MPa$)** 表4-4

| 隔断层位置土基顶面下 | 隔断层下土基模量 $E_{0,0}$(MPa) | 面层厚(cm) | 下列指标增大值(%) | | |
|---|---|---|---|---|---|
| | | | $l_t$ | $\sigma$ | $\varepsilon$ |
| 1.0m | 30/20 | 12 | 31.4/58.2 | 6.3/10.5 | 4.8/8.2 |
| | | 18 | 31.5/58.8 | 7.2/12.1 | 5.2/8.9 |
| 1.5m | 30/20 | 12 | 26.2/49.1 | 3.4/5.9 | 2.6/4.5 |
| | | 18 | 26.7/49.8 | 4.3/6.8 | 3.0/5.5 |
| 2.0m | 30/20 | 12 | 22.6/42.1 | 2.1/3.4 | 1.6/2.6 |
| | | 18 | 23.2/43.1 | 2.4/4.3 | 1.8/3.2 |

表4-4中的值表明：

对所采用的路面结构及各层的回弹模量值，由于行车荷载所产生的底基层底面的拉应力值 $\sigma$ 和拉应变 $\varepsilon$ 值都很小，这两个指标对路面结构的使用寿命不起控制作用，仅路表弯沉值起控制作用。

①在同一隔断层位置和相同 $E_0$ 的情况下，面层厚度对路表理论回弹弯沉值 $l_t$ 的影响很小；

②在同一隔断层位置，$E_0$ 值的影响很大。例如：深1m时，$E_0=20MPa$ 面层

厚12cm和厚18cm的$l_t$平均增大58.5%，比$E_0$=30MPa面层厚12cm和厚18cm的$l_t$平均增大31.45%，两者平均相差27.0%；深1.5m时，面层厚12cm和厚18cm的$l_t$平均相差23.0%；深2m时，面层厚12cm和厚18cm的$l_t$平均相差20%。

③不同隔断层深度的影响

隔断层下的$E_0$为30MPa时，深1m与深1.5m比，面层厚12cm和厚18cm，前者$l_t$增大的平均百分率较后者大5%；

隔断层下的$E_0$为20MPa时，前者$l_t$增大的百分率较后者大9%；深1.5m与深2.0m比，隔断层下的$E_0$为30MPa时，前者$l_t$增大的百分率较后者大3.5%~3.6%；隔断层下的$E_0$为20MPa时，前者的$l_t$比后者增大6.7%~7.0%。

3）以表4-3为例

与不设隔断层比，在土基顶面下1m、1.5m和2.0m处设置隔断层对路表回弹弯沉值的影响，归纳在表4-5中。

**隔断层深度对$l_t$等指标的影响（$E_3$=800MPa）**　　表4-5

| 隔断层位置 | 隔断层下土基<br>$E_{0,0}$（MPa） | 面层厚12/15/18（cm）<br>$l_t$增大% |
|---|---|---|
| 1.0m | 20<br>30 | 62.0/61.9/61.8<br>33.3/33.2/33.1 |
| 1.5m | 20<br>30 | 53.0/53.2/53.3<br>28.5/28.5/28.6 |
| 2.0m | 20<br>30 | 46.0/46.3/46.5<br>24.8/24.9/25.0 |

表4-5值表明的结果与表4-4的结果相似。表4-2中底基层为石灰土，其$E_3$为300MPa，表4-3中底基层为水泥砂砾，其$E_3$为800MPa。

对比表4-2与表4-3，可以看到：

在隔断层下土基模量相同的情况下，与无隔断层（即土基模量自顶面向下到无穷大均为60MPa）比，随隔断层深度增加，各个指标值增大的比例减小。

如无隔断层，土基的模量随时间变化，会逐渐下降到约20MPa和30MPa。此时，路表回弹弯沉值将下降到表4-2和表4-3中最下一行的值。三个不同面层厚度时，各个指标值会比无隔断层时增大很多，见表4-6。

**无隔断层与有隔断层各个指标的关系** 表4-6

| 无隔断层 | | 路表面回弹弯沉 $l_t$ 增大% |
|---|---|---|
| $E_3=300\text{MPa}$ | $E_0=20\text{MPa}$ | 88.4/87.8/86.8① |
| | $E_0=30\text{MPa}$ | 47.9/47.6/47.3② |
| $E_3=800\text{MPa}$ | $E_0=20\text{MPa}$ | 86.8/85.8/84.8 |
| | $E_0=30\text{MPa}$ | 47.2/46.6/46.1 |

注：①表4-2中末行 $E_0=20\text{MPa}$ 的 $l_t=0.618$ 与无隔断层的 $l_t=0.328$ 的比值等于1.884，即增大了88.4%。

②表4-2中末行 $E_0=30\text{MPa}$ 的 $l_t=0.485$ 与无隔断层的 $l_t=0.328$ 的比值等于1.479，即增大了47.9%。

表4-5和表4-6的数据表明：

①与无隔断层土基模量从60MPa自然下降到30MPa比，设置隔断层后，路表面的理论回弹弯沉值有显著减小。面层厚度（12、15、18cm）对表面回弹弯沉值的影响不大。

②隔断层厚1.0m时，不同面层厚度平均计算，路表回弹弯沉值减小10.1%。

③隔断层厚1.5m时，弯沉 $l_t$ 值减小14.1%。

④隔断层厚2.0m时，弯沉 $l_t$ 值减小17.4%。

6. 小结

1）土基顶面下设置隔断层既阻止气态水上升，又阻止毛细水上升，使土基上层能保持竣工时的模量无显著变化，达到稳土基的目的。可以显著减小路表的理论弯沉 $l_t$ 值。从而有利于延长路面的使用性能和使用寿命。当然，在采取隔断层措施的同时，还要防止水从中央分隔带和土路肩渗入隔断层上面的土层中。所以，在秦皇岛长寿命半刚性路面试验路上，在底基层向下两侧都设置了土工薄膜垂直防水墙，或采取其他措施增加土基的承载能力。

2）从理论上讲，隔断层设置得愈深愈好。但考虑实际工程的可行性，建议将隔断层设置在土基顶面下1.5m处。秦皇岛长寿命半刚性路面试验路，隔断层的实际深度在70～150cm之间。

3）隔断层下的路堤顶面，应该用冲击式压路机碾压密实后，用平地机刮平成较好的路拱，并再次将表层碾压密实。

4）在土质路堑地段，根据路基施工规范下挖后，将土基顶面整平成路拱并碾压密实后，再做隔断层。如有潜水渗向路基，则路基两侧应加深边沟并在沟底下做排水盲沟，边沟和盲沟的底和靠路面的一侧，应采取措施防止水渗到路基中。隔断层的深度根据具体情况确定。

5)隔断层可喷洒一般70号沥青(不一定要重交沥青),用量$2kg/m^2$或采用耐老化、可防止气态水透过的合成土工材料。但后者要注意严密搭接,施工较困难。从防止老化着眼,沥青可能优于合成材料。对上述材料做技术经济比较后,确定取舍。

6)土基改善层。在仅设置水平隔断层,未设置两侧垂直防水墙的情况下,需要将土基上部用石灰粉煤灰砂(常简称二灰)或二灰土、石灰土、水泥土或石灰水泥土等半刚性材料(其强度$R_{C,7}$可略低于底基层的要求)做一层土基改善层,厚30~40cm,然后在上面铺筑路面结构层。

## 第二节　路面结构组合设计

长寿命路面的两个关键技术问题:一是路面的承载能力应满足40年期间累计标准轴次(ESAL)为1亿次/车道重交通的反复作用,不会产生结构性破坏。一旦路面产生结构性破坏,就要将路面结构层翻起进行重铺;二是,沥青表面层的维修处理。表面层的日常维护不可避免而且要及时进行。但表面层需要重铺或加铺的周期应在10[1]年以上。重铺或加铺的技术原因是表面层的抗滑性能不满足要求,影响了行车安全;表面层的辙槽深度超过15mm,影响行车舒适和行车安全;沥青老化,表面集料脱落;表面裂缝过多,表面层开始破坏。

### 一、沥青面层

我国高速公路半刚性基层沥青面层常有三层,即表面层、中面层和底面层。这三层的功能各不相同,与厚度无关。初期这三层的总厚度为9~12cm,中期16~18cm,近期很少数高速公路又上升到26cm以上。这种趋势不一定合理,也不符合新的研究成果,

*1.表面层的功能要求*

表面层是直接与行车轮胎相接触的,客观上要求他起的功能作用有:平整度好,抗滑性能好,既有满足要求的摩擦系数,又有高速行车时能减少摩擦系数降低幅度的优良表面构造深度;能减轻噪声,雨天减少轮胎溅水与水漂现象;表面层还要密实透水性小,尽可能减少自身的水破坏,同时还要防止雨水透过表面层侵入中面层和底面层。由于表面层遭受行车荷载的压应力最大,他遭阳光照射

[1] 美国为12年,考虑我国一些地区的气候条件相当严酷,所以笔者将其改为10年。

的时间也长。据观测，在夏季高温时，某些地区沥青面层表面的温度能达到60～70℃，所以表面层的沥青混凝土还必须具有相当高的抗高温永久形变能力。简言之，用做表面层的沥青混凝土既要密实透水性很小，能提供良好的抗滑性能，又要有很好的高温抗永久形变能力。为了达到这些要求，在结构组合设计中还要结合其他措施，才能将沥青面层的早期水破坏和辙槽减到最低限度，如使用10 年辙槽深度不超过 15mm。

一些国家的表面层常使用开级配磨耗层 OGFC。但开级配磨耗层常需要用高黏度改性沥青。同时在 OGFC 下面常要有一个封层，防止自由水下渗引起水破坏。OGFC 宜在南方多雨地区交通量大的高等级公路上使用，并要准备清孔设备。

表面层的矿料级配最重要，同时国内外都常用改性沥青。当然，这不是指市区所辖的干线道路，而是指郊外高速公路，特别是交通量大，重载车辆多的国道主干线高速公路的重载交通长寿命半刚性基层沥青路面。

实际上，我国《公路沥青路面施工技术规范》中的矿料级配很多，高速公路常采用的并反复使用过多次的表面层的矿料级配是 AC-I 型、AC-II 型、AK 型、改性沥青 SMA，以及规范中没有的改性沥青 SUP 和业主做主决定使用的多碎石沥青混凝土 SAC。调查研究表明，由于我国地域辽阔，东西南北的自然条件有很大差异，高速公路跨越式发展得很快，在研究、设计、施工、监理和管理等各方面都准备不足，以及每条高等级公路上的交通状况也有很大差别。所以上述这些矿料级配，在使用过程中都产生过程度不一的早期破坏现象。我国从开始建设高速公路至今已有 26 年历史，到 2010 年底已建成的高速公路达到 7.4 万 km，一级公路接近 6.5 万 km。现在我国路面研究技术人员的力量和经验比 10 年前增加了很多。客观有需要，主观上有能力，对我国高等级公路的沥青路面进行一次路况调查和总结，同时进行必要的室内使用性能研究。优选出几种较适合于高等级公路沥青面层的矿料级配和面层的结构组合，以显著提高我国沥青面层的使用性能和延长使用寿命。

笔者支持并鼓励使用者，根据要求通过室内外试验，选取合适的沥青混凝土矿料级配做表面层。

2. 中面层和底面层的功能要求

中面层和底面层的功能要求是相同的，一是要密实性好，防止自由水透入，二是高温季节在重载交通作用下有强的抗永久形变或抗辙槽的能力。

使中、下面层符合功能要求，国内外都有丰富的实践经验，矿料级配同样十分重要，同时可采用价格较低的硬质沥青 AH-30、AH-20 和 40 号改性煤沥青，或采用SBS改性沥青。在采用改性沥青时，笔者建议先调查研究哪个企业工厂化生产的改性沥青与所用碎石的配伍性好，且质量稳定。

实际上，将面层分成三层与国际上并不一致。欧美的一些主要国家，沥青面层只有两层，表面一层称磨耗层（Wearing Course），下面一层称联结层（Binder），其意思可能是将性能要求高的磨耗层与只起承重作用的基层联结在一起（针对柔性路面），也可以说是磨耗层与基层间的过渡层。因此，我国的表面层相当于国外的磨耗层，中面层相当于国外的联结层，底面层相当于国外的沥青结基层。

1984年，设计我国第一条高速公路——京津塘高速公路时，由于没有经验，大家不知道今后的高速公路沥青路面到底会产生哪些早期破坏现象。国外资料中，有代表性的如《壳牌沥青路面设计手册》，给大家的重要影响是，半刚性基层上的沥青面层会产生反射裂缝，而且说其上沥青面层的厚度取决于允许产生反射裂缝的程度，变化在15～25cm之间。在20世纪80年代以前，国内技术人员仅看到60年代～80年代初建成的二、三级公路上，用渣油或多蜡沥青铺的表面处治、贯入式路面和下贯上拌式路面，面层厚度最厚的仅7～10cm。它们的基层又都是收缩性最大的石灰土，横向裂缝多是其特点，使不少技术人员很容易接受国外的反射裂缝观点。因此，第一条高速公路的设计方案就建议面层的厚度为15～20cm，以减少反射裂缝。表面层通常是4～5cm厚。下面至少还有11～16cm，国内习惯上只能将厚11～16cm的下面层分成两层铺筑。所以，把下面两层就分别称作中面层与底面层。后来有些人认为，为了调整和取得较好的平整度，沥青面层分三层铺比两层铺好。这是我国高速公路沥青面层为什么绝大多数是三层的原因。实际上，除减少反射裂缝和联结层作用外，这两层的功能很难说清楚。所以国内初期的少数高速公路半刚性基层上，沥青面层只有两层共9～12cm厚，除平整度可能稍差外，其他损坏现象并不比三层式的多。

从高温抗永久形变能力来说，传统的连续式密级配AC-20I和AC-25I都很难满足要求，除非采用改性沥青可以有所好转，但达不到高水平的要求，仍有可能产生辙槽，特别不适用于重载交通长寿命沥青路面高速公路。其抗高温永久形变能力不足的关键在于4.75mm以上的粗集料含量太少，形不成骨架。实际上，AC-20I比AC-25I更差些。

我国已建成通车的大部分高速公路沥青面层的中面层用AC-25I，底面层用AM-25或AM-30。从2006年下半年开始，由于重载货车增加很快，特别是超限超载货车显著增加且超载严重，相当一部分高速公路的沥青面层产生严重辙槽。严重辙槽与中面层普遍采用AC-25I级配有密切关系。实际路上的使用结果是，某高速公路产生严重辙槽后，先铣刨一层重铺，仍产生严重辙槽，就将两层铣刨掉重铺,仍然不行,最后只得将三层都铣刨掉重铺。底面层采用粗集料较多和孔隙率较大的沥青碎石 AM-25 或 AM-30 也是路面结构组合设计不合理的一个实例。沥青碎石的抗高温永久形变能力较 AC-25I 级配稍好,但由于前者的孔隙率较大,自由水一旦进入并滞留在该结构层内,容易先使混合料强度下降,接着沥青剥落,然后逐渐变成松散,强度大幅度下降,导致表面层产生网裂形变,随后产生严重水破坏,并导致表面产生更严重的辙槽。甚至平原地区的高速公路沥青路面的辙槽深达 5cm 以上。

由于沥青面层避免不了产生横向收缩裂缝与纵向裂缝。横向裂缝一旦产生就会较快向下延伸到底面层。多数纵向裂缝往往一开始就裂透面层甚至直达基层,这是由于路堤旁的积水逐渐渗入路堤内部产生的。一旦降雨,雨水就容易沿裂缝进入底面层并滞留在内,导致产生上述损坏和破坏现象。

## 二、半刚性基层和半刚性底基层

半刚性基层和半刚性底基层是路面不产生结构性破坏的关键,必须十分重视。

1. 半刚性基层

1)半刚性基层的强度标准

长寿命半刚性路面的主要承重层半刚性基层,应该有较高的强度标准。

(1)水泥稳定类基层

水泥稳定类基层,在我国的高速公路建设中得到了广泛的应用,详细内容在本书的第六章有专门的论述。

(2)石灰粉煤灰稳定类基层

石灰粉煤灰稳定类基层包括石灰粉煤灰稳定级配碎石或稳定级配砂砾,石灰粉煤灰稳定级配集料在国内外都用得很普遍。由于这种混合料包括三种材料,所以常用石灰:粉煤灰:集料三者之和等于 100% 来说明其配合比。美国资料中介绍,在石灰粉煤灰集料混合料中集料最多达 90%,早在 20 世纪 80 年代初,笔者铺筑的试验路,集料通常在 80% 以上,最多占 89%(均按质量或重量比)。早期国内也有的单位用集料少于 60% 的混合料。集料占 80% 以上的混合料常称密实式二灰集料,由于石灰岩集料的毛体积密度可能是二灰密度的 2.6 倍左右,所以集料含量少于 60% 时,集料是悬浮在二灰中,常称悬浮式二灰集料。

石灰与粉煤灰集料用做基层时,通常采用密实式混合料。石灰与粉煤灰的比例常用 1:2 ~ 1:4。石灰粉煤灰与集料之比常用 20:80 ~ 15:85。集料级配的标称最大粒径为26.5mm，其通过量为100%。

根据20世纪80年代初交通部公路科学研究所和其他单位做的不少室内外试验结果，笔者建议的集料级配见表4-7。表4-7中的集料是针对级配碎石，实际使用时，更适宜的集料是级配砂砾。表中级配A的碎石含量60%，相当于粗集料松接触SAC25-3的级配（不计0.075mm的通过量）；级配B的碎石含量70%，相当于粗集料紧密接触的SAC25-1的级配。

**石灰粉煤灰碎石的级配**　　表4-7

| 级配 | 通过下列方筛孔的质量百分率（%） | | | | | | | | | | | |
|---|---|---|---|---|---|---|---|---|---|---|---|---|
| A | 26.5 | 19 | 13.2 | 9.5 | 4.75 | 2.36 | 1.18 | 0.6 | 0.3 | 0.15 | 0.075 | <0.075 |
| | 100 | 83.7 | 69.0 | 58.0 | 40.0 | 21.5 | 11.6 | 6.4 | 3.4 | 1.9 | 1.0 | |
| * | | 16.3 | 14.7 | 11.0 | 18.0 | 18.5 | 9.9 | 5.2 | 3.0 | 1.5 | 0.9 | |
| B | 100 | 79.2 | 61.4 | 48.7 | 30.0 | 16.9 | 9.6 | 5.5 | 3.1 | 1.8 | 1.0 | <0.075 |
| * | | 20.8 | 17.8 | 12.7 | 18.7 | 13.1 | 7.3 | 4.1 | 2.4 | 1.3 | 0.8 | 1.0 |
| * * | | 2.708 | 2.709 | 2.699 | 2.694 | 2.686 | 2.634 | 2.634 | 2.634 | 2.634 | 2.723 | |

注：* 此行为各粒级含量的百分率。

* * 此行为各粒级集料的毛体积密度（$g/cm^3$）。

对于上面两个级配，可以利用粗集料断级配SAC对原材料的检验方法——$VCA_{DRF}$方法检验二灰碎石A级配的实际空隙率。检验时需要用到式（4-1）和式（4-2）两个公式：

$$GCA_{DRL} = G_{b,ca} \times (1 - VCA_{DRL}) \tag{4-1}$$

$$\frac{P_{ca}}{GCA_{DRL}} \times (VCA_{DRL} - V_a) - \frac{P_{fa}}{G_{b,fa}} + \frac{P_0}{G_{a,p0}} \tag{4-2}$$

式中：$P_{ca}$——粗集料的含量；

$P_{fa}$——细集料的含量；

$P_0$——粉料（<0.075mm）的含量；

$G_{b,fa}$——细集料的毛体积密度（$g/cm^3$）；

$G_{a,p0}$——粉料的视密度（$g/cm^3$）；

$V_a$——混合料中的空气率（%）。

①级配A

级配A中粗集料占60%，即$P_{ca}=60\%$，细集料占39%，即$P_{fa}=39\%$，粉料占1%，即$P_0=1\%$。利用表4-7中各粒级集料的毛体积密度可计算得级配A粗集料的毛体积密度$G_{b,ca}=2.702\,4g/cm^3$，细集料的毛体积密度$G_{b,fa}=2.660\,4g/cm^3$，

粉料的视密度 $G_{a,p0}=2.723$。

设定松装孔隙率 $VCA_{DRL}=45\%$，相当于烘干粗集料骨架的松接触密度可用式(4-1)计算

$$GCA_{DRL}=2.7024\times(1-0.45)=1.4863\text{g/cm}^3$$

将上述有关数据代入式(4-2)进行检验，可得：

$$\frac{60}{1.4863}\times(0.45-V_a)=\frac{39}{2.6604}+\frac{1}{2.723}$$

解得：
$$V_a=0.0778$$

也就是，在A级配二灰碎石中有约8%的孔隙率可容纳石灰粉煤灰。后者将细集料、粉料与粗碎石结合在一起形成一个整体。其他多余的石灰粉煤灰相当于更厚地裹覆在粗细碎石周围。这种情况与实际二灰碎石的情况很相似。

A级配为松接触骨架密实结构，细集料和粉料共占40%，石灰粉煤灰占8%。实际上，原二灰碎石混合料中石灰粉煤灰要占15%。多余的石灰粉煤灰将裹覆全部粗细集料，形成优良的二灰碎石。

②级配B

级配B中粗集料的含量为70%，即 $P_{ca}=70\%$，$P_{fa}=29\%$，$P_0=1\%$。相当于粗集料紧密接触的多碎石沥青混凝土SAC25-1。利用表4-7中各粒级集料的毛体积密度可计算得级配B粗集料的毛体积密度 $G_{b,ca}=2.7029\text{g/cm}^3$，细集料的毛体积密度 $G_{b,fa}=2.6597\text{g/cm}^3$。

设定粗集料的干捣实孔隙率 $VCA_{DRC}=40\%$，干捣实密度可用式(4-1)计算得：$GCA_{DRC}=1.6217\text{g/cm}^3$。

将上述有关数据代入式(4-2)进行检验，可得：

$$\frac{70}{1.6217}\times(0.40-V_a)=\frac{29}{2.6572}+\frac{1}{2.723}$$

解得：
$$V_a=0.1386$$

也就是在B级配碎石中有13.9%的孔隙率可容纳石灰粉煤灰，后者将细集料、粉料结合在一起并填充在粗集料的孔隙中，形成一个整体。多余的石灰粉煤灰相当于将粗细集料裹覆得更厚。它也与实际二灰碎石的状况很相似。

B级配属于紧密骨架密实结构，其中细集料和粉料共占30%，另有13.9%的石灰粉煤灰，两者的总量达到43.9%。基层施工规范规定用于高速公路的7d龄期抗压强度标准 $R_{C,7}$ 为1.1MPa。对于重载交通长寿命路面，笔者建议强度标准为 $R_{C,7}=1.5\text{MPa}$。在达不到标准值的情况下，可另加1%~1.5%水泥。也可采用水泥粉煤灰稳定碎石或稳定砂砾，其强度标准 $R_{C,7}=2\text{MPa}$。这类材料常简

称二灰稳定类材料。

(3)两种基层的比较

实践证明,二灰稳定类半刚性基层混合料与水泥稳定类半刚性基层混合料相比,有较多优越性:

①水泥稳定类基层混合料对碎石或砂砾本身的压碎值要求较高,因为所用的水泥剂量只有5% ~7%,在碾压过程中粗集料容易被压碎。而二灰稳定类混合料中碎石或砂砾常占85%左右,有15%左右的石灰粉煤灰将集料裹覆在一起,碾压过程中粗集料不容易被压碎。因此较软质石料或工业废渣都可以应用。

②虽然二灰稳定类基层要求的$R_{C,7}$标准值显著低于水泥稳定类基层,但前者的强度随龄期增长的幅度远大于后者,而且前者的强度增长期显著超过后者。各种半刚性材料的强度都随龄期增长,但不同材料的增长幅度不相同,同一种材料在不同地区的增长幅度也不相同,这两类半刚性材料的强度随龄期增长还有一个共同点。对水泥碎石而言,结合料(水泥)剂量越大,龄期对强度的影响也越大。就石灰粉煤灰稳定类基层而言,石灰含量和石灰粉煤灰含量越大,龄期对强度的影响也越大。根据大量试验结果的统计,对于不同混合料,不同龄期试件的抗压强度之比,见表4-8。

**试件龄期对抗压强度的影响**　　表4-8

| 试　件 | 7d | 1个月 | 3个月 | 6个月 |
|---|---|---|---|---|
| 水泥砂砾 | 1.00 | 1.47 ~ 2.50 | 2.02 ~ 3.10 | 2.19 ~ 4.03 |
| 水泥碎石土 | 1.00 | 1.24 ~ 2.18 | — | 1.90 ~ 2.59 |
| 石灰粉煤灰碎石 | 1.00 | 1.42 ~ 1.92 | 1.74 ~ 2.52 | — |
| 石灰粉煤灰砂砾 | 1.00 | 2.52 ~ 2.96 | 2.66 ~ 9.10 | 8.03 ~ 14.9 |
| 水泥土 | 1.00 | 1.20 ~ 1.51 | 1.95 ~ 2.12 | — |
| 水泥石灰土 | 1.00 | 1.43 ~ 1.69 | 1.54 ~ 2.92 | — |
| 石灰土 | 1.00 | 1.26 ~ 2.01 | 1.64 ~ 3.30 | 2.82 ~ 4.00 |
| 石灰粉煤灰土 | 1.00 | 1.45 ~ 3.68 | 3.02 ~ 5.63 | 4.96 ~ 6.50 |

③水泥稳定类混合料必须在水泥终凝时间内(常只有5 ~ 6h)完成碾压,而二灰稳定类混合料的可操作时间至少是前者的3倍。

④二灰稳定类基层的强度基本形成后,其整体性优于水泥稳定类基层。用钻机取得的芯件常是完整的圆柱体。

⑤二灰稳定类基层的单价常明显低于水泥稳定类基层的单价。

2)水泥粉煤灰砂砾的力学性质

1984 年在进行京津塘高速公路路面设计时，笔者亲自与助手们用一种天然级配砂砾（见表 4-9），分别用水泥和水泥粉煤灰进行了力学性质试验。

**级配砂砾的颗粒组成**

表 4-9

| 筛孔(mm) | 37.5 | 31.5 | 26.5 | 19 | 9.5 | 4.75 | 2.36 | 0.6 | 0.075 |
|---|---|---|---|---|---|---|---|---|---|
| 通过量(%) | 100 | 98 | 90.3 | 77.9 | 60.1 | 48.8 | 36.4 | 16.5 | 0.54 |

从表 4-9 可看到，此砂砾中小于 0.075mm 的粉料太少。对于表 4-9 中的级配砂砾，分别用水泥和水泥粉煤灰进行稳定。根据所得到的不同龄期的力学性质试验结果可得到以下几个重要结论：

(1)3∶6∶100 的水泥粉煤灰砂砾 90d 龄期抗压强度的平均值 $\bar{R}_{c,90}$ = 3.33MPa，接近 5% 水泥砂砾 28d 龄期抗压强度的平均值 $\bar{R}_{c,28}$ = 3.74MPa，前者仅小 12%；水泥粉煤灰砂砾 90d 龄期的劈裂强度 $\bar{R}_{i,90}$ = 0.33MPa，较 5% 水泥砂砾 28d 龄期的 $\bar{R}_{i,28}$ = 0.35MPa 仅小 6%。水泥粉煤灰砂砾 90d 龄期的回弹模量平均值 $\bar{E}_{90}$ = 1 193MPa，5% 水泥砂砾 28d 龄期的 $\bar{E}_{28}$ = 1 334MPa，前者比后者小 10%。

(2)5∶10∶100 的水泥粉煤灰砂砾，28d 的 $\bar{R}_{c,28}$ = 3.32MPa，比 5% 水泥砂砾的 $\bar{R}_{c,28}$ = 3.74MPa 仅小 11%；水泥粉煤灰砂砾 90d 龄期的 $\bar{R}_{c,90}$ = 5.29MPa，较 5% 水泥砂砾 28d 的 $\bar{R}_{c,28}$ = 3.74MPa 高 41%。水泥粉煤灰砂砾 90d 龄期的回弹模量平均值 $\bar{E}_{c,90}$ = 1 178MPa 较 5% 水泥砂砾 28d 龄期的回弹模量平均值 $\bar{E}_{28}$ = 1 334MPa约小 12%。半刚性材料强度高和回弹模量小有利于材料的长期使用性能。

(3) 在 5∶10∶100 的水泥粉煤灰砂砾中，实际水泥只占 4.35%，粉煤灰占 8.7%，砂砾占 87%。也就是用 8.7% 的粉煤灰代替了 0.65% 水泥和部分砂砾，混合料的强度却显著增加。

2. 半刚性底基层

半刚性基层下必须要用半刚性底基层，不能用其他无结合料的柔性材料做底基层。因为半刚性材料底基层的强度比柔性材料高得多，而且半刚性材料的单价也比柔性材料低得多。实践中，用少量无机结合料稳定沿线的就地土就可以得到半刚性底基层材料，常用的无机结合料有消石灰、水泥、消石灰和水泥、石灰和粉煤灰、水泥和粉煤灰。这些多种无机结合料足以适应于沿线土质的变化。对于经过室内试验和实际工程检验，证明确实有明显效果的固化剂，也可以加入到石灰土或石灰粉煤灰土中，成为综合加固土应用。但不同地区的固化剂常有地域性，不能到处随便使用。

用于重载交通长寿命路面的半刚性底基层应提高其强度标准，如下：

1）水泥稳定粒料（指颗粒状集料）

在路线附近无合适细粒土（指俗称的土）可用时，水泥稳定粒料底基层的强度标准提高到3.0MPa。

2）多种稳定细粒土

多种稳定细粒土半刚性材料均可以用做底基层，但宜采用强度较高和水稳性较好的石灰粉煤灰砂或石灰粉煤灰土，其强度标准 $R_{C,7} \geq 1.4$MPa。水泥石灰综合稳定土或水泥粉煤灰土底基层的强度标准 $R_{C,7}$ 应为2.5MPa。但二灰粉性土的效果较差。石灰与粉煤灰之比可以是1∶1.7、1∶2、1∶2.5，通常都是根据不同二灰比例混合料 $R_{C,7}$ 的值先选定石灰与粉煤灰的比例，然后再选定石灰粉煤灰与粒料或土的比例。

*3. 石灰粉煤灰混合料的抗冻性*

石灰粉煤灰混合料基层和底基层结硬以后是很好的整体，用人工刨常刨不动，需要用钢钎先凿个小洞，才能逐渐将洞扩大，刨成一个试坑。但石灰粉煤灰混合料的抗冻性不好。没有完全结硬的石灰粉煤灰混合料层上面无覆盖的情况下，不能暴露过冬。如暴露过冬，一旦下雨或降雪，自由水会侵入混合料层中并冻结，白天气温高化冻，夜间气温低又冻结，这样反复冻融容易导致表层3～4cm松散损坏。为避免产生这种损坏，要在入冬前用不透水的塑料薄膜覆盖在二灰混合料层的表面，薄膜上面再铺一层土压住薄膜不让大风吹起。只要冬季雨水和雪水不会侵入混合料层中，即使气温过低，混合料层只受干冻也不会损坏。

*4. 半刚性材料层应是一块强固的板*

半刚性基层是主要承重层，半刚性底基层是辅助承重层，两层一起形成半刚性路面的承载能力。由于半刚性材料的强度形成后，基层和底基层都成为坚固的板体，不再是一种松散性材料，所以国内习惯上又称其为整体性材料。这个名词很形象地反映了半刚性基层和半刚性底基层的特点。如果半刚性基层和半刚性底基层没有形成整体，而是一堆比原级配粒料还差的杂乱松散体，那么它的强度比压实原材料的强度还要差很多，也必然会导致沥青路面很快产生结构性破坏。我国少数高速公路部分路段的实际情况已证明了这一点。

在沥青面层下面的半刚性基层应该是一块无明显缺陷的强固的板。在已养生7d的水泥稳定碎石基层任一处钻取的钻件，都应是一个完整且无任何缺陷的圆柱体钻件，不允许钻件两端有松散碎裂现象与断裂现象。如果施工达不到这个要求，就说明此基层不合适，更谈不上长寿命半刚性路面，应该废弃重铺，济青高速公路青州段以及其他高速公路的实践证明，半刚性基层是能够达到上述要求的。关键在于是否能认真、严格地按《公路路面基层施工技术规范》实施。

5. 半刚性基层和半刚性底基层的厚度

半刚性基层和半刚性底基层应有足够的厚度，对于重载交通长寿命半刚性基层沥青路面，如秦皇岛试验路的基层有两层，每层厚 19cm，底基层也有两层，每层厚 19cm，见图 3-3。这仅是一种简单的处理方法，不是绝对的。每层底基层的厚度可通过试验路确定，应超过 19cm。可以说只要压实度能达到要求，底基层的厚度大比小好。在缺少碎石和砂砾的地区，也可以只用一层基层，同时用 3 ~4 层底基层。

6. 要十分重视半刚性基层与半刚性底基层的施工

笔者先后参观过几十个施工单位的拌和厂。沥青混合料拌和厂已普遍受到业主、施工单位和监理的重视，正在逐渐趋向正规化和科学化管理。半刚性材料拌和厂却至今不受重视，普遍存在下列不足：

1）不同规格料的料堆间无隔离措施，规格料相互交错混杂；

2）场地不硬化，细集料不覆盖；

3）拌和机前料斗不足，拌和机前料斗一般只有 4 个，个别甚至只有 2 ~3 个；

4）料斗与料斗间常无隔板，少数即使有隔板，其高度常不够；

5）装载机的铲斗宽度与拌和机的料斗开口宽度不相配，少数拌和厂所用装载机料斗的宽度过大；装载机往某个料斗装料时，料常串装到两旁的料斗内。所有这些不按规范要求的做法，都直接影响水泥混合料的规定级配。导致混合料的级配经常在变。

6）拌和室的长度太短

拌和室的长度太短，不少拌和室只有 1.3 ~1.5m 长，致使水泥碎石混合料的拌和时间太短，直接导致水泥碎石达不到应有的强度。应该要求拌和室的实际有效长度大于 3m。如果有效长度达不到 3m，可用两台拌和机串联一起使用。水泥混合料经第 1 台拌和机拌和后，初步拌和的混合料直接由输送带输入到第 2 台拌和机的拌和室中，再拌和一次，可以获得既拌和均匀，强度又高的压实水泥稳定基层（参看第七章）。

7）运送混合料的自卸车，很少有认真覆盖防雨淋或防水分蒸发的措施。运料车到达现场后，表面局部混合料常有水分蒸发而泛白的现象。自卸车上至少要有一层完整的篷布覆盖，并能紧固在两侧车厢板上。

为了保证基层混合料的质量，拌和厂的领导、技术人员和监理都要像重视沥青混合料的生产一样，重视水泥稳定碎石或其他半刚性材料混合料的生产。

7. 严格遵守《公路路面基层施工技术规范》的规定

要严格遵守《公路路面基层施工技术规范》规定的半刚性基层与底基层的合适施工温度。避免在冬季不适宜施工的气温条件下铺筑半刚性基层。曾发现有的高速公路部分路段的水泥碎石基层在冬季气温低的条件下施工，到第二年的春天，气温较高时，水泥碎石基层膨胀，每隔一定距离，基层胀起。胀起位置使两侧各 1m 多长的基层与下层脱开，并破坏层间黏结，开放交通后，容易导致局部基层先破坏。

实践证明，由于级配的不足和施工的缺陷，建成的水泥碎石基层养生结束后 10 ~ 20d，基层表面就会产生间距 6 ~ 10m 的横向收缩裂缝。

## 三、路面结构组合设计实例

我国高速公路的半刚性路面结构，粗略的划分结构层，从上向下是沥青面层、半刚性基层、半刚性底基层和土基。如果细分，沥青面层可以是一层、两层或三层，已建高速公路用三层的居多，习惯称其为表面层、中面层和底面层。早期曾有多段试验路在沥青面层与半刚性基层间，设有级配碎石中间层，常称倒装式结构。但并未取得减少“反射裂缝”的效果，反而增加了表面层的乱裂和不规则形变，后来不再使用。半刚性基层有一层或两层，近若干年建的高速公路常采用两层半刚性基层和一层半刚性底基层。可以说，半刚性路面从面层到底基层有 6 ~ 7 层。

这些结构层各起什么作用？需要用什么原材料和混合料？各层的合适厚度应是多少？以及应该如何组合这些结构层？最大限度地发挥其作用。应采用什么措施增加同一结构层层间的黏结和不同结构层层间的黏结？为了解决某个问题，是否还需要采取其他措施？所有这些都是路面结构组合设计需要解决的问题。

1. 重载交通长寿命沥青路面结构组合设计

2007 年竣工的秦皇岛长寿命路面试验路是重载交通长寿命半刚性基层沥青路面结构组合设计的典型实例，参看第三章图 3-3。

从图 3-3 可以清楚地看到路面结构组合设计的内容：

1）图中显示的沥青面层各层所用的沥青、矿料级配和厚度，基层的类型和厚度，底基层的类型和厚度，土基顶面下设置隔断层等都属于路面结构组合设计的内容。

2)接触面都采取措施使其黏结或完全摩擦

图中没有显示的由下而上7个接触面,它们之间都达到互相黏结或完全摩擦。完全摩擦会减小路表理论回弹弯沉值并延长路面的使用寿命,都是属于路面结构组合设计的范围。

3)表面层和下面层分别采用抗高温永久形变能力最强的紧密骨架密实结构SAC16-1和SAC25-1。其粗集料的含量为70%。实践证明,SAC是各种矿料级配中抗高温永久形变能力最强的,也是水破坏最少的一种级配。

4)在表面层下设置黏结防水层,使表面层与中面层既良好黏结,又能防止自由水透过表面层进入中、下面层,最大限度地减少和减轻不同类型的水破坏,也是路面结构组合设计的内容。

5)表面层采用SBS改性沥青,以提高表面层直接抵抗行车荷载和高温时的抗永久形变能力。同时采用耐磨耗能力强与磨光值符合要求的玄武岩(也可以用其他硬质岩,如安山岩、灰绿岩、变质岩、细粒花岗岩、细粒砂岩等),以提高表面层的抗滑性能,提高行车安全性。中下面层采用AH-30或AH-20沥青,以提高其高温抗永久形变能力,同时也可节约投资。但是,表面层用改性沥青容易产生较多横向裂缝。因此,对于表面层要求抗辙槽能力和要求减少裂缝是矛盾的。秦皇岛重载交通长寿命半刚性路面采用以抗辙槽为主的原则。

由于这种紧密骨架密实结构有较强的抗辙槽能力,在非长寿命沥青路面高速公路上,特别是重载货车不多的情况下,为减少裂缝,可以视气候条件而定试用AH-70和AH-50重交纯沥青以减少表面裂缝。

实践经验已经表明,如以要求裂缝少为主,则需要多用沥青,同时多用重交沥青,少用改性沥青。但裂缝是不可避免的。只是由于不同地区的气候条件不同,裂缝的多少有所差别。如以减轻辙槽为主,则需要少用沥青,同时用改性沥青。辙槽对使用者的影响相当大,一旦产生严重辙槽,行车不仅不舒适,而且有危险;路面修复也较困难。裂缝不会使行车产生明显的不舒适,也没有危险,维修处理也较简单。只要每年雨季到来之前,在裂缝上喷涂一层较多的沥青,其宽度在裂缝两侧各为3~4cm,在沥青膜上洒少量石屑或粗细砂给予保护,使沥青膜不会被行车粘走即可。这种方法在国内外用得相当普遍,在法国称其为架桥。因此,对于建设高速公路的沥青路面,笔者建议,应以减轻辙槽作为主要研究对象。

6)中、下面层合成一层,其厚度可达15cm,并采用同一种矿料级配SAC25-1,可将15cm一起摊铺和碾压,以减少施工工艺和层间黏结措施。

7)粗集料采用单一粒级的碎石。如前所述SAC25-1有4个单一粒级碎石,细集料可采用两种料,如4.75~2.36mm和机制砂,也可以用4.75mm以下的石屑加另一种细集料，必要时可以加少量（一般不超过6%）天然砂。

8）在面层与基层间设置 AH-70 沥青黏结层。

9）在表面层与下面层之间设置改性沥青黏结防水层。

2. 水泥结碎石基层

1）采用 CBG-25 作为水泥碎石的级配，而且 CBG-25 中粗集料的含量为64%，它是一根中断级配曲线，不再是一个级配范围。CBG-25 的级配设计与密实性检验方法是笔者的最新研究成果，并于2008年获得国家发明专利证书。

2）粗集料按级配要求采用与 SAC25-1 相同的单一粒级碎石，便于备料。CBG-25 的抗压强度较稳定，收缩性较小。

3. 重载交通长寿命沥青路面的厚度设计

1）济青高速公路青州段长51km，半刚性基层厚20cm 和34cm，石灰土底基层厚26cm 和18cm，基层和底基层共厚46cm 和52cm。由于施工质量较好，通车12年后，在18cm 厚沥青面层上测得的代表弯沉值有83.34%在0.200mm 以内。虽然此路段已承受了1 956万次标准轴载。按沥青路面设计规范计算，此路面中83.34%的路段还可承担2 002.2万次标准轴载。

秦皇岛试验路的半刚性材料层总厚76cm，较青州段的厚30cm 和24cm，而且石灰粉煤灰土底基层的强度还明显大于石灰土底基层。估计试验路的路面承载能力将显著大于青州段路面的承载能力，足以满足重载交通长寿命沥青路面的要求。

2）秦皇岛沿海高速公路半刚性路面原设计的路面结构为18cm 沥青混凝土面层、40cm 水泥碎石基层和20cm 石灰粉煤灰底基层，沥青路面总厚78cm。秦皇岛试验路的路面结构与原设计的结构相比，试验路的主导沥青面层厚12cm，较原设计减薄6cm；水泥碎石基层38cm，较原设计减薄2cm；石灰粉煤灰土底基层增加1层，较原设计加厚18cm。试验路的主导路面结构总厚度88cm，较原设计厚10cm。

4. 路基路面综合设计

对于重载交通长寿命沥青路面，必须要保持土基强度稳定。为了稳定土路基的强度，实现“强基薄面稳土基”的理论和路基路面综合设计的要求，在土基顶面下0.7～1.5m 处设置了隔断层，以隔断气态水上升到土基中。同时，在底基层两侧向下，用防水土工膜做了垂直防水墙，防止两侧边坡中的自由水向土基中渗透。使土基始终处于竣工时的较干燥状态。土基竣工时用贝克曼梁测得顶面97.7%概率的代表弯沉值在1.95～2.72mm 之间，相应的土基回弹模量为

61.7～43.2MPa。

5.秦皇岛试验路验算的路面结构

1）验算的路面结构

（1）虽然试验路的沥青面层厚 $h_1$ 为18cm、15cm和12cm三种，但仅验算 $h_1$ 为18cm和12cm，基层与底基层共厚76cm；在 $h_1$ 为12cm时加厚底基层6cm，使路面总厚度94cm不变，共三种路面结构。

（2）隔断层在土基顶面下1.5m处。

（3）力学计算时采用的回弹模量值（MPa）参考沥青路面设计规范中按弯沉指标设计路面厚度时采用的值。虽然重载交通长寿命沥青路面所用沥青混凝土和半刚性材料的强度远大于沥青路面设计规范中的沥青混凝土和水泥碎石基层等的强度，计算时仍采用规范中的回弹模量值。规范中没有的二灰土则采用笔者以往得到的较小的值。具体采用的回弹模量值如下：

隔断层内土基的 $E_0=50\text{MPa}$，隔断层下土基的 $E_{0,0}=30\text{MPa}$ 与20MPa两种。

2）力学计算采用的参数

（1）沥青面层厚18cm

路面结构：SAC面层18cm，6.0MPa水泥碎石基层40cm，1.0MPa石灰粉煤灰土底基层36cm。回弹模量 $E_1=1\,100\text{MPa}$，$E_2=1\,500\text{MPa}$，$E_3=500\text{MPa}$。

归纳路面力学计算结果时，底基层模量500MPa与一个 $E_{0,0}=30\text{MPa}$ 列成一张表，见表4-10左列；底基层模量500MPa与另一个 $E_{0,0}=20\text{MPa}$ 并列一张表，见表4-10右列。

**18cm沥青面层的计算结果** 表4-10

| $E_3=500\text{MPa}, E_{0,0}=30\text{MPa}$ | | $E_3=500\text{MPa}, E_{0,0}=20\text{MPa}$ |
|---|---|---|
| $\sigma_{xx,1}$（MPa） | -0.060（压应力） | -0.061 3 |
| $\sigma_{xx,2}$（MPa） | 0.059 3（拉应力） | 0.059 9 |
| $\sigma_{xx,3}$（MPa） | 0.030 4（拉应力） | 0.031 2 |
| $\sigma_{yy,1,0}$（MPa） | 0.121 | 0.119 |
| $\sigma_{zz,0,0}$（MPa） | -0.006 7 | -0.003 1 |
| $\varepsilon_{xx,1}$（μm） | 11.44 | 10.55 |
| $\varepsilon_{xx,2}$（μm） | 38.16 | 38.51 |
| $\varepsilon_{xx,3}$（μm） | 53.93 | 55.26 |
| $\varepsilon_{yy,1,0}$（μm） | 150.2 | 148.8 |
| $\varepsilon_{zz,0,0}$（μm） | -29.76 | -71.64 |
| $l_t$（μm） | 0.362 3 | 0.433 5 |

(2)力学计算结果的分析

在底基层模量为500MPa时,隔断层下$E_{0,0}$从30MPa降到20MPa对各个力学指标的影响:

①面层底面承受的是压应力,$E_{0,0}=20$MPa比$E_{0,0}=30$MPa增加2.17%。它对路面使用性能没有什么影响。

②基层底面承受的是拉应力,$E_{0,0}=20$MPa比$E_{0,0}=30$MPa增加1.01%,其值只有0.06MPa,不到水泥碎石弯拉强度的1/16,对基层的使用性能没有什么影响。

③底基层底面承受的也是拉应力,底基层模量为500MPa和隔断层下土的模量为20MPa时的拉应力为0.031 2MPa。仅是底基层弯拉强度的约1/16,对底基层的使用性能也没有什么影响。

④土基顶面承受的全是压应力,最大压应力值只有0.003 1MPa。

⑤土基顶面产生的全是压应变,增大2.41倍。最大压应变产生在底基层模量为500MPa和隔断层下土基回弹模量$E_{0,0}=20$MPa的路面结构中,其值为71.64μm。这么小的压应变和压应力,不会对路面产生任何影响。

⑥面层底面产生的是拉应变,拉应变的最大值为11.44μm。

⑦基层底面产生的是拉应变,最大拉应变值为38.51μm。

⑧底基层底面产生的也是拉应变,增大2.47%。最大拉应变值为55.26μm。在正常交通情况下,底基层不会产生疲劳破坏。

⑨$y$轴方向,面层顶面有较大的拉应力与拉应变。其值比任一结构层底面的拉应力与拉应变的值大得多。$E_{0,0}=20$MPa比$E_{0,0}=30$MPa时减小0.93%。最大拉应变的值为150.2μm,这个拉应变容易导致面层表面轮迹带(首先是行车道上)中心附近产生纵向裂缝。因应力、应变不起作用,故以下仅计算路表的理论弯沉值$l_t$。

沥青面层厚18cm时,隔断层下$E_{0,0}$为30MPa和20MPa时计算得$l_t$分别为0.362 3μm和0.433 5μm,即$E_{0,0}$为20MPa时的$l_t$为30MPa时的1.2倍。

为简单起见,在此未列出面层厚12cm时的详细资料。

沥青面层厚12cm,$E_{0,0}$为20MPa时的$l_t$为0.452 6μm,30MPa时的$l_t$为0.378 8μm。前者也是后者的1.2倍。

⑩路表理论弯沉值$l_t$增大19.7%。最大弯沉值为0.433 5μm。

(3)面层厚18cm与厚12cm对应力应变等的影响

对比沥青面层厚18cm与沥青面层厚12cm的计算结果,可以看到在$E_{0,0}$为30MPa和20MPa时,沥青面层厚度减薄6cm对路表理论弯沉值的影响为:路表

理论弯沉值 $l_t$ 增加 4.6%（$E_{0,0,1}$ = 30MPa）和 4.3%（$E_{0,0,1}$ = 20MPa）。最大理论弯沉值 $l_t$ 为 0.452 6mm。

3）保持路面总厚度不变

（1）与路面总厚度不变的比较

在面层 $h_1$ = 12cm 时，底基层加厚为 $h_3$ = 42cm，保持路面总厚度为 94cm。其他参数都不变。计算得路表理论弯沉值为：$E_{0,0}$ = 30MPa，$l_t$ = 0.364 7μm；$E_{0,0}$ = 20MPa，$l_t$ = 0.435 8μm。

（2）与 $h_1$ = 18cm 和 $h_3$ = 36cm 的 $l_t$ 的比较

$E_{0,0}$ = 30MPa 时，路表理论弯沉值 $l_t$ 增加 0.66%。

$E_{0,0}$ = 20MPa 时，路表理论弯沉值 $l_t$ 增加 0.53%。

（3）由上述比较可以看到：

①用 6cm 底基层材料替代 6cm 沥青混凝土后，路面结构的路表理论弯沉值 $l_t$ 有变化，但影响最小，仅增加了 0.53% ~0.66%。

②路基回弹模量 $E_{0,0}$ 为 30MPa 与 20MPa，对 $l_t$ 的影响百分率无显著差别。

根据上述比较结果，对于重载交通长寿命沥青路面，在减薄沥青面层的同时，应增加底基层的厚度，保持路面结构的总厚度不变。

## 四、加强层间黏结

加强层间黏结是路面结构组合设计的重要内容，层间黏结也是国际上普遍重视的一个技术问题。但层间黏结的最终效果取决于是否能防止表面雨水侵入沥青面层。实践证明，只要有雨水进入某一结构层，特别是中面层和底面层，并滞留在内，该层底部就会产生沥青剥落、松散与层间脱开，甚至导致面层表面严重网裂和形变。

### 1. 层间黏结的重要作用

1）力学计算结果

层间黏结的力学计算可用壳牌的 BISAR3.0 计算程序得到，其 3 个轴的轴向和 0、1 的意义均与前述相同。

层间摩擦或黏结状况对表面理论弯沉值 $l_t$ 等的影响：

采用的路面结构是沥青混凝土面层 $h_1$ = 18cm，水泥碎石基层 $h_2$ = 30cm，石灰土底基层 $h_3$ = 36cm，总厚 84cm，相应的回弹模量为 $E_1$ = 1 500MPa，$E_2$ = 800MPa，$E_3$ = 400MPa，土基 $E_0$ = 50MPa。标准轴载 100kN，双圆荷载单位压力 700kPa，作用圆半径 $r$ = 0.1065m。

本例有三个接触面，即面层与基层、基层与底基层和底基层与土基，层间摩擦状况的组合共有六种，即 0,0,0;0,0,1;0,1,1;1,1,1;1,1,0;1,0,0。第 1 种状况 0,0,0 的第 1 个 0 表示面层与基层的接触面完全摩擦，第 2 个 0 表示基层与底基层的接触面完全摩擦，第 3 个 0 表示底基层与土基的接触面完全摩擦。第 2 种状况 0,0,1 的第 1 个 0 表示面层与基层的接触面完全摩擦，第 2 个 0 表示基层与底基层间完全摩擦，第 3 个 1 表示底基层与土基完全光滑。其余类推。输入 BISAR3.0 计算程序后，程序会提供全部力学计算结果。以下主要计算路表理论回弹弯沉值 $l_t$：

（1）层间完全摩擦，$l_t = 0.373$mm；

（2）层间完全光滑，$l_t = 0.712$mm；

（3）面层与基层、基层与底基层摩擦，底基层与土基光滑，$l_t = 0.420$mm；

（4）面层与基层摩擦，基层与底基层和底基层与土基均光滑，$l_t = 0.524$mm；

（5）面层与基层间光滑，另两个层间都摩擦，$l_t = 0.499$mm；

（6）面层与基层和基层与底基层间均光滑，仅底基层与土基间摩擦，$l_t = 0.657$mm。

2）计算结果分析

（1）路表弯沉值

将层间不同黏结状况下的路表理论弯沉值汇列在表 4-11。

**层间状况与 $\sigma_{xx,1}$ 和 $\varepsilon_{xx,1}$ 的关系**　　　表 4-11

| 层间状况 | 1,1,1 | 1,1,0 | 1,0,0 | 0,1,1 | 0,0,1 | 0,0,0 |
|---|---|---|---|---|---|---|
| $\sigma_{xx,1}$（MPa） | — | — | — | — | — | — |
| $\varepsilon_{xx,1}$（μm） | — | — | — | — | — | — |
| $\sigma_{yy,0}$（MPa） | — | — | — | — | — | — |
| $\varepsilon_{yy,0}$（μm） | 40.4 | 49.8 | 85.6 | 47.8 | 73.2 | 76.7 |
| $\sigma_{yy,1}$（MPa） | — | — | — | — | — | — |
| $\varepsilon_{yy,1}$（μm） | 89.3 | 82.0 | 45.0 | — | — | — |
| $l_t$（mm） | 0.712 | 0.657 | 0.499 | 0.524 | 0.420 | 0.373 |

（2）$y$ 轴方向应变的特点

在与路中心线平行的 $y$ 轴方向，面层表面的拉应力很小。但在 6 种层间状况下，面层表面均为拉应变，应变值大的三个层间状况是 1,0,0;0,0,0 和 0,0,1，面层底面也为拉应变的三个层间状况是 1,1,1;1,1,0 和 1,0,0。也就是，从面层向下三个接触面都是滑动，上面两个接触面是滑动以及仅第 1 个接触面是滑动都容易产生纵向裂缝。纵向裂缝在很多高速公路上都产生过，通常的原因是路基边沟有积水引起。北京机场高速公路的沥青面层是1993年铺筑的，表面层是改性沥青SMA。通车后不久，笔者常在此高速公路上往返，发现每个车道上有两条纵向细网裂带，当时笔者不理解它是怎样产生的？现在看来它可能就是上述面层表面和底面的拉应变共同引起，可见层间黏结的重要性。

表4-11表明，路表弯沉值也随层间接触状况而变。层间完全黏结的弯沉值最小，只有0.373mm；层间完全光滑的弯沉值最大，为0.712mm，后者是前者的1.91倍。层间有两个接触面黏结的弯沉值略大于层间完全黏结的弯沉值。层间只有两个接触面光滑的，其弯沉值略小于接触面完全光滑的弯沉值。因此，要采取措施使3个接触面都是摩擦的。特别重要的是面层与基层的黏结应是摩擦的。

基层底面的拉应力$\sigma_{xx,2}$和底基层底面的拉应力$\sigma_{xx,3}$与层间状况的关系列在表4-12中。

**基层底面$\sigma_{xx,2}$和$\varepsilon_{xx,2}$的值及底基层底面$\sigma_{xx,3}$和$\varepsilon_{xx,3}$的值与层间状况的关系**

表4-12

| 层间状况 | 1,1,1 | 1,1,0 | 0,1,1 | 0,0,1 | 0,0,0 | 1,0,0 |
|---|---|---|---|---|---|---|
| $\sigma_{xx,2}$(MPa) | 0.225 | 0.211 | 0.166 | 0.063 | 0.055 | 0.060 |
| $\sigma_{xx,3}$(MPa) | 0.089 | 0.062 | 0.055 | 0.053 | 0.041 | 0.062 |

由表4-12可见，基层底面的最大弯拉应力产生在3个层间都是滑动的情况，其值为0.225MPa，而半刚性基层的抗弯拉强度常约为1MPa，是最大弯拉应力的4.44倍。底基层底面的最大弯拉应力为0.089MPa，而半刚性底基层的抗弯拉强度约0.5MPa，是最大弯拉应力的5.62倍，所以，即使层间都是滑动的情况，基层和底基层的弯拉应力都不起任何控制作用。在其他黏结情况下，基层和底基层的弯拉应力更不起控制作用。基层和底基层的拉应力最小的是3个界面都是摩擦的。其值只有0.055MPa和0.041MPa，上面两个界面都是摩擦的，基层和底基层的拉应力仅略大于3个界面都是摩擦的。其值为0.063MPa和0.053MPa。因此，面层与基层间和基层与底基层间的摩擦力都很重要。

由于基层与底基层底面的拉应力都是$x$轴方向的大，因此，这两层开始产生的裂缝是横向的。一旦产生横向裂缝，半刚性材料层的整体性就遭到破坏，在$y$轴方向拉应力的作用下，就很容易产生纵向断裂，最终半刚性层变成一块一块小方块。

2. 面层与基层间的黏结层

前面的力学计算已经证明，层间黏结对路面的力学性质和耐久性都有很重要的影响。因此必须先加强面层与基层间的黏结。

前面讨论沥青面层时，仅是考虑了对沥青混凝土的要求。显然，单纯是沥青混凝土符合要求还不够，在铺沥青混凝土面层前，要考虑沥青混凝土层与基层顶面的黏结。在基层顶面上要设置一个很好的黏结层，同时起防水作用。这种黏结层的底部若干毫米厚成为一个富沥青层，其防止自由水下透的作用比用下封层的效果好。

3. 表面层与中面层之间的黏结防水层

由于当前的多个复杂因素造成施工环境不好，同时，由于当前全国到处都在进行公路建设，有不少施工单位缺少经验，难于实现沥青混凝土的多个技术要求。因此，虽然设计使用了透水性小的密实沥青混凝土，由于表面层是在最后施工，影响施工质量的因素较复杂，不一定能保证透水性小，而且沥青混凝土面层的不均匀性往往比较大。实践已多次证明，使用传统的密实沥青混凝土 AC-1 型和 SMA，甚至骨架密实结构 SAC-16 和 SAC13 表面层，也产生过水破坏。为了避免沥青混凝土面层产生水破坏，需要在表面层与中面层沥青混凝土之间再设置一个很好的黏结防水层。

黏结防水层的特殊作用：黏结防水层是双重功能无厚度的特殊结构层。第一个功能是起黏结作用，它将表面层与下沥青混凝土层紧紧黏结在一起。第二个功能是它使表面层下部 0.5cm 左右成为一个富沥青层，此富沥青层能阻止雨水透过表面层进入中下面层中。

图 4-1 是在半刚性基层上铺一层沥青面层时做的黏结防水层。图 4-2 是在新水泥混凝土桥面上铺筑双层沥青混凝土面层时，为加强下面层与桥面的黏结铺的黏结层，以及为加强两层面层间的黏结铺的黏结防水层。

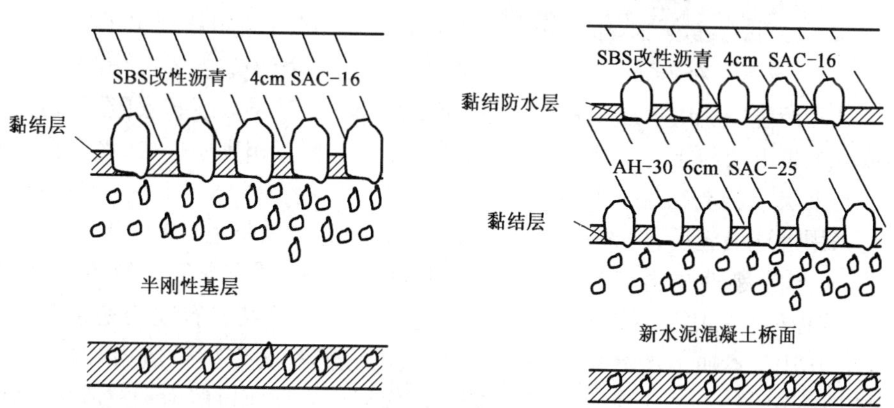


图 4-1　半刚性基层上的单层沥青混凝土　　图 4-2　新水泥混凝土桥面的双层沥青混凝土

有人把半刚性基层密实不透水看作是其缺点，并认为这是导致半刚性路面水破坏的原因。这显然既没有道理，又没有实践依据。从多方面采取措施，不让水进入并透过沥青面层，密实强固的基层才能真正发挥承重层的作用。

4. 使土基、底基层和基层紧密嵌固在一起的新措施

重载交通长寿命沥青路面秦皇岛试验路使用了表面有梯形凸块的钢轮压路机（笔者曾称其为新型羊足碾），碾压得到了奇特效果。

新型羊足碾的特点是，圆钢轮表面密布有一个一个长方梯形断面凸块，凸块厚 10cm，见图 4-3。

从图 4-3 可清楚地看到，新型羊足碾碾压后土基表面会留下一个一个长方形的凹坑。利用这个特点，笔者向施工单位提出一个特殊要求，即要求在土基正常碾压结束后，再用新型羊足碾碾压几遍，使土基表面产生一个一个凹坑，必要时可先洒少量水，使土基表层稍湿，容易形成凹坑。据观测，凹坑的深度约 5 ~ 6mm。

在已产生凹坑的土基表面，铺筑二灰土底基层的下层，铺上的二灰土混合料部分均匀地填入土基顶面的凹坑中，同时土基顶面的均匀凸起深入二灰土底基层的底部，碾压结束后，土基与下层二灰土底基层相互紧固地嵌入联结在一起。下层二灰土碾压结束后，约过 10h 待二灰土具有一定强度时（指二灰土的 $R_{C,7}$ = 1.44MPa的情况），再用新型羊足碾碾压数遍，使二灰土层表面也产生一个一个凹坑。然后铺筑二灰土底基层的上层，此层与下层一样，最后也用新型羊足碾在其表面压出一个一个凹坑。

图 4-3　新型羊足碾

在已产生凹坑的上层二灰土上，铺筑水泥碎石下基层。下基层碾压结束后，形成二灰土下层与土基互相紧固嵌入，两层二灰土也互相紧固嵌入，水泥碎石下基层与上层二灰土也互相紧固嵌入。

采用上述措施后，19cm 下层水泥碎石、19cm 上层二灰土、19cm 下层二灰土共 57cm 厚半刚性材料层与土基都互相紧固嵌入，形成一个很好的整体，见图 4-4。这种相互紧固嵌入的整体与一层一层间用别的黏结材料互相黏结叠加在一起的作用有本质上的区别。后者，一层层的底部都会产生拉应力和拉应变。而前者哪一层都不是独立的，都不可能在其底面产生任何拉应力和拉应变，其作用比一层一层互相简单黏结要好很多。这个紧固嵌入的整体有很特殊的作用，

它将彻底改变半刚性材料层的力学性能。它很难或不可能遭受行车荷载的破坏作用,它对保证路面长寿命将起到关键作用。

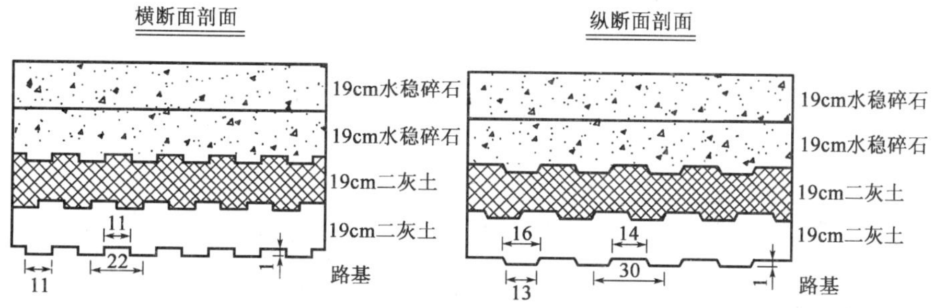


图 4-4　半刚性材料层层间与土基互相紧固嵌入示意图

## 第三节　材 料 设 计

材料设计包括选择原材料,对选定的原材料和混合料进行多种规定指标的试验,研究分析试验结果,确定所得指标值是否符合规定要求以及确定材料的取舍或改善的措施。

随着科学技术的发展,现在需要试验的指标项目增多了,主要有如下几项。

### 一、沥青的黏温曲线

对于沥青面层所用的沥青和矿料,以往沥青的指标大家都很熟悉,但当前还要增加黏温曲线,以确定沥青混合料的施工温度。这是个十分重要的问题,因为温度的高低直接影响沥青的黏度,沥青的黏度不合适,会直接影响沥青混合料的均匀性和压实试件的密度。为得到黏温曲线,至少要测定 3 个温度 $T$(℃)时的黏度。

1. 用动力黏度 $\eta$(Pa · s)

用布洛克弗尔仪(Brockfield)测定沥青的动力黏度 $\eta$(Pa·s)。如常用纯沥青可以测定 60℃、90℃和 120℃3 个温度时的动力黏度;AH-30 硬质沥青和改性沥青需要测定 120℃、140℃和 175℃3 个温度时的动力黏度。用笔者研究得到的公式(4-3)[1]计算该沥青的黏温曲线,见图 4-5。

$$T = A + B\lg \lg 100\eta \qquad (4\text{-}3)$$

[1] 详见《多碎石沥青混凝土 SAC 系列的设计与施工》。

然后根据下述不同的黏度要求确定沥青混合料的施工温度。

| | |
|---|---|
| 拌和温度 $T$(℃) | $\eta = 0.17 \pm 0.02$(Pa·s) |
| 路上初压或室内压实温度 $T$(℃) | $\eta = 0.28 \pm 0.03$(Pa·s) |
| 正常碾压温度 $T$(℃) | $\eta \geqslant 2$(Pa·s) |
| 终压温度 $T$(℃) | $\eta \geqslant 20$(Pa·s) |

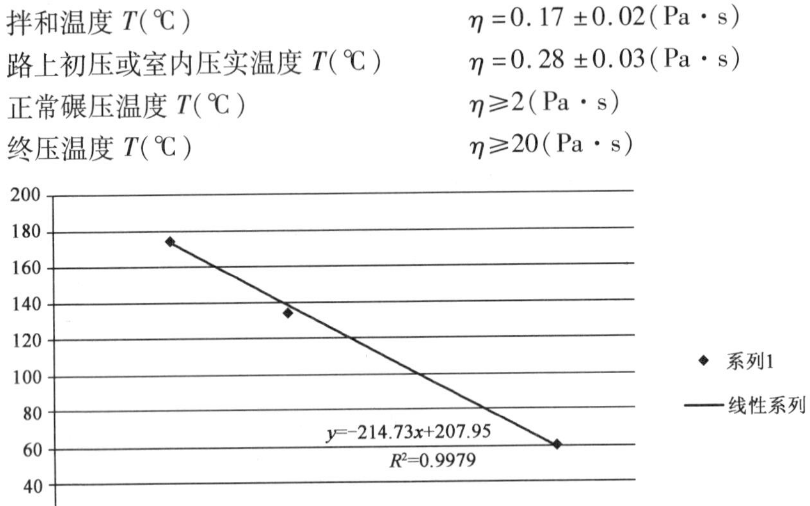


图 4-5 沥青黏温曲线图

2. 用布氏黏度仪做黏度试验需注意的几点

1)做不同温度的黏度试验时，如用布氏仪测的是动力黏度，则其量纲为 Pa·s，如用其他黏度仪测的黏度为运动黏度，其量纲为 $mm^2/s$，不同黏度间的关系为 1Pa·s = 1 000$mm^2/s$；

2)要保持盛样筒中的样品数量相同，沥青应浸没转子的筒体，且高于其圆锥部结合面 3.2mm；

3)保持转速相同，以接近标准黏度的转速为宜；

4)大筒内已加热的沥青向试样筒倒入前，应用玻璃棒将大筒内的沥青先上下搅拌均匀；

5)基座要安置水平；

6)旋转子挂钩要垂直；

7)定位板要确保旋转子处于悬浮状态。

3. 用运动黏度仪做黏度试验

无布氏黏度仪，也可以用运动黏度仪测定沥青的运动黏度 $\eta'$($mm^2/s$)，并用式(4-4)计算黏温曲线：

$$T = A + B\lg\lg 0.1\eta' \tag{4-4}$$

根据下述不同的运动黏度要求，确定沥青混合料的施工温度：

拌和温度(℃) $\eta' = 170 \pm 20(mm^2/s)$

室内压实和路上初压温度(℃) $\eta' = 280 \pm 30(mm^2/s)$

正常碾压温度(℃) $\eta' \geqslant 2\,000(mm^2/s)$

终压温度(℃) $\eta' \geqslant 20\,000(mm^2/s)$

4. 沥青的黏温曲线示例

应该注意的是，不同沥青的黏温曲线是不一样的，因此其合适的施工温度也是不同的。

1）克拉玛依 AH-30 沥青

克拉玛依 AH-30 沥青的黏温曲线见式(4-5)：

$$T = 196.13 - 189.57\lg\lg100\eta \tag{4-5}$$

$$r = -0.999\,0, r^2 = 0.998\,0$$

按式(4-5)计算得的施工温度如下：

拌和温度(℃) 176 ~ 183

室内压实和路上初压温度(℃) 163 ~ 168

正常碾压温度(℃) >128

终压温度(℃) >98

上述克拉玛依 AH-30 硬质沥青的施工温度都是用黏温曲线直接计算得到的。根据布洛克弗尔仪的使用说明，需要时可将计算得的施工温度提高，但提高的温度不超过 14℃。笔者理解这是气温低时可以考虑提高的施工温度。

2）其他沥青

对于其他沥青也是同样的情况，如中海 AH-30 沥青以及同属 AH-70 沥青，国内使用的有辽宁欢喜岭沥青、中海 361 沥青、克拉玛依沥青，以及壳牌沥青。他们各自的黏温曲线都不相同，因此他们各自的施工温度也不相同。必须针对所用的具体沥青做 3 个温度下的不同黏度，然后计算各自的黏温曲线，并确定各自合适的施工温度。(参看第七章表 7-8 和表 7-9)。

## 二、粗细集料的密度试验

SAC 系列与其他矿料级配一样，由于沥青面层用的粗集料需要检验，以及水泥碎石基层的设计与检验对所用粗细集料要求的指标增多了，既要做各个粒级集料的毛体积密度，又要做表干密度，还要计算其吸水率，既要做烘干粗集料

的干捣实密度 $GCA_{DRC}$ 和计算干捣实孔隙率 $VCA_{DRC}$，还要做烘干粗集料的松装密度 $GCA_{DRL}$ 和计算松装孔隙率 $VCA_{DRL}$。以便用于 $VCA_{DRF}$ 方法检验。详细应用的具体实例参看第五章第三节。

## 三、马歇尔试验仪和旋转压实仪 SGC

在美国，马歇尔试验仪出现于20世纪30年代初，直到40年代初才确定两面各击实50次的试验方法，以与当时实际路上沥青混凝土的最终密度相等。路上沥青混凝土的最终密度取决于交通量的大小，特别是其中货车轴载大小。那时路上行驶的货车轴载约为40kN。但到了50年代末60年代初，由于路上货车的载重量增加，约达70～100kN，路上沥青混凝土的最终密度明显增大。因此，美国将马歇尔试验的击实次数从两面各击实50次，增加到两面各击实75次。同时说明，两面各击实50次适用于轻交通公路，两面各击实75次适用于重交通公路。到了1993年发布的高性能沥青路面的研究成果中提出了用旋转压实仪SGC，但没有废除马歇尔试验仪。笔者认为用SGC设计压实次数时，沥青混合料的密度比马歇尔试验两面各击实75次的密度要大。对于沥青混合料，以往常用马歇尔试验做混合料设计并按体积指标确定最佳油石比时，重要的指标是孔隙率或空气率 $V_a$、饱和度 $VFA$。对于重载交通长寿命沥青路面，现场孔隙率 $V_a$ 通常不大于6%，$VFA$ 应控制在65%。

为适应当前高速公路和一级公路上重型货车较多而且有时超载的交通状况，特别对于长寿命沥青路面在做沥青混合料的压实试验时，应该用旋转压实仪SGC。使室内试验的密度能与实际高等级公路上沥青面层的最终密度相符。不能再用马歇尔试验方法。如何在室内准确测定试件的毛体积密度，有时也遇到问题。近期用SGC做SAC25-1沥青混合料试验时，由于SAC25-1混合料中粗集料既粒径大，数量又多，所以试件周围表面有较多的大孔隙，需要先称其质量后，用蜡将其表面间隙填满，并计算蜡的体积，然后计算试件的真实体积和试件的密度。关于旋转压实仪SGC的详细情况，参看第五章第三节。

## 四、试验确定各粒级粗集料和细集料密度的合适方法

试验确定各粒级粗集料和细集料的密度时，要选定试验室的正常温度，在选定温度±1℃范围内，试验测定各个粒级粗集料和细集料的密度。这样就无需进行温度校正，此温度范围可简称集料密度试验温度范围。

1. 粗集料

不同最大粒径的粗集料，其粒级数量是不同的，前面已经说明，本书中

4.75mm以上的集料称粗集料，所以 SAC25 级配的粗集料可以分为 26.5 ~ 19mm、19 ~ 13.2mm、13.2 ~ 9.5mm 和 9.5 ~ 4.75mm 共 4 个粒级。中间跳过 16mm，因为 19 ~ 16mm 和 16 ~ 13.2mm 的含量都较少。实际拌和厂不可能为这两个粒级的料，再配两个料斗。

SAC20 级配的粗集料可以分为 19 ~ 16mm、16 ~ 13.2mm、13.2 ~ 9.5mm 和 9.5 ~ 4.75mm 共 4 个粒级的料。

2. 细集料

与最大粒径无关，SAC 和其他矿料级配的细集料都要先筛分成 6 个粒级的集料：4.75 ~ 2.36mm、2.36 ~ 1.18mm、1.18 ~ 0.6mm、0.6 ~ 0.3mm、0.3 ~ 0.15mm、0.15 ~ 0.075mm。如果细集料中有粉粒和黏粒，且有塑性指数，则要用湿筛分法将细集料筛分成 6 个粒级的集料。

具体操作方法参看第五章第三节。

## 第四节　路面厚度设计

### 一、沥青路面设计方法的回顾

我国交通部颁布的《公路沥青路面设计规范》前后已有三版，1986 年为首版，二版于 1997 年颁布，三版在 2006 年颁布。设计标准每版都是弯沉值（先为容许弯沉，后改为设计弯沉），但同时又列入下层弯拉应力检验。

1. 第 1 阶段

第 1 阶段针对柔性路面，因那时半刚性路面还很少，按弯沉指标设计厚度（实际上就是确定以弯沉表示的路面承载能力）时，用各层材料的抗压回弹模量。为了检验某层的弯拉应力，要做整体性材料的抗弯拉强度，并按累计当量标准轴次计算整体性材料的抗弯拉强度结构系数。该层以上用抗压回弹模量，该层与该层以下用抗弯拉回弹模量。这种处理方法带来两个矛盾，一是概念不清，同一结构层的材料忽而用抗压回弹模量，忽而又用抗弯拉回弹模量。二是当时的一些试验路段按弯拉应力检验根本通不过，路面早就该产生结构性破坏，但实际路面却完整无损。

在第 1 阶段，柔性路面的容许弯沉 $l_R$ 的计算公式如下：

$$l_R = \frac{1.1}{N_e^{0.2}} A_c A_s \text{(cm)} \tag{4-6}$$

式中：$N_e$——累计当量轴次ESAL（标准轴载100kN）；

$A_c$——高速公路取0.85；

$A_s$——沥青混凝土面层取1.0。

也就是对于高速公路柔性路面和沥青混凝土面层其 $l_R = \dfrac{0.935}{N_e^{0.2}}$。

按式(4-6)可计算得不同累计当量轴次 $N_e$ 时的容许弯沉值见表4-13。

**不同 $N_e$ 时的 $l_R$** 表4-13

| $N_e(\times 10^6)$ | 3 | 12 | 50 | 80 | 100 | 120 |
|---|---|---|---|---|---|---|
| $l_R$(cm) | 0.047 4 | 0.035 9 | 0.027 0 | 0.024 6 | 0.023 5 | 0.022 6 |
| $l_d$(cm) | 0.048 66 | 0.036 8 | 0.027 7 | 0.025 2 | 0.024 1 | 0.023 3 |

应该说，第1阶段的特点是确认整体性材料结构层底面是弯拉应力，需要用抗弯拉强度进行弯拉应力验算。

2. 第2阶段路面的设计弯沉值

第2阶段，路面的设计弯沉值按式(4-7)计算：

$$l_d = 600Ne^{-0.2}A_c \cdot A_s \cdot A_b \tag{4-7}$$

式中：$A_c$——公路等级系数，高速和一级公路为1.0；

$A_s$——面层类型系数，沥青混凝土面层为1.0；

$A_b$——基层类型系数，柔性基层为1.6，半刚性基层为1.0。

由此得计算柔性路面设计弯沉值的公式为式(4-8)

1997年的《公路沥青路面设计规范》规定，沥青路面的设计弯沉值用式(4-8)计算，半刚性路面的设计弯沉用式(4-9)计算。

柔性路面 $$l_d = 960N_e^{-0.2} \tag{4-8}$$

用式(4-8)计算得的不同 $N_e$ 时的设计弯沉值也列在表4-13中第三行。表中数据表明第1阶段的式(4-6)与第2阶段的式(4-8)的结果很接近。

计算半刚性路面设计弯沉值的公式如下：

半刚性路面 $$l_d = 600N_e^{-0.2} \tag{4-9}$$

按式(4-9)计算得的半刚性基层沥青路面的设计弯沉值见表4-14。

**不同 $N_e$ 时半刚性路面的设计弯沉值** 表4-14

| $N_e(\times 10^6)$ | 3 | 12 | 50 | 80 | 100 | 120 |
|---|---|---|---|---|---|---|
| $l_d$(0.01mm) | 30.4 | 23.0 | 17.3 | 15.8 | 15.1 | 14.5 |

计算路面厚度，并对整体性材料层进行层底拉应力验算时，各层材料的模量用抗压回弹模量。计算容许弯拉应力时，改为计算容许拉应力并改用劈裂强度

验算。沥青混凝土用15℃的劈裂强度。对于柔性路面，这种改动是不合适的，因为车轮作用在路面上，在其下的沥青面层的底部只产生弯拉应力，必须用抗弯拉强度进行检验（如第1阶段）。现改为容许拉应力，并用劈裂强度（即间接抗拉强度，它比弯拉强度小得多）检验，显然不符合轮胎压力作用的原理。对于半刚性路面水泥稳定类材料用龄期90d的劈裂强度，石灰稳定类和二灰稳定类材料，用龄期180d的劈裂强度。从理论上讲，这个改动也是没有必要的。路面力学计算和实践经验都证明，对于半刚性路面，沥青面层底面常是压应力，即使有时有拉应力，其值也很小，不起控制作用。对于半刚性路面起控制作用的是，直接位于土基上的半刚性材料底基层（多数情况是无机结合料稳定当地的土，如强度较高和较稳定的石灰粉煤灰土或石灰粉煤灰砂、水泥土、水泥石灰综合稳定土、水泥粉煤灰稳定土、水泥砂、水泥砂砾、水泥碎石等）。如果认为做劈裂强度试验操作简单，那也应先做试验，得到常用半刚性底基层材料的弯拉强度与劈裂强度的关系，然后根据试验结果确定如何用劈裂强度值代表抗弯拉强度值，再进行弯拉应力检验。

沥青混凝土面层的抗弯拉强度（如考虑前后规范的一致性，在此应改称抗弯拉强度结构系数）结构系数按式(4-10)计算。

$$K_{s,1} = 0.09A_s \cdot N_e^{0.22}A_c \tag{4-10}$$

式中：$A_s$——沥青混凝土级配类型系数，细、中粒式沥青混凝土为1.0，粗粒式为1.1。因此，细、中粒式沥青混凝土 $K_{s,1}=0.09N_e^{0.22}$，粗粒式的 $K_{s,1}=1.0N_e^{0.22}$；

$A_c$——公路等级系数，高速公路和一级公路为1.0，（不同交通量 $N_e$ 时，高速公路和一级公路的强度结构系数）。

无机结合料稳定集料类[1]的抗弯拉强度结构系数按式(4-11)计算：

$$K_{s,2} = 0.35\frac{N_e^{0.11}}{A_c} \tag{4-11}$$

无机结合料稳定细粒土类（针对底基层）的抗弯拉强度结构系数按式(4-12)计算：

$$K_{s,3} = 0.45\frac{N_e^{0.11}}{A_c} \tag{4-12}$$

按式(4-10)、式(4-11)和式(4-12)可计算得不同 $N_e$ 时的 $K_s$ 值，见表4-15。

---

[1] 笔者认为无机结合料稳定集料是指半刚性基层。在半刚性材料底基层没有破坏之前，半刚性路面的基层底面不可能有弯拉应力。

不同 $N_e$ 时的 $K_s$　　表4-15

| $N_e(\times10^6)$ | 5 | 10 | 20 | 40 | 80 | 120 |
|---|---|---|---|---|---|---|
| $K_{s,1}$ | 2.68 | 3.12 | 3.63 | 4.23 | 4.93 | 5.39 |
| $K_{s,2}$ | 1.91 | 2.06 | 2.22 | 2.40 | 2.59 | 2.71 |
| $K_{s,3}$ | 2.46 | 2.65 | 2.86 | 3.09 | 3.33 | 3.48 |

从表4-15中的$K_{s,1}$可以看到，沥青面层的抗弯拉强度结构系数在$N_e\leqslant80\times10^6$(8 000万)时变化在2.68～4.93之间；即使交通量$N_e$达到1亿2千万次$K_{s,1}$也只有5.39。半刚性材料基层的抗弯拉强度结构系数变化在1.91～2.59之间，$N_e=120\times10^6$时，半刚性基层的$K_{s,2}=2.71$。半刚性底基层的抗弯拉强度结构系数变化在2.46～3.33之间。应该说，$K_{s,1}$是针对柔性路面的，对于半刚性路面他不起任何作用。$K_{s,3}$是针对半刚性底基层的，$N_e=120\times10^6$时，半刚性底基层的$K_{s,3}=3.48$。针对半刚性基层的$K_{s,2}$也不起作用。对于重载交通长寿命半刚性路面半刚性底基层的抗弯拉强度与弯拉应力之比远大于3.5。所以就秦皇岛试验路来讲，底基层也不会产生弯拉疲劳破坏。

3. 第3阶段

1)设计弯沉值

2006年的沥青路面设计规范与1997年相比。设计弯沉值的计算公式有了改变，但综合修正系数$F$的计算公式也大不相同。抗拉强度结构系数相同，仍然用劈裂强度代替抗弯拉强度。但在计算回弹模量时，产生了差别。1997年用抗压回弹模量，2006年规定以路表弯沉值为设计或验算指标时，采用抗压回弹模量，并按式(4-13)计算。

$$E=\overline{E}-Z_\alpha S \tag{4-13}$$

文中说$Z_\alpha$为保证率系数，按95%保证率取2.0。如要95%概率，$Z_\alpha$应取1.645，而不是2.0。因此新规范中计算路表弯沉值所用的回弹模量值有误。现取$Z_\alpha=2.0$其概率就是97.7%，此概率对回弹模量来讲是太高了。以往研究课题中对材料回弹模量都按90%概率考虑，故采用$Z_\alpha=1.281$。它将脱离过去近30年积累的资料。显然式(4-13)是不合适的。

2)从新设计规范看

计算层底拉应力时，计算层以下各层的模量也按式(4-13)计算，计算层及其以上各层模量应采用式(4-14)计算其模量设计值$E$，也就是增大回弹模量值，目的是想增大层底拉应力，使拉应力起控制作用。

$$E = \overline{E} + Z_{\alpha}S \tag{4-14}$$

如果半刚性路面产生结构性破坏，一般都是从半刚性底基层开始，按照前述新路面设计规范的要求，针对弯沉指标，从表面层到底面层要用一套抗压回弹模量；针对底基层底面的拉应力指标，又要用另一套抗压回弹模量。这种处理方法类似第一阶段：计算弯沉时，用抗压回弹模量，计算弯拉应力时用抗弯拉回弹模量。

计算弯拉应力时，采取不同模量值增大了百分之几十的弯拉应力(外力)值，检验时直接用劈裂强度又人为地减小材料的抗力约一半。笔者担心又可能出现第一阶级的情况，即拉应力检验通不过，但实际路面并不产生结构性破坏；或将路面结构层设计得过厚，显著超出实际需要。

从这里可以看到，路面设计规范一心想使结构层底面的弯拉应力检验能作为路面厚度设计的一个指标。但有两个问题值得研究。用现有的不同弹性层状体系计算程序只要输入路面结构层厚度和回弹模量都很容易计算得底面的弯拉应力，但实际结构层底面到底有多大的弯拉应力？谁也说不清。因为既看不见它，也摸不着它。

从三个阶段的沥青路面设计规范来看，前后没有统一的原则，常在变化，统一的观点是设计年限 15 年和要以拉应力作为控制指标。

## 二、关于应力和应变的回顾

路面结构层中的应力和应变用现有的力学计算程序 BISAR3.0 很容易计算得到，但是这两个指标的值，既看不见又摸不着，很难知道它是对还是错。

1)早在 20 世纪 30 年代初，前苏联就研究路面结构中的应力和应变，但始终没有得到可用的结果。

2)美国堪萨斯州 I-75 公路 4 段永久性路面试验路。堪萨斯州交通厅在 75 号公路上，根据 1993 年的 AASHTO 设计指南，铺筑了 4 段永久性柔性路面试验路。以往有一段时间称永久性路面，笔者认为任何工程不可能是永久性的，后来改称长寿命路面是合适的。试验路的目的是验证根据应变的极限值设计永久性路面的方法。在 4 段试验路上沥青混凝土基层的底部都埋设了应变传感器。采用的传感器见图 4-6。

从 2005 年 7 月到 2007 年 10 月，在试验段开放交通前后，在 82kN 单轴荷载作用下，测量了 7 次路面的响应。测得的应变数据表明：

a)

b)

图 4-6 传感器

(1)甚至在高温的夏季,试验路的应变都小于沥青混凝土的永久限值,即预告值比实测值大很多。

(2)对测得的响应值与线弹性模型预告值之间的比较表明,预告的横向应变接近测得横向应变的一半。

(3)预告的纵向应变接近实测纵向应变的两倍。

(4)预告的土基顶面垂直应力接近测得应力的 5 倍。

3)2002 年美国俄亥俄州州际 I-77 公路,将 1 段 2mile 长水泥混凝土路面改建成了长寿命柔性路面:路面结构层总厚 52.1cm。沥青结材料层厚36.9cm,底基层为 15.2cm 厚级配碎石(2002 年铺筑)。沥青面层的具体结构组合为:聚合物改性沥青 PmB3.8cm 厚磨耗层,22.9cm 厚 PmB 大粒径碎石(LSM)混合料基层,10.2cm 厚 PmB 富沥青混凝土抗疲劳层。

曾用载重 115kN 的单轴卡车加载,传感器测得基层底面的拉应变为 30με,远小于原设定的标准 70με,即根据计算拉应变应是 70με,是实测值的 2.33 倍。

4)小结

应该说,利用不同力学计算程序,都能计算得各个结构层底面的应力和应变值,但这些值是否确切,是个问题。利用应变传感器埋设到结构层底部也已有近 20 年历史。但直到 2007 年 10 月,美国堪萨斯州的实测值与计算值仍有相当大的差别,达不到按理论计算值设计路面结构厚度的目的,或按理论计算值计算得的路面结构不能真正符合设计累计标准轴次的需要。所以,用应力或应变作为路面厚度设计的控制指标,实用性不大。

## 三、综合修正系数 $F$

由于弹性层状体系理论的多个假设与半刚性路面和柔性路面的实际情况不

相符，实际测得的路面弯沉值 $l_s$ 常显著小于用弹性层状体系理论计算得的理论弯沉值 $l_t$。因此，从 1978 年开始，在我国沥青路面设计规范中，就利用一个综合修正系数 $F$ 来调整 $l_s$ 与 $l_t$ 之间的不协调，即用式(4-15)来计算 $l_s$ 与 $l_t$ 之间的关系。

$$l_s = F \times l_t \tag{4-15}$$

1986 年、1997 年和 2006 年的路面设计规范中都有综合修正系数的公式，1995 年典型结构课题也提出了综合修正系数 $F$ 的计算式。这些计算式仅适合于按路面设计规范提供的设计参数和厚度计算得到的路面结构的理论弯沉值。对于重载交通长寿命半刚性路面的厚度设计是用经验法确定的，就不需要综合修正系数 $F$ 值。

## 四、重载交通长寿命半刚性路面的厚度设计

本节前面所介绍的沥青路面设计规范所定的设计方法像力学经验法，但力学计算不严密，经验也不充分，而且设计年限只有 15 年，显然不适用于重载交通长寿命半刚性路面的厚度设计。以下介绍的厚度设计是经验性的，它包括已建高速公路半刚性路面的经验，也包括秦皇岛试验路的经验。

1. 近若干年的高速公路半刚性路面

近 10 年来，国内不少高速公路的半刚性基层常采用两层，每层各厚 20cm，半刚性底基层常采用一层厚 20cm，沥青面层厚 18cm。据介绍，施工质量好的竣工路面的单点弯沉值可达到 0.1mm 左右。

2. 重载交通长寿命半刚性路面秦皇岛试验路及生产路段的路面结构

秦皇岛试验路的路面结构见本书第三章第三节。

此试验路的沥青面层厚度为 12cm 的占 62.3%，15cm 的占 15.8%，18cm 的占 21.9%。为什么主要采用厚 12cm 的沥青面层？以下介绍其技术依据。

3. 优选沥青面层厚 12cm 的技术依据

1）室内试验

在 20 世纪 80 年代中七・五国家科技攻关项目期间，长沙交通学院（现长沙理工大学）在室内做光弹应力模拟试验，模拟路面结构所取的参数与当时路面设计规范中的参数（回弹模量和泊松系数）相同。模型沥青面层的厚度有 9cm、12cm 和 15cm 三种。模型在室温下突然降温 30℃，接着计算三种面层表面产生的拉应力。厚 15cm 面层表面的拉应力最大，厚 12cm 面层表面的拉应力最小，厚 9cm 面层表面的拉应力居中。也就是说，面层厚 15cm 时，表面产生的温度裂缝最多；面层厚 12cm 时，产生的温度裂缝最少；面层厚 9cm 时，产生的裂缝数量

居中。当时笔者不相信这个结果。

2)西安试验路

1989年夏完成的西安试验路,沿线最低气温一般为-5℃左右。沥青面层的厚度有9cm、12cm和15cm三种。开放交通后不同时期产生的横向裂缝率(折合成每千平方米的裂缝长度)列于表4-16。

从表4-16可以看到,开放交通3个冬春后,面层厚9cm(共4段)和12cm(共6段)路段开始出现裂缝。5个冬春后,裂缝又增加了,但面层厚15cm的路段尚未出现裂缝。过了6个冬春,面层厚15cm(共2段)的路段开始出现裂缝,但其裂缝率少于面层厚9cm、多于面层厚12cm的路段。7个冬春后,出现了相反的情况,面层厚15cm路段的裂缝率最大,面层厚12cm路段的裂缝率最小,面层厚9cm路段的裂缝率居于前两者之间。8个冬春后也是这种情况,各种路段的平均裂缝率见表4-23。面层厚15cm路段的总裂缝率是面层厚12cm路段的3.58倍,是9cm路段的2.68倍。

**西安试验路不同时期的裂缝率** 表4-16

<table>
<tr><th rowspan="3">面层厚度(cm)</th><th colspan="7">裂缝率(m/1 000m²)</th></tr>
<tr><th rowspan="2">1992年</th><th rowspan="2">1993年</th><th rowspan="2">1994年</th><th rowspan="2">1995年</th><th rowspan="2">1996年</th><th colspan="2">1997年3月</th></tr>
<tr><th>总裂缝率</th><th>横向裂缝①</th></tr>
<tr><td rowspan="4">9</td><td>12.76</td><td>13.66</td><td>16.03</td><td>14.90</td><td rowspan="5">平均<br>7.40</td><td rowspan="5">平均<br>0.235%</td><td rowspan="5">平均<br>7.80</td></tr>
<tr><td>8.06</td><td>8.06</td><td>8.74</td><td>8.88</td></tr>
<tr><td>0.34</td><td>0.26</td><td>0.34</td><td>0.43</td></tr>
<tr><td>0</td><td>0</td><td>0</td><td>0.38</td></tr>
<tr><td>平均</td><td>5.29</td><td>5.50</td><td>6.28</td><td>6.15</td></tr>
<tr><td rowspan="6">12</td><td>0</td><td>0</td><td>0</td><td>0</td><td rowspan="7">平均<br>4.97</td><td rowspan="7">0.176%</td><td rowspan="7">5.85</td></tr>
<tr><td>10.51</td><td>10.35</td><td>10.35</td><td>10.78</td></tr>
<tr><td>0.54</td><td>0.65</td><td>0.75</td><td>1.56</td></tr>
<tr><td>0.32</td><td>0.32</td><td>0.32</td><td>0.32</td></tr>
<tr><td>9.41</td><td>11.20</td><td>10.96</td><td>13.62</td></tr>
<tr><td>1.27</td><td>1.22</td><td>1.39</td><td>1.27</td></tr>
<tr><td>平均</td><td>3.68</td><td>3.96</td><td>3.96</td><td>4.59</td></tr>
<tr><td rowspan="2">15</td><td>0</td><td>0</td><td>0</td><td>10.43</td><td rowspan="3">平均<br>17.5</td><td rowspan="3">0.63%</td><td rowspan="3">13.12</td></tr>
<tr><td>0</td><td>0</td><td>0</td><td>0</td></tr>
<tr><td>平均</td><td>0</td><td>0</td><td>0</td><td>5.22</td></tr>
</table>

注:①折合成每千米长路段贯通裂缝条数(条/km)。

该试验路中有两段 9cm 面层下有 10cm 级配碎石中间层，直到 6 个冬春后其中一段仍无任何裂缝，另一段的裂缝率为 13.03，两段平均为 6.51。另两段 12cm 面层下有 20cm 级配碎石中间层，6 个冬春后，一段无裂缝，另一段横向裂缝 3.83m/1 000$m^2$，另有网裂 39.05$m^2$。到 1997 年春，这四段的横缝率为 7.67m/1 000$m^2$，总裂缝率为 1.662%，单纯就横向裂缝而言，大致与 9cm 面层相当，但总裂缝率则要大很多，其原因主要是其中一段有 20cm 级配碎石中间层表面产生了严重网裂。

3）长农试验路

1993 年夏完成的长春—农安试验路，沿线最低气温为 -26℃多。

沥青面层的厚度有 9cm、12cm 和 15cm 三种。开放交通后不同时间的裂缝率列于表 4-17。

**长春—农安试验路不同时间的裂缝率**　　表 4-17

| 面层厚度（cm） | 路段长（m） | 裂缝率（m/1 000$m^2$） | | | | |
|---|---|---|---|---|---|---|
| | | 1993 年冬 | 1994 年春 | 1995 年春 | 1996 年春 | 1997 年春 |
| 9 | 3 423 | 38.5 | 40.5 | 44.5 | 61.2 | 68.8 |
| 12 | 795 | 31.0 | 37.5 | 41.5 | 53.5 | 56.5 |
| 15 | 660 | 32.0 | 39.5 | 44.0 | 57.8 | 74.0 |

由表 4-17 可以看到，当年冬天各段沥青面层都产生了裂缝。到第 2 年的春融季节，裂缝又增加了。其中面层厚 12cm 路段的裂缝最少，厚 9cm 路段的裂缝最多。过了 4 个冬季，面层厚 15cm 路段的裂缝率最大，面层厚 12cm 路段的裂缝率最小，面层厚 9cm 路段的裂缝率介于两者之间。

上述两条试验路得到了相同的结果。它说明并不是面层愈厚，裂缝愈少，而且试验路的结果竟与室内光弹应力模拟试验和温度应力的计算结果相符合。

4）《公路沥青路面设计规范》

我国沥青路面设计规范中，只是对不同矿料级配的最小厚度有如下规定：

（1）对于密级配沥青混合料：

AC-16——最小压实厚度 4cm

AC-25——最小压实厚度 7cm

（2）对于：SMA-16——最小压实厚度 4cm

SMA-20——最小压实厚度 5cm

沥青路面设计规范和施工技术规范都没有对整个沥青面层的厚度有任何规定，所以我国早期高速公路沥青面层的厚度一般先是9～11cm，广深高速公路由于其特殊情况，沥青面层厚32cm。

4.通车一年后的检测

秦皇岛长寿命半刚性路面于2007年12月竣工通车。2008年10月上旬试验路多指标的检测结果如下：

1）试验路的实测代表弯沉值

试验路的实测代表弯沉值，见表4-18和表4-19。表中代表弯沉值都具有97.7%的概率，即代表弯沉值＝平均值＋2×标准差（$S$）。

**秦皇岛—唐山方向弯沉测量结果（×0.01mm）** 表4-18

| 序号 | 桩号 | $N$ | 左轮 | | | | 右轮 | | | |
|---|---|---|---|---|---|---|---|---|---|---|
| | | | 平均 | $S$ | $C_v$ | 代表 | 平均 | $S$ | $C_v$ | 代表 |
| 1 | K0+060～K0+919 | 80 | 9.76 | 2.23 | 22.82 | 14.22 | 8.66 | 1.85 | 21.35 | 12.36 |
| 2 | K0+937～K1+310 | 35 | 10.65 | 2.42 | 22.78 | 15.49 | 9.36 | 2.16 | 23.04 | 13.68 |
| 3 | K1+310～K1+720 | 39 | 8.59 | 1.88 | 21.89 | 12.35 | 8.32 | 2.19 | 26.35 | 12.70 |
| 4 | K1+720～K2+670 | 83 | 9.36 | 2.33 | 24.91 | 14.05 | 8.89 | 2.25 | 25.32 | 13.39 |
| 5 | K2+807～K4+000 | 29 | 9.63 | 2.78 | 28.83 | 15.19 | 9.77 | 2.22 | 22.77 | 14.21 |
| 6 | K4+000～K5+036 | 93 | 9.65 | 2.06 | 21.32 | 13.77 | 9.66 | 2.32 | 24.06 | 14.30 |
| 7 | K5+036～K6+000 | 65 | 10.07 | 2.93 | 29.15 | 15.93 | 9.64 | 2.64 | 27.37 | 14.92 |

**唐山—秦皇岛方向弯沉测量结果（×0.01mm）** 表4-19

| 序号 | 桩号 | $N$ | 左轮 | | | | 右轮 | | | |
|---|---|---|---|---|---|---|---|---|---|---|
| | | | 平均 | $S$ | $C_v$ | 代表 | 平均 | $S$ | $C_v$ | 代表 |
| 1 | K0+060～K0+919 | 84 | 8.66 | 2.07 | 23.92 | 12.80 | 7.84 | 1.07 | 21.63 | 9.98 |
| 2 | K0+937～K1+310 | 35 | 9.68 | 2.17 | 22.42 | 14.02 | 8.66 | 2.08 | 23.98 | 12.82 |
| 3 | K1+310～K1+720 | 40 | 7.34 | 1.37 | 18.63 | 10.08 | 7.30 | 1.42 | 19.41 | 10.14 |
| 4 | K1+720～K2+670 | 85 | 8.22 | 1.90 | 23.15 | 12.02 | 7.85 | 1.77 | 22.53 | 11.38 |
| 5 | K2+807～K4+000 | 28 | 8.14 | 2.93 | 35.95 | 14.00 | 8.25 | 2.62 | 31.72 | 13.49 |
| 6 | K4+000～K5+036 | 91 | 9.59 | 2.26 | 23.58 | 14.11 | 9.02 | 2.58 | 28.61 | 14.18 |
| 7 | K5+036～K6+000 | 66 | 9.08 | 2.35 | 25.94 | 13.78 | 8.23 | 1.93 | 23.42 | 12.09 |

表中正规试验路除第2段特殊路段外（地基很不均匀），代表弯沉值在0.10~0.14mm之间，对比段的代表弯沉值在0.13~0.14mm之间。

2）不同代表弯沉值能承担的ESAL（100kN）

用现行沥青路面设计规范中计算弯沉的公式，可计算得：

实测弯沉值 $l_s$ 包括表4-18和表4-19中的实测代表弯沉值，所能承担的累计标准轴载算例：

现行路面设计规范针对半刚性路面设计弯沉值的计算公式为

$$l_d = \frac{6}{n_e^{0.2}}(\text{mm})$$

用此公式可以反算得出不同 $l_s$ 值能承担的ESAL

$$n_e^{0.2} = \frac{6}{l_d}$$

令式中的 $l_d = l_s$

$$0.2\lg n_e = \lg 6 - \lg l_s$$

（1）如 $l_s = 0.10$mm，则

$$0.2\lg n_e = 0.778\,15 - \lg 0.10$$

$$0.2\lg n_e = 0.778\,15 - (-1.000)$$

$$= 1.778\,15$$

$$\lg n_e = 8.890\,8$$

$n_e = 777\,588\,806$ 万，即7亿7 759万个标准轴次

（2）如 $l_s = 0.13$mm，则

$$0.2\lg n_e = 0.778\,15 - \lg 0.13$$

$$= 0.778\,15 - (-0.886\,1)$$

$$= 1.664\,25$$

$$\lg n_e = 8.321\,25$$

$n_e = 209\,532\,000$ 万，即2亿953万个标准轴次

（3）如 $l_s = 0.14$mm，则

$$0.2\lg n_e = 0.778\,15 - \lg 0.14$$

$$= 0.778\,15 + 0.853\,87$$

$$= 1.632\,0$$

$$\lg n_e = 8.160\,1$$

$n_e = 14\,457\,726$ 万，即 1 亿 4 458 万个标准轴次

（4）如 $l_s = 0.154\,9\text{mm}$，则

$$0.2\lg n_e = 0.778\,15 - \lg 0.154\,9$$
$$= 0.778\,15 + 0.801\,0$$
$$= 1.579\,15$$
$$\lg n_e = 7.895\,75$$

$n_e = 78\,659\,286$，即 7 866 万个标准轴次

（5）生产路段 $l_s = 0.159\,3\text{mm}$，则

$$0.2\lg n_e = 0.778\,15 - \lg 0.159\,3$$
$$= 0.778\,15 + 0.797\,78$$
$$= 1.575\,93$$
$$\lg n_e = 7.879\,65$$

$n_e = 75\,796\,648$，即 7 580 万个标准轴次

上述算例的具体结果都归纳如下：

| $l_s$(mm) | 能承受的 ESAL |
|---|---|
| 0.10 | 7 亿 7 759 万次 |
| 0.13 | 2 亿 953 万次 |
| 0.14 | 1 亿 4 458 万次 |
| 0.159 4 | 7 786 万次 |
| 0.159 3 | 7 580 万次 |

因此，从承载能力看，此试验路应能达到长寿命要求。

## 五、半刚性材料的泊松比对表面弯沉、应力和应变的影响

### 1. 泊松比的定义

以往我国对于柔性路面结构的设计和对半刚性路面结构的设计，采用了同一个泊松比。在两种材料的回弹模量和厚度相同的情况下，泊松比相同，表示两种材料的力学性质是一样的。因此，计算得到的路面结构的各个力学指标值是相等的。但是，有两个路面结构，一个是柔性路面结构，沥青面层厚 10cm，沥青混凝土的回弹模量 $E_1 = 1\,000\text{MPa}$，其下是级配碎石基层，厚 20cm，回弹模量 $E_2 = 400\text{MPa}$，土基的 $E_0 = 50\text{MPa}$。另一个是半刚性路面结构，沥青路面的厚度和回弹模量 $E_1$ 均与柔性路面相同，半刚性材料基层是石灰土，厚 20cm，回弹模量 $E_2 = 400\text{MPa}$，$E_0 = 50\text{MPa}$。用路面力学计算程序计算得的两种路面的路表弯沉值，路面结构中的应力、应变都相同。但以往的试验已经证明，实际野外试验得

到的柔性路面路表的弯沉值较大，弯沉盆小，曲率半径也小；半刚性路面路表的弯沉值较小，弯沉盆大，曲率半径也大，两者有明显的差别。以往的实践还证明，测量柔性路面的回弹弯沉时，用前臂长2.4m的杠杆式弯沉仪（也称贝克曼梁）就可以，仪器的支点可完全在弯沉盆外；测量半刚性路面的弯沉盆时，常要用前臂长3.6m的弯沉仪。有时发觉即使前臂长3.6m的弯沉仪，其支点还在弯沉盆内。很多实践经验都证明，实际这两种不同路面结构的力学性质有明显差别。

在路面力学计算程序BISAR 3中，还有一个参数——泊松比是留给使用者选定的。泊松比的定义是：某种材料的试件，在受到垂直荷载作用时，会产生一个垂直形变，同时也可能产生一个水平的侧向形变，水平侧向形变与垂直形变的比值被称做泊松比（$\mu$）。沥青混凝土试件在高温及常温时，在路上可能发生的荷载作用下，都会既有垂直形变，又有水平侧向形变，高温时的侧向形变会大于常温时的值，也就是有泊松比（$\mu$），习惯上取其值为$\mu=0.25$，其他不同类型的沥青混凝土或沥青稳定碎石也有泊松比，实际上其值不会是一样的。但为了简单起见，至今只要是柔性材料，含无法进行测试的级配碎石的泊松比都取0.25。水泥混凝土、已完全结硬的半刚性材料的试件，在实际可能产生的最大垂直荷载作用下的垂直形变是很小的，常只有千分之几毫米，水平侧向形变难于准确测量，其值可能不到垂直形变的十分之一。因此，对于全部半刚性路面材料来说，取其泊松比$\mu$在0.1～0.3之间是比较合适的。笔者建议水泥混凝土和强度较高的半刚性基层材料可取$\mu=0.1$，强度较低的半刚性底基层材料可取$\mu=0.15$。

### 2. 泊松比$\mu$值对路面力学计算结果的影响

用BISAR3.0计算不同$\mu$值对路面力学指标值的影响。

设沥青混凝土面层厚度$h_1=0.23$m，水泥碎石或水泥砂砾基层厚度$h_2=0.30$m，石灰土底基层厚度$h_3=0.30$m；相应材料的回弹模量$E_1=1\,500$MPa，$E_2=800$MPa，$E_3=400$MPa，$E_0=50$MPa；沥青混凝土的$\mu_1=0.25$，水泥碎石等基层的$\mu_2=0.1$，石灰土、二灰土等底基层的$\mu_3=0.15$。土基的$\mu_0=0.35$，轴载100kN，轮胎充气压力$P=0.7$MPa，双轮、每个轮胎着地面积当量圆的半径为0.106 5m。

1）计算结果

针对上述参数，计算得的不同$\mu$值时路面结构不同力学指标的值列在表4-20和表4-21中。表4-20中是用习惯所用的泊松比计算的，表4-21是用笔者建议的泊松比计算得的，表中符号代表的意义同表4-1。

习惯用的泊松比 $\mu_1=\mu_2$、$=\mu_3=0.25$　$\mu_0=0.35$　表 4-20

| 层位 | $\sigma_{xx}$(MPa) | $\sigma_{yy}$(MPa) | $\sigma_z$(MPa) | $\varepsilon_{xx}$(μm) | $\varepsilon_{yy}$(μm) | $l_t$(mm) |
|---|---|---|---|---|---|---|
| 面层 | -0.274 | **0.052 6** | — | -191.6 | **80.75** | **0.350 7** |
| | **0.067 4** | -0.008 4 | — | **69.65μm** | **6.54** | — |
| 基层 | 0.014 1 | -0.026 3 | — | **69.63** | 6.54 | — |
| | **0.049 4** | +0.043 1 | — | **58.95** | 49.13 | — |
| 底基层 | 0.019 0 | +0.015 9 | — | 58.95 | 49.13 | — |
| | **0.036 4** | +0.034 7 | — | **74.74** | 69.57 | — |
| 土基 | 0.000 87 | -0.000 68 | **-0.008 867** | 74.72 | 69.56 | — |

表中面层、基层和底基层均有 2 行,上行指层的表面,下行指层的底面,土基仅指表面。表中正值指拉,负值指压。

半刚性基层和底基层的泊松比 $\mu_2=0.1$,$\mu_3=0.15$　$\mu_1$ 和 $\mu_0$ 不变　表 4-21

| 层位 | $\sigma_{xx}$(MPa) | $\sigma_{yy}$(MPa) | $\sigma_z$(MPa) | $\varepsilon_{xx}$(μm) | $\varepsilon_{yy}$(μm) | $l_t$(mm) |
|---|---|---|---|---|---|---|
| 面层 | -0.265 9 | **0.058 2** | — | -187.0 | **83.15** | **0.343 8** |
| | **0.047 4** | -0.020 4 | — | **58.56** | **2.046** | — |
| 基层 | 0.031 8 | -0.009 3 | — | 58.55 | 2.052 | — |
| | **0.044 8** | 0.038 2 | — | **55.38** | 46.38 | — |
| 底基层 | 0.019 6 | 0.016 45 | — | 55.38 | 46.38 | — |
| | **0.033 2** | 0.031 4 | — | **74.52** | 69.38 | — |
| 土基 | 0.000 89 | 0.000 7 | **-0.008 807** | 74.51 | 69.37 | — |

表 4-21 是按笔者建议的 $\mu$ 值计算得的结果。

2)表的分析

(1)$x$ 轴方向,面层、基层和底基层底面的应力和应变都是拉(表中黑体数值)。

(2)$y$ 轴方向,面层的表面为拉应力,面层的表面和底面均为拉应变,而且随 $\mu$ 值改变,拉应力和拉应变都在增大。

(3)以表 4-20 中各结构层的泊松比全取 $\mu=0.25$ 计算得的指标值为 1.0,用其他不同 $\mu$ 值(仅 $\mu_1$ 为 0.25)计算得的指标值列在表 4-22 中。

**不同$\mu$值计算的各指标值的差异**　　表4-22

| $\mu$值 | $\mu_1=\mu_2=\mu_3=0.25$ | $\mu_2=\mu_3=0.2$ | $\mu_2=\mu_3=0.15$ | $\mu_2=0.1,\mu_3=0.15$ | $\mu_2=\mu_3=0.1$ |
|---|---|---|---|---|---|
| $\sigma_{y,0}$ | 1.0 | 1.036 | 1.078 | 1.106 | 1.122 |
| $\sigma_{x,1}$ | 1.0 | 0.899 | 0.800 | 0.703 | 0.699 |
| $\sigma_{x,2}$ | 1.0 | 0.957 | 0.917 | 0.907 | 0.883 |
| $\sigma_{x,3}$ | 1.0 | 0.956 | 0.920 | 0.912 | 0.885 |
| $\varepsilon_{y,0}$ | 1.0 | 1.010 | 1.022 | 1.030 | 1.034 |
| $\varepsilon_{x,1}$ | 1.0 | 0.947 | 0.893 | 0.841 | 0.840 |
| $\varepsilon_{x,2}$ | 1.0 | 0.973 | 0.945 | 0.939 | 0.918 |
| $\varepsilon_{x,3}$ | 1.0 | 1.003 | 1.005 | 0.997 | 1.005 |
| $\sigma_{z,4}$ | 1.0 | 1.001 | 1.000 | 0.993 | 0.966 |
| $l_t$ | 1.0 | 0.993 | 0.985 | 0.980 | 0.977 |

表4-22中的数据表明：

①基层和底基层的$\mu_2$和$\mu_3$变化，都会导致$y$轴方向面层顶面的拉应力和拉应变增加，而其他指标值除底基层底面的拉应变略有增加外，其余都降低。

②表4-22中第5列是用笔者建议的$\mu_2=0.1$和$\mu_3=0.15$计算得到的指标值。与至今路面结构层习惯采用同一个$\mu=0.25$比，对于半刚性路面，采用不同$\mu$值后，$y$轴方向面层表面的拉应力$\sigma_{y,0}$要增大10.6%，拉应变要增大3%，对面层产生纵向裂缝的影响不大。$x$轴方向面层底面是拉应力和拉应变，但此拉应力缩小了30%，拉应变缩小了16%。

③面层底面、基层底面和底基层底面$x$轴方向的拉应力$\sigma_{x,1}$、$\sigma_{x,2}$和$\sigma_{x,3}$都显著减小了。$\sigma_{x,1}$减小了30%，$\sigma_{x,2}$减小了9.3%，$\sigma_{x,3}$减小了8.8%。

④面层底面、基层底面和底基层底面的拉应变也都减小了。$\varepsilon_{x,1}$减小了15.9%，$\varepsilon_{x,2}$减小了6.1%，$\varepsilon_{x,3}$只减小了0.3%。

⑤土基顶面的压应力基本无变化。

⑥路表弯沉值$l_t$的变化也不大，只减小了2%。

3）结论

为了真实反映半刚性路面的特性，建议半刚性基层采用$\mu=0.10$，半刚性底基层采用$\mu=0.15$。

## 六、半刚性基层沥青混凝土路面各个力学指标间都有很好的相关性

利用BISAR3.0可以方便地计算得任何路面结构中任意一点的应力、应变

和位移。

1. 采用的路面结构

沥青面层 $h_1=4\text{cm}$，$E_1=1\ 400\text{MPa}$；$h_2=5\text{cm}$，$E_2=1\ 200\text{MPa}$；$h_3=6\text{cm}$，$E_3=1\ 000\text{MPa}$。基层水泥稳定碎石 $h_4=40\text{cm}$，$E_4=1\ 500\text{MPa}$。底基层 $h_5=36\text{cm}$，$E_5=550\text{MPa}$。

2. 用习惯取的泊松比

根据以往习惯，对于面层、基层、底基层，取其泊松比为 0.25，土基的 $E_0$ 取 60～20MPa，其泊松比 0.35。路面力学计算结果列在表 4-23。

**用习惯泊松比时路面结构的指标值**

表 4-23

| $E_0$ (MPa) | 路表弯沉 $l_t$ (mm) | 底基层底面拉应力 $\sigma_{xx,3}$ (MPa) | 底基层底面拉应变 $\varepsilon_{xx,3}$ (μm) | 土基顶面压应力 $\sigma_0$ (μm) | 土基顶面压应变 $\varepsilon_0$ (μm) |
|---|---|---|---|---|---|
| 60 | 0.273 5 | 0.033 9 | 50.14 | 0.007 4 | 129.1 |
| 50 | 0.302 8 | 0.036 4 | 53.34 | 0.006 6 | 138.5 |
| 45 | 0.321 4 | 0.037 9 | 55.17 | 0.006 2 | 143.9 |
| 40 | 0.343 8 | 0.039 5 | 57.19 | 0.005 8 | 150.2 |
| 35 | 0.371 5 | 0.041 4 | 59.46 | 0.005 3 | 157.3 |
| 30 | 0.476 7 | 0.043 4 | 62.05 | 0.004 8 | -165.8 |
| 25 | 0.453 4 | 0.045 8 | 65.06 | 0.004 3 | -176.0 |
| 20 | 0.518 9 | 0.048 6 | 68.67 | 0.003 7 | -188.9 |

注：应力、应变数值前有符号 - 者为压，否则为拉。

由表 4-23 所列计算结果，可以计算得各个指标间的相关方程为：

①$l_t=0.649\ 0-0.006\ 4E_0$　　$r=-0.951\ 5$　　$r^2=0.905\ 4$

②$\varepsilon_0=73.61+215.81l_t$　　$r=-0.967\ 68$　　$r^2=0.936\ 4$

③$\sigma_{xx,3}=0.020\ 55+0.053\ 1l_t$　　$r=0.967\ 25$　　$r^2=0.935\ 58$

④$\varepsilon_{xx,3}=33.28+66.89l_t$　　$r=0.967\ 52$　　$r^2=0.936\ 1$

⑤$\varepsilon_{xx,3}=7.42+1\ 259.1\sigma_{xx,3}$　　$r=0.999\ 97$　　$r^2=0.999\ 94$

⑥$\sigma_0=0.010\ 6-0.013\ 2l_t$　　$r=-0.963\ 86$　　$r^2=0.929\ 0$

由上列方程可以看到，在路面结构及其模量不变的情况下，$E_0$ 从 60MPa 变化到20MPa，计算得到的各个指标间，都有很好的相关性，特别是拉应力与拉应变之间的相关性更好。

3. 用笔者建议的泊松比

将半刚性基层的泊松比取作0.1，半刚性底基层的泊松比取作0.15，计算得的路面结构指标值见表4-24。

**半刚性材料取不同泊松比时路面结构的指标值**　　表4-24

| $E_0$ (MPa) | 路表弯沉 $l_t$ (mm) | 基层底面 | | 底基层底面 | | 土基顶面压应变 $\varepsilon_0$ (μm) |
|---|---|---|---|---|---|---|
| | | 拉应力 $\sigma_{xx,2}$ (MPa) | 拉应变 $\varepsilon_{xx,2}$ (μm) | 拉应力 $\sigma_{xx,3}$ (MPa) | 拉应变 $\varepsilon_{xx,3}$ (μm) | |
| 60 | 0.270 4 | 0.056 1 | 36.60 | 0.030 9 | 50.21 | 129.4 |
| 50 | 0.299 7 | 0.057 8 | 37.56 | 0.033 2 | 53.58 | 139.1 |
| 45 | 0.318 4 | 0.058 7 | 38.12 | 0.034 5 | 55.50 | 144.8 |
| 40 | 0.340 9 | 0.059 8 | 38.74 | 0.036 0 | 57.64 | 151.3 |
| 35 | 0.368 7 | 0.061 0 | 39.46 | 0.037 6 | 60.03 | 158.6 |
| 30 | 0.404 1 | 0.062 5 | 40.28 | 0.039 5 | 62.76 | 167.4 |
| 25 | 0.451 0 | 0.064 1 | 41.25 | 0.041 6 | 65.93 | 178.0 |
| 20 | 0.516 8 | 0.066 2 | 42.43 | 0.044 2 | 69.73 | 191.4 |

4. 计算相关方程

对比表4-23和表4-24可以看到：路表弯沉值等指标值略有变化。

由表4-24所列计算结果，可以计算得各个指标间的相关方程为：

①$l_t = 0.598\,1 - 0.005\,95E_0$　　$r = -0.962\,75$　　$r^2 = 0.926\,9$

②$\varepsilon_0 = 65.234 + 247.376l_t$　　$r = -0.995\,71$　　$r^2 = 0.991\,44$

③$\sigma_{xx,3} = 0.017\,35 + 0.053\,43l_t$　　$r = 0.991\,79$　　$r^2 = 0.983\,6$

④$\varepsilon_{xx,3} = 30.31 + 78.43l_t$　　$r = 0.992\,11$　　$r^2 = 0.984\,3$

⑤$\varepsilon_{xx,3} = 4.85 + 1\,467.45\sigma_{xx,3}$　　$r = 0.999\,99$　　$r^2 = 0.999\,98$

⑥$\sigma_{xx,2} = 0.045\,7 + 0.040\,6l_t$　　$r = 0.994\,22$　　$r^2 = 0.988\,5$

⑦$\varepsilon_{xx,2} = 30.58 + 23.49l_t$　　$r = 0.993\,95$　　$r^2 = 0.987\,9$

⑧$\varepsilon_{xx,2} = 4.14 + 578.6\sigma_{xx,2}$　　$r = 0.999\,95$　　$r^2 = 0.999\,90$

分别根据表4-23和表4-24计算的不同指标间的相关方程，前5个方程所用的配对指标是相同的。从这5对指标相关方程的确定性 $r^2$ 看，显然用笔者建议的 $\mu$ 值优于习惯用的 $\mu$ 值。

## 七、两种不同轴载的比较

上面的计算都采用后轴重 100kN 的 BZZ-100 作为标准轴载。考虑到当前高速公路上行驶的重型货车中，往往后轴重达 140kN 和 150kN 的货车占的比例比较大。后轴重超过 200kN 的货车也常有。

下面用 BZZ-100 与后轴重 180kN 两种轴载，对同一种路面结构计算其路面结构中的各个力学技术指标，以便了解后轴重从 100kN 增加到 180kN，对各个技术指标的影响程度。

1. 荷载参数

1) BZZ-100 的荷载参数为：着地单位压力 $P = 700\text{kPa}$（相当于 $7\text{kg/cm}^2$），双圆荷载一个当量圆的半径 $r = 0.1065\text{m}$，$yy$ 轴方向的坐标 0.159 8 ~ −0.159 8m。

2) 180kN 后轴重的荷载参数为

$P = 900\text{kPa}$，$r = 0.1262\text{m}$，$yy$ 轴方向的坐标 0.189 3m ~ −0.189 3m。

2. 路面结构与计算参数

沥青混凝土面层厚 $h_1 = 18\text{cm}$，水泥级配粒料基层厚 $h_2 = 30\text{cm}$，三种底基层厚 $h_3 = 40\text{cm}$，隔断层厚 1.5m。

面层的回弹模量 $E_1 = 1\,000\text{MPa}$，基层的模量 $E_2 = 1\,500\text{MPa}$，三种底基层的回弹模量 $E_3$ 分别为 900/500/300MPa，隔断层内土基的 $E_0 = 50\text{MPa}$，隔断层下路基的模量 $E_{0,0}$ 分别为 30 和 35MPa。沥青面层的 $\mu_1 = 0.25$，水泥结基层的 $\mu_2 = 0.10$，半刚性底基层的 $\mu_3 = 0.15$，土基的 $\mu_4 = 0.35$。

3. 路面力学计算结果

底基层 3 个模量 900/500/300MPa 的结果计算后归纳如下：

1) BZZ-100 的计算结果

隔断层下路基的回弹模量：

| | $E_{0,0} = 35\text{MPa}$ | $E_{0,0} = 30\text{MPa}$ |
|---|---|---|
| $l_t$(mm) | 0.364 4/0.393 3/0.419 9 | 0.502 4/0.535 3/0.565 0 |
| $\sigma_{xx,1}$(MPa) | −0.064 1/ −0.065 7/ −0.067 2 | −0.066 3/ −0.067 8/ −0.069 3 |
| $\sigma_{zz,0,0}$(MPa) | −0.003 5/0.116/0.105 | −0.003 1/ −0.003 5/ −0.003 9 |
| $\sigma_{yy,1,0}$(MPa) | 0.129/0.116/0.105 | 0.125/0.113/0.101 |
| $\varepsilon_{xx,3}$(μm) | −0.003 5/ −0.004 0/ −0.004 4 | 52.93/66.73/76.64 |

| | | |
|---|---|---|
| $\varepsilon_{zz,0,0}$(μm) | −73.13/−84.95/−94.58 | −70.51/−82.30/−91.85 |

2)后轴重180kN的计算结果

| | $E_{0,0}=35$MPa | $E_{0,0}=30$MPa |
|---|---|---|
| $l_t$(mm) | 0.632 9/0.684 3/0.731 7 | 0.880 8/0.939 4/0.992 4 |
| $\sigma_{xx,1}$(MPa) | −0.102/−0.105/−0.107 | −0.106/−0.108/−0.111 |
| $\sigma_{zz,0,0}$(MPa) | −0.006 2/−0.007 1/−0.007 8 | −0.005 5/−0.006 3/−0.007 0 |
| $\sigma_{yy,1,0}$(MPa) | 0.139/0.119/0.108 | 0.113/0.112/0.092 6 |
| $\varepsilon_{xx,3}$(μm) | −0.003 5/−0.004 0/−0.004 4 | 93.93/118.5/136.1 |
| $\varepsilon_{zz,0,0}$(μm) | −73.13/−84.95/−94.58 | −126.4/−147.2/−164.3 |

4. 力学指标分析

对比后轴重180kN与100kN在路面结构层的路表弯沉值等的关系。以100kN时的指标值为1.00,计算180kN时的指标值(为100kN时的倍数)如下:

$E_{0,0}=35$MPa

| | | |
|---|---|---|
| 路表弯沉值 $l_t$(mm) | 1.737/1.740/1.743 | 平均1.740 |
| 面层底面压应力 $\sigma_{xx,1}$(MPa) | 1.591/1.598/1.592 | 平均1.594 |
| 土基顶面压应力 $\sigma_{zz,0,0}$(MPa) | 1.771/1.775/1.773 | 平均1.773 |
| 面层顶面拉应力 $\sigma_{xx,3}$(MPa) | 1.078/1.026/1.028 | 平均1.044 |
| 底基层底面拉应力 $\sigma_{xx,3}$(MPa) | 1.770/1.768/1.770 | 平均1.769 |
| 路基顶面压应变 $\varepsilon_{zz,0,0}$(μm) | 1.789/1.789/1.789 | 平均1.789 |

$E_{0,0}=30$MPa

| | | |
|---|---|---|
| 路表弯沉值 $l_t$(mm) | 1.753/1.755/1.756 | 平均1.755 |
| 面层底面压应力 $\sigma_{xx,1}$(MPa) | 1.598/1.593/1.602 | 平均1.598 |
| 基层底面拉应力 $\sigma_{xx,2}$(MPa) | 1.671/1.670/1.692 | 平均1.678 |
| 底基层底面拉应力 $\sigma_{xx,3}$(MPa) | 1.771/1.769/1.772 | 平均1.771 |
| 路基顶面压应变 $\varepsilon_{zz,0,0}$(μm) | 1.774/1.800/1.795 | 平均1.790 |
| 面层顶面拉应力 $\sigma_{yy,1,0}$(MPa) | 1.064/0.991/0.917 | 平均0.991 |

5. 小结

后轴重由100kN增加到180kN,即后轴重增为1.8倍时:

1)面层底面均为压应力,只是后者的压应力较前者平均增大为 1.594 倍($E_{0,0}$ =35MPa) ~ 1.598 倍($E_{0,0}$ = 30MPa),后轴重 100kN 时,面层底面为拉应变,但 180kN 时,面层底面为压应变(仅指 $E_{0,0}$ =30MPa)。$E_{0,0}$ =35MPa 时,面层底面是拉应变。

2)基层底面均为拉应力,只是 180kN 时,拉应力平均增大为 1.681 倍($E_{0,0}$ =35MPa)和 1.678 倍($E_{0,0}$ = 30MPa),基层底面均为拉应变,只是 180kN 时,拉应变平均增大为 1.687 ~ 1.688 倍。

3)底基层底面均为拉应力,只是 180kN 时,拉应力平均增大为 1.769 ~ 1.771倍,$E_{0,0}$ =30MPa 时底基层底面均为拉应变,只是 180kN 时,拉应变平均增大为1.769 ~ 1.776 倍。$E_{0,0}$ =35MPa 时,底基层底面为压应变。

4)路基顶面均为压应力,只是 180kN 时,压应力平均增大为 1.773 ~ 1.790 倍,路基顶面均为压应变,只是 180kN 时,压应变平均增大为 1.789。

5)路表拉应力($\sigma_{yy,1,0}$)与拉应变无一定规律,但都是随底基层回弹模量减小而减小。

6)路表理论弯沉值随轴载增加而增大,平均增大 1.740 ~ 1.755 倍。

在此提出一个问题,既然后轴重增大到 180kN,即为标准轴载的 1.8 倍时,路面结构中各个力学指标值,特别是路表弯沉值,基层和底基层底面的拉应力也大致增大为标准轴载时各个相应力学指标值的 1.74 ~ 1.77 倍,那么,以弯沉等效为原则的轴载换算公式又该如何考虑?

# 第五章　重载交通长寿命沥青面层的设计理论及应用

## 第一节　SAC 系列矿料级配的设计理论

### 一、传统连续式密级配沥青混凝土

早在20世纪初美国学者 Fuller(富勒)就发表了确定沥青混凝土矿料级配的计算公式,见式(5-1):

$$P_{d_i} = \left(\frac{d_i}{D_{max}}\right)^{0.5} \times 100 \tag{5-1}$$

式中:$d_i$——某筛孔尺寸(mm);

$P_{d_i}$——筛孔 $d_i$ 的通过质量百分率(%);

$D_{max}$——所用级配的最大粒径(mm)。

由于用式(5-1)计算所得的矿料级配是连续式密实级配,同时在美国已使用了近百年,所以在美国常称其为传统的连续式密级配。按式(5-1)计算得的级配见表5-1。1964年美国联邦公路局将幂值0.5改为0.45。实际上是使矿料级配更密实些。约在20世纪70年代,又产生了富勒公式的变种,即所谓的泰尔波尔(Talbol)公式。他建议将式(5-1)中的幂值从一个定值变为一个范围,即变为0.35~0.75,实际上它包括了很密实的级配到半开级配。这种个别研究人员的观点,在美国并未得到应用。

我国沥青路面施工规范中的AC××-I,即I型源自富勒公式,而AC××-II,即II型实质上源自泰尔波尔公式。按富勒公式和泰尔波尔公式计算得的矿料级配见表5-1。

**连续式矿料级配随幂值的变化**(以 AC-25 和 AC-16 为例)(粗集料) 表 5-1a

| 公式 | | 通过下列筛孔(mm)的质量百分率(%) | | | | | |
|---|---|---|---|---|---|---|---|
| | | 26.5 | 19 | 16 | 13.2 | 9.5 | 4.75 |
| 富勒幂值 | 0.50 | 100 | 84.7 | 77.7 | 70.6 | 60.0 | 42.3 |
| | 0.45 | 100 | 86.1 | 79.7 | 73.1 | 63.0 | 46.1 |
| 泰尔波尔幂值 | 0.60 | 100 | 81.9 | 73.9 | 65.8 | 54.0 | 35.7 |
| | 0.65 | — | 80.6 | 72.0 | 63.6 | 51.3 | 32.7 |
| | 0.70 | — | 79.2 | 70.2 | 61.4 | 48.8 | 30.0 |
| | 0.75 | — | 77.9 | 68.5 | 59.3 | 46.3 | 27.5 |
| AC-25I 型① | | 95~100 | 75~90 | 62~80 | 53~73 | 43~63 | 32~52 |
| AC-25II 型 | | 90~100 | 65~85 | 52~70 | 42~62 | 32~52 | 20~40 |
| 富勒幂值 | 0.50 | — | 100 | 91.8 | 83.3 | 70.7 | 50.0 |
| | 0.45 | — | 100 | 92.6 | 84.9 | 73.2 | 53.6 |
| 泰尔波尔幂值 | 0.60 | — | 100 | 90.2 | 80.4 | 66.0 | 43.5 |
| | 0.70 | — | 100 | 84.2 | 77.5 | 61.6 | 37.9 |
| AC-16I 型② | | — | 100 | 95~100 | — | 70~80 | 50~65 |
| AC-16II 型 | | — | 100 | 95~100 | — | 50~70 | 30~50 |

注:①表中 AC-25I 型和 AC-25II 型均为 1994 年规范推荐的级配。从表 5-1a 粗集料的级配可看到 AC-25I 型接近原富勒曲线,AC-25II 型接近泰尔波尔的幂值 0.75。细集料的级配见表 5-1b。由表 5-1b 看到,AC-25I 型接近幂值 0.45,AC-II 型接近幂值 0.60。在此需注意用公式计算得的级配是一根曲线,而我国规范中的级配有一个相当宽的范围。

②1986 年路面施工规范所用 AC-16 级配,表中以方孔筛表示。AC-16I 型接近富勒曲线,AC-16II 型接近泰尔波尔幂值 0.60。

**连续式矿料级配随幂值的变化**(细集料) 表 5-1b

| 公式 | | 通过下列筛孔(mm)的质量百分率(%) | | | | | |
|---|---|---|---|---|---|---|---|
| | | 2.36 | 1.18 | 0.6 | 0.3 | 0.15 | 0.075 |
| 富勒幂值 | 0.50 | 29.8 | 21.1 | 15.0 | 10.6 | 7.5 | 5.3 |
| | 0.45 | 33.7 | 23.9 | 18.2 | 13.3 | 9.7 | 7.1 |
| 泰尔波尔幂值 | 0.60 | 23.4 | 15.5 | 10.3 | 6.8 | 4.5 | 3.0 |
| | 0.65 | 20.8 | 13.2 | 8.5 | 5.4 | 3.5 | 2.2 |
| | 0.70 | 18.4 | 11.3 | 7.1 | 4.3 | 2.7 | 1.6 |
| | 0.75 | 16.3 | 9.7 | 8.5 | 1.2 | 0.7 | 1.2 |

续上表

| 公　式 | | 通过下列筛孔(mm)的质量百分率(%) | | | | | |
|---|---|---|---|---|---|---|---|
| | | 2.36 | 1.18 | 0.6 | 0.3 | 0.15 | 0.075 |
| AC-25I 型 | | 25 ~ 42 | 18 ~ 32 | 13 ~ 25 | 8 ~ 18 | 5 ~ 13 | 3 ~ 7 |
| AC-25II 型 | | 13 ~ 30 | 9 ~ 23 | 6 ~ 16 | 4 ~ 12 | 3 ~ 8 | 2 ~ 5 |
| 富勒幂值 | 0.50 | 35.2 | 24.9 | 17.8 | 12.6 | 8.9 | 6.3 |
| | 0.45 | 9.0 | 28.6 | 21.1 | 15.5 | 11.3 | 8.3 |
| 泰尔波尔幂值 | 0.60 | 28.6 | 18.9 | 12.6 | 8.3 | 5.5 | 3.6 |
| | 0.70 | 23.2 | 14.3 | 8.9 | 5.5 | 3.4 | 2.1 |
| AC-16I 型 | | 35 ~ 50 | 25 ~ 40 | 18 ~ 30 | 13 ~ 21 | 8 ~ 15 | 4 ~ 9 |
| AC-16II 型 | | 20 ~ 35 | 13 ~ 25 | 9.0 ~ 18 | 6 ~ 13 | 4 ~ 8 | 3 ~ 7 |

## 二、粗集料断级配沥青混凝土

所谓粗集料断级配有两种意思:一是矿料级配中以粒径 >4.75 mm 的粗集料为主,其含量应明显超过连续式密级配(58%);二是不能用一个幂函数描述整个矿料级配,而是要用两个幂函数来描述。

(1)1982 年法国发表薄沥青混凝土 BBM　0/11.2mm 的矿料级配,见表 5-2。

法国的 BBM6.3 ~ 2mm 间无料,可称其为完全断级配。

**不同粗集料断级配沥青混凝土的矿料级配**　　表 5-2

| 名　称 | 通过下列筛孔(mm)的质量(%) | | | | | | |
|---|---|---|---|---|---|---|---|
| | 11.2 | 10 | 8 | 6.3 | 5 | 2 | 0.09 |
| BBM | — | 97 | — | 35 | — | 35 | 8 |
| SMA | 90 ~ 100 | — | 45 ~ 75 | — | 30 ~ 50 | 20 ~ 30 | 8 ~ 13 |

(2)1984 年德国将 SMA 编成规范并推广应用,德国 SMA 的矿料级配也列在表 5-2 中,从级配范围的中值来说属于粗集料断级配。表 5-2 中的两个级配都是最早的粗集料断级配,它产生在西欧。

(3)1993 年美国战略公路研究计划 SHRP 中的一个历时 5 年的课题“沥青和沥青混凝土”结束,同时发表了商标名称为 Superpave(以下简称 SUP)、国内译称“高性能沥青路面”的研究成果。该成果提出了多个不同最大粒径的矿料级配的控制点和限制区,其中的 SUP-19 的控制点和限制区摘列在表 5-3 中。表 5-3中同时列有 SUP-25 级配。

**SUP-19 的控制点和限制区和 SUP-25 的矿料级配** 表 5-3

| 通过下列筛孔(mm)的质量(%) | | | | | | | | | | |
|---|---|---|---|---|---|---|---|---|---|---|
| 25 | 19 | 12.5 | 9.5 | 4.75 | 2.36 | 1.18 | 0.6 | 0.3 | 0.15 | 0.075 |
| 100 | 90 ~ 100 | 73.2 | 64.7 | 47.4 | (34.6) | 25.3 | 18.7 | (13.7) | 10 | 7.3 |
| | | | | | 23 ~ 49 | (22.3 ~ 28.3) | (16.7 ~ 20.7) | | | 2 ~ 8 |
| 90 ~ 100 | 73.6 | 61.0 | 64.7 | 39.5 | 28.8 | 21.1 | 15.6 | 11.4 | 8.3 | 6.1 |

注:通过量下有横线者表示控制点的位置,如 SUP-19 行90 ~ 100,23 ~ 49,2 ~ 8 都是级配线需通过的控制点,括号内的数字表示限制区,如筛孔 2.36mm 的通过量(34.6)是限制区的起点,(22.3 ~ 28.3)是筛孔 1.18 mm 处限制区的范围,(16.7 ~ 20.7)是筛孔 0.6 mm 处限制区的范围,筛孔 0.3mm的通过量(13.7)是限制区的终点,也就是从 2.36 ~ 0.3mm 是限制区,近似菱形。

在美国通常要求级配曲线走在限制区的下面,美国学者称走在限制区下面的矿料级配是粗集料断级配。至此,美国也放弃了已应用近百年的传统连续式密级配(富勒曲线),转向使用粗集料断级配。而且后来又称级配曲线通过限制区也可以。

因此,可以说从 1993 年开始,粗集料断级配沥青混凝土已成为当前沥青混凝土矿料级配的发展方向。仅法国的 BBM 是完全断级配,其他都是中断级配。笔者认为,实际拌和厂也难于实现完全断级配。

## 三、SAC 系列的诞生与发展

1986 年我国第一版《公路沥青路面施工技术规范》颁布后,笔者担心 AC-16II 型的孔隙率太大,在冰冻地区不合适;冬季白天雨水或雪水易透入层内,晚上易结冻,遇上反复冻融的时候,面层容易遭到破坏。当时国内还没有高速公路,笔者也不知道一旦今后高速公路使用了这种矿料级配,路面会产生什么程度的病害。直到 1988 年上海沪嘉高速公路的抗滑表层试验路完成,其中部分路段的表面层级配接近 AC-16II 型。初步观测表明,这种抗滑表层的表面构造深度 *TD* 有虚假现象,用铺砂法测量 *TD* 时,部分砂漏进深入内部的孔隙中,表面构造深度随时间衰减得较快,而且通车不久,沥青面层就产生局部水破坏(坑洞)。笔者分析 AC-16I 型与 AC-16II 型各自的优缺点后,明确了 AC-16I 型的优点是密实透水性小,不易产生水破坏,缺点是表面构造深度离要求过远,抗滑性能差,抗形变能力差;而 AC-16II 型的优点是表面构造深度能满足要求,抗滑性能好,抗形变能力较强,缺点是孔隙率大,水容易透入并导致水破坏。

在上述基础上,1988 年笔者产生了一个新的矿料级配设计理念,即将 AC-16I 型的优点与 AC-16II 型的优点相结合,同时避开两者的缺点。这样就产生了一种新的矿料级配，粗集料接近 AC-16II 型，细集料接近 AC-16I 型，见表 5-4。由于所定级配中 >4.75mm 颗粒的含量为 59%，而那时规范中 AC-16I 型的粗集料含量只有 42.5%。也就是新级配粗集料的含量比 AC-16I 型多 16.5%。为了与 AC-16I 型相区别，笔者将所定新级配取名为多碎石沥青混凝土，并用 SAC-16 作为简称。

**SAC-16 的矿料级配**（粗集料）　　表 5-4

| 筛孔尺寸(mm) | 16 | 13.2 | 9.5 | 4.75 | 2.36 |
|---|---|---|---|---|---|
| 通过筛孔的质量(%) | 95 ~ 100 | 80 | 55 ~ 70 | 35 ~ 47 | 22 ~ 33 |
| 筛孔尺寸(mm) | 1.18 | 0.6 | 0.3 | 0.15 | 0.075 |
| 通过筛孔的质量(%) | 13 ~ 25 | 10 ~ 20 | 8 ~ 16 | 2 ~ 13 | 4 ~ 9 |

第一次使用 SAC-16 是 1988 年 10 月在京石高速公路的正定段试验路上，总共铺了 2km 多试验路。其中有一段 100m 长，在二灰碎石基层顶面喷洒煤焦油透层油后，用 SBS 改性沥青做了应力吸收膜中间层 SAMI，在上铺了 4cm 厚 SAC-16 面层。直到 1998 年 8 月需要在上加铺面层与两端生产路段找平前，该段面层从未出现过水破坏和泛油等现象。试验路取得成功，SAC16 马歇尔试验的空气率 $V_a$ 小于 5%，表面粗糙度达到 0.5mm。后者约为规范中 I 型的 2 倍，显著优于当时新建的高速公路。应该说，我国具有自主知识产权的矿料级配从此诞生了。它也是七·五国家重点攻关课题的重要创新成果之一。

1988 年同济大学在室内做了用相同沥青的 SAC-16 和 AC-16I 的单轴压缩蠕变试验，结果表明 SAC-16 产生的压缩形变显著小于 AC-16I 型，见图 5-1。

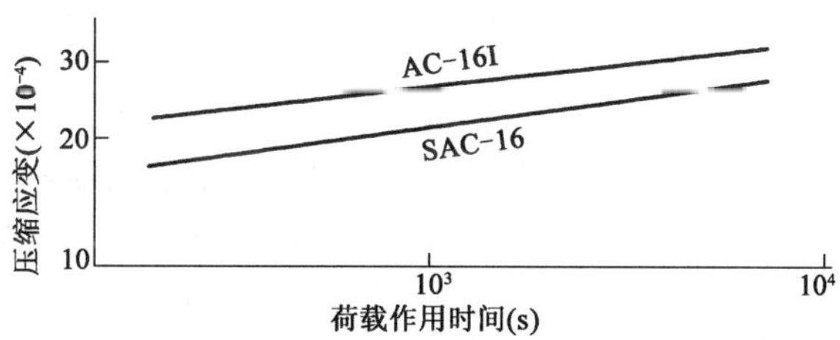


图 5-1　两种沥青混凝土的单轴压缩蠕变试验结果

1992 ~ 1993 年济青高速公路有 83.6% 的路段长 266km 使用了 SAC-16 做表面层。这是大量成功使用 SAC-16 的第 1 条高速公路。1996 年沪宁高速公路江苏段采用了 SAC-16 做表面层。使用前笔者对矿料级配做了适当调整和提出了更严格的要求。

1997 年广东省机荷高速公路表面层成功使用了 SAC-16。1999 年山东省潍莱高速公路全线的表面层成功使用了 SAC-16。同年广东省广珠东线高速公路逸仙大道段 17km 旧水泥混凝土路面上加铺沥青面层,表面层使用了 SAC-16,底面层和调平层使用了 SAC-25。2000 年前后,广东省多条高速公路成功使用了 SAC-16 表面层。随后,中山市内主要干道成功使用了 SAC-16 表面层。上述这些沥青面层都是采用的重交沥青。1988 ~ 2005 年间,共有 10 条总长约 2 000km 高速公路使用 SAC-16 和 SAC-13 做表面层。在此期间,笔者又提出了 SAC-25、SAC-20 做中、下面层和用 SAC-10 做薄面层和超薄面层,但它们都是经验性的。同时笔者根据高速公路沥青面层的使用经验,不断提高 SAC 的使用性能,将矿料级配中粗集料的含量从 59% 增加到 65% 以上,取得了显著效果。20 世纪 90 年代中,第 1 次在济青高速公路上使用 SAC-10 和中国化工青岛安邦路法沥青有限公司工厂化生产的法国 Styelf 改性沥青做厚 25mm 的薄面层获得成功。随后又在石安高速公路成功用 SAC-10 做厚 20mm 的超薄面层。

2003 年在广东省 105 国道上的沙口桥和细窖桥将桥面原沥青面层铣刨后,成功用 SAC-10 重铺厚 30mm 和厚 40mm 的表面层。

2004 年 10 月,在安徽卢铜高速公路一座长 7km 多孔简支梁大桥上,笔者设计并指导施工了桥面沥青混凝土面层。下面层厚 6cm,首次使用 AH-30 硬质沥青与 SAC-25 矿料级配,表面层厚 4cm 为 SBS 改性沥青 SAC-16。同时,在桥面上铺筑黏结层,两层 SAC 之间铺筑黏结防水层。通车至今已 6 年多未见坑洞、裂缝与辙槽,使用性能很好,上述黏结层和黏结防水层都是由某专业施工组完成。

## 第二节　新 SAC 系列矿料级配的设计方法

从 1988 年笔者研究得到的多碎石沥青混凝土 SAC-16,经历了近 17 年的风雨历程,冲破重重障碍,终于形成了上述纯经验性的 SAC 系列并先后在约 10 条高速公路和市区干道上成功应用,证明了 SAC 的实际使用性能优秀,称得上是真正的高性能沥青混凝土。可以说,我国高速公路上使用过的多种国内外沥青混凝土矿料级配中,SAC 是使用得最成功的,产生早期水破坏最少和辙槽最轻的一种矿料级配。

### 一、新 SAC 系列

2005 年,笔者将解决沥青面层的早期破坏与达到面层的功能要求结合在一起研究,诞生了新 SAC 系列的设计理论。2005 年 7 月笔者的专著《多碎石沥青混凝土 SAC 系列的设计与施工》正式出版。它表明 SAC 系列矿料级配的设计方法与检验方法,在原理上已经成熟。

新 SAC 系列是基于理论研究和实践经验的粗集料断级配。其粗集料的含量常占 60% 以上。设计结果，新 SAC 粗集料各个筛孔的通过量是一根幂函数较大的曲线，它使粗集料成为孔隙率较大的骨架结构；细集料各个筛孔的通过量是一根幂函数小的密实曲线，见图 5-2。细集料与粉料和沥青拌和均匀后形成的沥青胶砂填充在粗集料骨架的孔隙中，经压实后形成密实透水性小、抗滑性能好和高温抗永久形变能力强的沥青混凝土。SAC 系列粗细集料的分界筛孔统一为 4.75mm，即大于 4.75mm 的颗粒称粗集料，小于 4.75mm 的颗粒称细集料，小于 0.075mm 的颗粒称粉料，俗称填料。实际上我国部分高速公路常用水泥替代矿粉。用水泥时，它既是矿料表面的活性剂，又起填料作用，使 SAC 的高温抗永久形变能力和其他力学性质都明显提高。

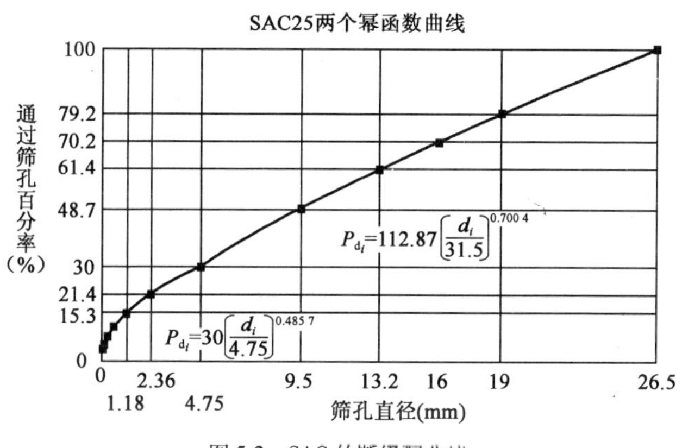


图 5-2　SAC 的断级配曲线

SAC 系列可包括用做基层、底面层（柔性路面）、中面层和表面层的 SAC30、SAC25、SAC20、SAC16、SAC13 和 SAC10。需要时还可以增加 SAC35 等。实际最大粒径的通过量都是 100%，不再是 90% ~100%。就中值而言，考虑到保留约 5% 的超尺寸颗粒，既会增加室内试验的不均匀性，也会增加施工现场的不均匀性和影响平整度，没有其他技术效益。

因此，粗、中、细 SAC 的粗集料可筛分的粒级是不同的。例如，SAC25 的粗集料可筛分成 26.5 ~19mm、19 ~13.2mm、13.2 ~9.5mm 和 9.5 ~4.75mm 四个粒级；因为筛成此四个粒级后，各粒级料的含量百分率比较接近，便于施工。SAC20 的粗集料可筛分成 19 ~16mm、16 ~13.2mm、13.2 ~9.5mm 和 9.5 ~4.75mm共四个粒级；SAC16 的粗集料，只能筛分成 16 ~13.2mm、13.2 ~9.5mm 和 9.5 ~4.75mm 三个粒级；SAC13 的粗集料只能筛分成 13.2 ~9.5mm 和 9.5 ~4.75mm 两个粒级；SAC10 粗集料只有 9.5 ~4.75mm 一个粒级，但其用量要占到全部矿料的约60% ~70%。为了提高矿料级配的准确度,在9.5mm和4.75mm两个筛孔中,增加一个筛孔7.5mm,将此一个粒级分成两个粒级,即9.5 ~ 7.5mm和7.5 ~ 4.75mm。全部SAC的细集料都可以筛分成4.75 ~ 2.36mm、2.36 ~ 1.18mm、1.18 ~ 0.6mm、0.6 ~ 0.3mm、0.3 ~ 0.15mm和0.15 ~ 0.075mm共六个粒级。

## 二、新SAC粗集料断级配的矿料级配设计

上述纯经验性SAC系列没有统一的、科学的矿料级配设计方法。根据前述新设计理论,笔者研究成功了粗集料断级配新SAC系列矿料级配的设计方法。

沥青混凝土的强度形成机理是:主要靠粗集料形成骨架,而且骨架愈紧密,抗形变能力愈强。其次是沥青膜愈薄,黏结力愈强。因为夏季高温时,沥青、包括改性沥青终究会变软,在此情况下,只能主要靠粗集料形成的紧密骨架抵抗行车荷载;细集料、填料和沥青形成的沥青胶砂恰好能填充在骨架的孔隙中。

新的理念产生了SAC系列的矿料级配设计方法,同时创立了某岩石碎石是否适合规定级配的检验理论和检验方法。由此产生了崭新的SAC系列及其不同结构,即紧密骨架密实结构、一般骨架密实结构和疏松骨架密实结构。

粗集料断级配新SAC系列的矿料级配设计,分粗集料各个筛孔通过量的设计和细集料各个筛孔通过量的设计。

1. *矿料级配设计的基本方程*

所用的基本方程式为式(5-2)。

$$P_{d_i} = A\left(\frac{d_i}{D_{max}}\right)^B \tag{5-2}$$

式中:$D_{max}$——实际最大粒径(mm);

$d_i$——某筛孔尺寸(mm);

$P_{d_i}$——筛孔尺寸 $d_i$ 的通过量(%);

$A$ 和 $B$——未知数。

由于式(5-2)中有两个未知数,要解这两个未知数必须建立两个联立方程。设计SAC粗细集料各个筛孔的通过量需要有三个控制点,一个是 $D_{max}$ 的通过量100%,第二个是4.75mm的通过量30% ~40%,第三个是0.075mm的通过量3.5% ~8.5%,且 $D_{max}$ 愈大,0.075mm的通过量愈小。

2. *集料的设计方程*

以设计SAC25的矿料级配曲线为例。

1）粗集料通过量（%）的设计方程

作者研究得出的设计粗集料各个筛孔通过量的方程见式（5-3）：

$$P_{d_i} = A\left(\frac{d_i}{D_{max}}\right)^B \tag{5-3}$$

式中：$d_i$——某筛孔尺寸（mm）；

$D_{max}$——集料的实际最大粒径（mm），如 SAC-25 的 $D_{max}=26.5$mm，SAC-13 的 $D_{max}=13.2$mm，等；

$P_{d_i}$——筛孔 $d_i$ 的通过量（%）；

$A$、$B$——两个未知数。

式（5-3）中 $D_{max}$的通过量都取 100%。

为求解式（5-3）中两个未知数 $A$ 和 $B$ 的值，必须建立两个联立方程。为此需要有两个控制点，一个控制点是 $d_i=D_{max}$的通过量，即 100%，第二个控制点是 4.75mm 筛孔的通过量，分别为 30%、35% 和 40%。

（1）建立联立方程

SAC-25 的两个联立方程为式（5-3a）和式（5-3b）：

$$100 = A\left(\frac{26.5}{26.5}\right)^B \tag{5-3a}$$

$$30 = A\left(\frac{4.75}{26.5}\right)^B \tag{5-3b}$$

（2）解联立方程式

将式（5-3a）除以式（5-3b）得：

$$3.3333 = 5.5789B$$

等号两侧都取以 10 为底的对数，即：

$$\lg 3.3333 = B \cdot \lg 5.5789$$

$$0.5229 = 0.7466B$$

$$B = 0.7004，A = 100$$

由此得设计 SAC25-1 粗集料各个筛孔通过量的方程为式（5-4）：

$$P_{d_i} = 100\left(\frac{d_i}{26.5}\right)^{0.7004} \tag{5-4}$$

用同样的方法，可得

设计 SAC25-2 粗集料各个筛孔通过量的方程为式（5-4a）：

$$P_{d_i} = 100\left(\frac{d_i}{26.5}\right)^{0.6107} \tag{5-4a}$$

设计 SAC25-3 粗集料各个筛孔通过量的方程为式（5-5b）：

$$P_{d_i}=100\left(\frac{d_i}{26.5}\right)^{0.5330} \tag{5-4b}$$

后面的检验表明，$P_{4.75}=30\%$ 时属紧密骨架密实结构；$P_{4.75}=35\%$ 时，属一般骨架密实结构；$P_{4.75}=40\%$ 时，属疏松骨架密实结构。

2）细集料通过量（%）的设计方程

设计细集料各个筛孔通过量的方程见式(5-5)：

$$P_{d_i}=A\left(\frac{d_i}{4.75}\right)^{B} \tag{5-5}$$

式(5-5)中也有两个未知数 $A$ 和 $B$，为求解 $A$ 和 $B$ 的值，也需要建立两个联立方程和需要两个控制点。第一个控制点为 $d_i=4.75$mm 的通过量 $P_{d_i}$，其值与设计粗集料的第二个控制点 $P_{4.75}$ 的值相同。第二个控制点为 $d_i=0.075$mm 的通过量。

仍以 SAC-25 为例，为求解式(5-5)中的未知数 A 和 B，需建立的两个联立方程式为(5-5a)和(5-5b)：

$$30=A\left(\frac{4.75}{4.75}\right)^{B} \tag{5-5a}$$

$$3.5=A\left(\frac{0.075}{4.75}\right)^{B} \tag{5-5b}$$

将式(5-5a)除以式(5-5b)得：

$$8.5714=63.3333B$$

等号两侧都取以 10 为底的对数，即

$$\lg 8.5714=B\cdot\lg 63.3333$$

$$0.9331=1.80163B$$

$$B=0.5179,A=30$$

由此得设计 SAC25-1 细集料各个筛孔通过量的方程为式(5-6)：

$$P_{d_i}=30\left(\frac{d_i}{4.75}\right)^{0.5179} \tag{5-6}$$

用同样的方法，可得

设计 SAC25-2 细集料各个筛孔通过量的方程为式(5-6a)：

$$P_{d_i}=35\left(\frac{d_i}{4.75}\right)^{0.5229} \tag{5-6a}$$

设计 SAC25-3 细集料各个筛孔通过量的方程为式(5-6b)：

$$P_{d_i}=40\left(\frac{d_i}{4.75}\right)^{0.5267} \tag{5-6b}$$

分析式(5-5)和式(5-6)可以清楚地看到，式(5-5)的幂值为 0.7004，显然粗集料形成一个孔隙率大的骨架；式(5-6)的幂值是0.5179，它形成一个密实透水性小的级配，与填料、沥青一起拌和后形成密实不透水的沥青胶砂，填充在粗集料骨架的孔隙中，形成密实不透水的SAC25沥青混凝土。这也是SAC为什么不易产生水破坏和不易产生辙槽的根本内因。如果随后注意外因(含拌和厂的配料准确度、拌和温度和时间、施工现场的摊铺和压实)，则内外因素相结合，在高速公路上铺得的SAC25-1沥青下面层必将具有优良的使用性能和耐久性。

用上面的公式可计算得粗集料和细集料各个筛孔的通过量，见表5-5。

**SAC-25粗集料各个筛孔的通过量(%)**　　表5-5

| 筛孔(mm) | 26.5 | 19 | 13.2 | 9.5 | 4.75 | 2.36 | 1.18 | 0.6 | 0.3 | 0.15 | 0.075 |
|---|---|---|---|---|---|---|---|---|---|---|---|
| SAC25-1 | 100 | 79.2 | 61.4 | 48.7 | 30.0 | 20.9 | 14.6 | 10.3 | 7.2 | 5 | 3.5 |
| SAC25-2 | — | 81.6 | 65.3 | 53.4 | 35.0 | 24.3 | 16.9 | 11.9 | 8.3 | 5.7 | 4.0 |
| SAC25-3 | — | 83.7 | 69.0 | 57.9 | 40.0 | 27.7 | 19.2 | 13.5 | 9.3 | 6.5 | 4.5 |

如级配中粗集料的含量少于59%，则为悬浮式密实结构。由于悬浮式密实结构的粗集料含量为小于59%，没有一定的百分率，所以未列出具体的级配。

SAC25粗细集料方程的幂值为：

| | 粗集料幂值 | 细集料幂值 |
|---|---|---|
| SAC25-1 | 0.7004 | 0.5179 |
| SAC25-2 | 0.6107 | 0.5229 |
| SAC25-3 | 0.5330 | 0.5267 |

用上述相同的方法，可得到SAC30、SAC25、SAC16、SAC13和SAC10各三种骨架密实结构，见表5-6和表5-7。

**SAC系列的矿料级配**　　表5-6

| SAC | 通过下列筛孔(mm)的质量百分率(%) | | | | | | | | | | | | |
|---|---|---|---|---|---|---|---|---|---|---|---|---|---|
| | 31.5 | 26.5 | 19 | 16 | 13.2 | 9.5 | 4.75 | 2.36 | 1.18 | 0.6 | 0.3 | 0.15 | 0.075 |
| 30-1 | 100 | 89.6 | 72.5 | 65.0 | 57.5 | 46.6 | 30.0 | 20.9 | 14.6 | 10.3 | 7.2 | 5.0 | 3.5 |
| 30-2 | 100 | 90.9 | 75.5 | 68.7 | 61.7 | 51.4 | 35.0 | 24.3 | 16.9 | 11.9 | 8.3 | 5.7 | 4.0 |
| 30-3 | 100 | 92.0 | 78.3 | 72.0 | 65.6 | 56.0 | 40.0 | 27.7 | 19.2 | 13.5 | 9.3 | 6.5 | 4.5 |
| 25-1 | — | 100 | 79.2 | 70.2 | 61.4 | 48.7 | 30.0 | 20.9 | 14.6 | 10.3 | 7.2 | 5.0 | 3.5 |
| 25-2 | — | 100 | 81.6 | 73.5 | 65.3 | 53.4 | 35.0 | 24.3 | 16.9 | 11.9 | 8.3 | 5.7 | 4.0 |
| 25-3 | — | 100 | 83.7 | 76.4 | 69.0 | 57.9 | 40.0 | 27.7 | 19.2 | 13.5 | 9.3 | 6.5 | 4.5 |
| 20-1 | — | — | 100 | 86.1 | 72.9 | 54.8 | 30.0 | 21.8 | 15.9 | 11.6 | 8.5 | 6.2 | 4.5 |
| 20-2 | — | — | 100 | 87.8 | 75.9 | 59.2 | 35.0 | 25.2 | 18.2 | 13.3 | 9.6 | 6.9 | 5.0 |
| 20-3 | — | — | 100 | 89.3 | 78.6 | 63.2 | 40.0 | 28.6 | 20.5 | 14.9 | 10.7 | 7.7 | 5.5 |
| 16-1 | — | — | — | 100 | 82.6 | 59.6 | 30.0 | 22.5 | 17.0 | 12.9 | 9.7 | 7.3 | 5.5 |
| 16-2 | — | — | — | 100 | 84.7 | 63.7 | 35.0 | 26.0 | 19.4 | 14.5 | 10.8 | 8.1 | 6.0 |

续上表

| SAC | 通过下列筛孔(mm)的质量百分率(%) | | | | | | | | | | | | |
|---|---|---|---|---|---|---|---|---|---|---|---|---|---|
| | 31.5 | 26.5 | 19 | 16 | 13.2 | 9.5 | 4.75 | 2.36 | 1.18 | 0.6 | 0.3 | 0.15 | 0.075 |
| 16-3 | — | — | — | 100 | 86.5 | 67.5 | 40.0 | 29.4 | 21.7 | 16.2 | 11.9 | 8.8 | 6.5 |
| 13-1 | — | — | — | — | 100 | 67.9 | 30.0 | 23.7 | 18.8 | 15.0 | 11.9 | 9.5 | 7.5 |
| 13-2 | — | — | — | — | 100 | 71.3 | 35.0 | 27.3 | 21.3 | 16.8 | 13.1 | 10.2 | 8.0 |
| 13-3 | — | — | — | — | 100 | 74.5 | 40.0 | 30.8 | 23.8 | 18.5 | 14.3 | 11.0 | 8.5 |
| 10-1 | — | — | — | — | — | 100 | 30.0 | 23.7 | 18.8 | 15.0 | 11.9 | 9.5 | 7.5 |
| 10-2 | — | — | — | — | — | 100 | 35.0 | 27.3 | 21.3 | 16.8 | 13.1 | 10.2 | 8.0 |
| 10-3 | — | — | — | — | — | 100 | 40.0 | 30.8 | 23.8 | 18.5 | 14.3 | 11.0 | 8.5 |

将表5-6中的SAC30～SAC10归纳简化成利于应用的矿料级配范围，见表5-7。

**SAC系列的矿料级配范围** 表5-7

| SAC | 通过下列筛孔(mm)的质量百分率(%) | | | | | | | | | | | | |
|---|---|---|---|---|---|---|---|---|---|---|---|---|---|
| | 31.5 | 26.5 | 19 | 16 | 13.2 | 9.5 | 4.75 | 2.36 | 1.18 | 0.6 | 0.3 | 0.15 | 0.075 |
| 30 | 100 | 90～92 | 73～78 | 65～72 | 58～66 | 47～56 | 30～40 | 21～28 | 15～19 | 10～14 | 7～9 | 5～7 | 3.5～4.5 |
| 25 | — | 100 | 79～84 | 70～76 | 61～69 | 49～58 | 30～40 | 21～28 | 15～19 | 10～14 | 7～9 | 5～7 | 3.5～4.5 |
| 20 | — | — | 100 | 86～89 | 73～79 | 55～63 | 30～40 | 22～29 | 16～21 | 12～15 | 9～11 | 6～8 | 4.5～5.5 |
| 16 | — | — | — | 100 | 83～87 | 60～68 | 30～40 | 23～29 | 17～22 | 13～16 | 10～12 | 7～9 | 5.5～6.5 |
| 13 | — | — | — | — | 100 | 68～75 | 30～40 | 24～31 | 19～24 | 15～19 | 12～14 | 10～11 | 7.5～8.5 |
| 10 | — | — | — | — | — | 100 | 30～40 | 24～31 | 19～24 | 15～19 | 12～14 | 10～11 | 7.5～8.5 |

表5-6中的紧密骨架密实结构、一般骨架密实结构、松接触密实结构，都是密实式、透水性小的矿料级配，只要采取措施保持沥青混凝土的均匀性好与碾压密实，沥青混凝土面层都不易产生严重的早期水破坏和辙槽。SAC系列既可用于柔性路面和半刚性路面，也可用于刚性复合式路面。

## 第三节　新SAC系列矿料级配的检验方法

### 一、同一个矿料级配不能适应不同岩石品种的粗集料

1.粗集料岩石类型对沥青混凝土性质的显著影响

某单位对初期使用的SAC13矿料级配(见表5-8)做了比较试验。在级配范

围内选了5种不同级配，用了5种不同岩石破碎的粗集料，细集料和填料均相同，共有25组级配。

SAC13的矿料级配　　表5-8

| 筛孔(mm) | 13.2 | 9.5 | 4.75 | 2.36 | 1.18 | 0.6 | 0.3 | 0.15 | 0.075 |
|---|---|---|---|---|---|---|---|---|---|
| 级配范围(%) | 90~100 | 58~72 | 30~40 | 24~34 | 18~28 | 14~21 | 10~17 | 6~13 | 4~8 |
| 级配A | 95 | 70 | 41.5 | 30 | 22.5 | 16.5 | 12.5 | 8.5 | 6 |
| 级配B | 90 | 60 | 35 | 28 | 21 | 14 | 11 | 8 | 6 |
| 级配C | 95 | 65 | 35 | 29 | 23 | 18 | 14 | 9 | 6 |
| 级配D | 100 | 72 | 35 | 29 | 23 | 18 | 14 | 9 | 6 |
| 级配E | 90 | 58 | 30 | 24 | 18 | 14 | 10 | 6 | 4 |

表5-8中级配E是原级配范围的下限，级配A仅4.75mm的通过量略超出上限，级配C是范围的中值。表5-8中SAC13的级配范围并不宽，最宽处是14%(9.5mm筛孔的通过量)，其他筛孔通过量的范围都不超过10%，此范围比《公路沥青路面施工技术规范》中的密级配AC-13I的范围(粗集料9.5mm通过量的范围为20%，4.75mm通过量的范围为30%，细集料前3个粒级通过量的范围为18%~26%)小得多。总共25组沥青混合料。对此25组沥青混合料都分别做了马歇尔试验和轮辙试验。以下简要介绍两种试验的结果。

2.马歇尔试验结果的显著差异

最佳沥青用量*OAC*之差在0.3%~0.9%之间。

空气率$V_a$之差在1.6%~3.7%之间。

饱和度*VFA*之差在4.1%~17.7%之间。

稳定度*St*之差在1.0~5.2kN之间。

马歇尔试验结果表明：

(1) 如果要求$V_a$为3%~4.5%和*VFA*为65%~75%，则1号碎石仅级配A、C、D，3号碎石仅级配A、B、D，4号碎石仅级配A、D，5号碎石仅级配A、C能满足要求。

(2) 对于同一种碎石，即使其颗粒组成在范围内变化，也会导致有时沥青混凝土的性质满足要求，有时则不满足要求。

(3) 对某一岩石品种粗集料碎石合适的级配曲线，对另一岩石品种粗集料碎石就不一定合适。

3.轮辙试验结果的显著差异

上述25组沥青混合料的轮辙试验结果(动稳定度*DS*)见表5-9。

**轮辙试验的动稳定度(次/mm)** 表5-9

| 级 配 | 1号碎石 | 2号碎石 | 3号碎石 | 4号碎石 | 5号碎石 |
|---|---|---|---|---|---|
| A | 1019 | 811 | 771 | 1121 | 661 |
| B | 866 | 754 | 1186 | 1016 | 822 |
| C | 914 | 877 | 849 | 778 | 843 |
| D | 1030 | 496 | 817 | 895 | 792 |
| E | 550 | 363 | 609 | 460 | 580 |

如果以 $DS \geqslant 800$ 次/mm 为合格,则1号碎石的E级配不符合要求,2号碎石的B、D、E三个级配,3号碎石的A、E级配,4号碎石的C、E级配和5号碎石的A、D、E级配都达不到要求。笔者认为,上述试验虽然是针对SAC13做的,但所得结果对其他矿料级配也是存在的。

上述试验结果促使笔者在对推荐级配进行沥青混凝土性质试验之前,需要先对拟用岩石品种的粗集料碎石是否适应所推荐的矿料级配进行初步检验。

## 二、矿料级配检验前必须做的试验

分析SAC和其他矿料级配分析是否与所用岩石品种的粗集料相配伍,即分析所备粗集料是否适宜用于所定矿料级配的检验称粗集料孔隙填充法——$VCA_{DRF}$方法检验。在用$VCA_{DRF}$方法检验前,需要对所用原材料先做部分试验。笔者分析,影响粗集料性质的因素有粗集料的毛体积密度 $G_b$,表干密度 $G_{sd}$和吸水率 $W_a$。

### 1.每粒级粗集料的密度和吸水率试验

通常做一次试验就可以计算得到这两个指标值。其操作步骤如下:

1)将粗集料先筛分成一个一个单一粒级的料。

2)用四分法缩小样品后,每一个单一粒级的料称取一份样品,测定每个粒级粗集料的密度所需要的最小质量见表5-10。

**测定粗集料密度所需要的最小质量** 表5-10

| 粒级的下限筛孔(mm) | 4.75 | 9.5 | 13.2 | 16 | 19 | 26.5 | 31.5 |
|---|---|---|---|---|---|---|---|
| 每一份试样的最小质量(kg) | 0.8 | 1.0 | 1.0 | 1.0 | 1.0 | 1.5 | 1.5 |

按集料试验规程做各粒级粗集料的毛体积密度 $G_b$ 和表干密度 $G_{sd}$。常用多孔网篮法,即水中称重法。

3)将一份单一粒级粗集料试样清洗后,放在搪瓷盆或铝盆中,注入清洁水,使水面高出试样约20mm,轻轻搅动集料,使附着在集料上的气泡逸出。在室温下保持浸水24h,使水渗入并充满集料的开口孔隙中。

4)从水中取出部分集料放入多孔网篮(即水中失重法)称其水中质量 $m_w$,准确至0.1g,水的温度控制在预定“集料密度试验温度”(可根据当地当时试验室的适宜实际温度选定一个温度作为测定每个粒级集料密度的试验温度,或简称测定集料密度的温度)±1℃之间。

5)准备一块纯棉大毛巾,将已称取 $m_w$ 的集料放在大毛巾上,两手各抓住大毛巾的一头,并分别交错倾斜上下活动,使集料在大毛巾上反复滚动,直到每个粒级集料表面的可见自由水消失。此时的集料已处于饱和面干状态。

6)将表干饱和集料(简称表干集料)放在有盖饭盒中,盖上盒盖后,称取表干集料的质量 $m_{sd}$,准确至0.1g。

7)重复4)和5)两步骤将浸在水中的全部集料处理和称量完毕。计算得到全部表干集料的空气中质量 $m_{sd}$。分批称量表干集料的质量时,要注意保护表干集料的含水量不让其蒸发。

8)将已称取水中质量的表干集料放在搪瓷或白铁皮盘中,并放入温度105℃±5℃的烘箱中烘至恒重(通常烘干6h后称量一次,然后再烘干3h,再称量一次,如两次质量之差不超过0.2g,即认为已达到恒重),称其空气中质量 $m_a$,准确至0.1g。

9)分别用式(5-7)和式(5-8)计算此粒级集料的毛体积密度 $G_b$ 和表干密度 $G_{sd}$,密度计算结果取小数点后5位数。

$$G_b = \frac{m_a}{m_{sd} - m_w} \qquad (\mathrm{g/cm^3}) \tag{5-7}$$

$$G_{sd} = \frac{m_{sd}}{m_{sd} - m_w} \qquad (\mathrm{g/cm^3}) \tag{5-8}$$

式中:$m_a$——烘干后空气中质量;

$m_{sd}$——表干质量;

$m_w$——水中质量。

以往国内外习惯都用式(5-9)计算该粒级集料的视密度 $G_a$。

$$G_a = \frac{m_a}{m_a - m_w} \tag{5-9}$$

严格地说,式(5-9)是不成立的。原理上讲不通,其分母不可能是体积。好在通常不用此指标,SAC和其他矿料级配所用的指标是 $G_b$ 和 $G_{sd}$。由于已严格控制称量表干集料的水中质量,水的温度为测定集料密度的温度±1℃,所以可不考虑式(5-7)和式(5-8)中的水中质量 $m_w$ 的水温修正系数。因为温度的误差已小于称量准确度。

10)不同粒级粗、细集料的吸水率 $W_a$ 可用式(5-10)计算

$$W_a = \left(\frac{G_{sd}}{G_b} - 1\right) \times 100\% \tag{5-10}$$

吸水率计算结果取小数点后两位数。

2. 每粒级细集料的密度和吸水率试验

1)与最大粒径无关,SAC 和其他矿料级配的细集料室内试验前都要先筛分成6个粒级,即4.75～2.36mm、2.36～1.18mm、1.18～0.6mm、0.6～0.3mm、0.3～0.15mm、0.15～0.075mm。如果细集料中有粉粒和粘粒,具有塑性指数,则先要用湿筛分法将细集料筛分成6个粒级的集料。

2)测定各粒级细集料的密度时,不同粒级细集料的最小质量见表5-11。

**测定细集料的密度所需的最小质量** 表5-11

| 粒级的下限筛孔(mm) | 2.36 | 1.18 | 0.6 | 0.3 |
|---|---|---|---|---|
| 每一份试样的最小质量(kg) | 0.8 | 0.5 | 0.4 | 0.4 |

3)将每份细集料浸泡在存有水的搪瓷盆中,盆中的水面应高出集料约2mm,总共浸泡24h。

4)准备一块浴巾,浴巾的顶面铺一块棉布。从水中取出已浸水24h的某粒级细集料,在取出料的过程中,应尽可能多地先甩掉自由水。

5)将取出的某粒级细集料,放在表面铺有棉布的浴巾上。双手各拿住浴巾的一端,同时交错倾斜上下活动,使潮湿集料在棉布上来回滚动。直到细集料表面看不到自由水为止。

6)用塌坍度筒(有的厂家称饱和面干试模)检验每个粒级细集料是否处于饱和面干状态。

7)同上述测定集料密度的温度±1℃的条件下称量处于饱和面干状态某粒级细集料的质量 $m_{sd}$,准确至0.01g。

8)将比重瓶中注满水,分三次称取质量,计算其平均值,作为水和比重瓶的总质量 $m_1$。

这里讲的比重瓶是一个1 000mL的玻璃瓶,上面有一个圆锥形的盖子,顶端有一个直径6mm的小孔。用洗耳球或注射针管将锥形盖里面注满水后,误差仅仅是一至两滴水,误差比传统上使用的比重瓶要小很多。见图5-3。

9)将已称取饱和面干质量 $m_{sd}$ 的细集料小心倒入比重瓶内,注意不要丢失

细集料。排尽气泡后，称取集料 + 水 + 比重瓶的总质量 $m_2$。

10）仔细倒出比重瓶中的多数水，注意勿将细集料倒出。将比重瓶中的少量水和细集料全部倒在小搪瓷杯中，斜放搪瓷杯，逐次将杯中的自由水倒出。最后用吸管或洗耳球将细集料上面的自由水吸去。

11）将带有潮湿料的搪瓷杯放入温度105℃ ±5℃的烘箱中，将细集料烘干到恒重。

12）将带有烘干料的搪瓷杯放入干燥器中冷却后，称其质量为 $m_a$，准确至0.01g。

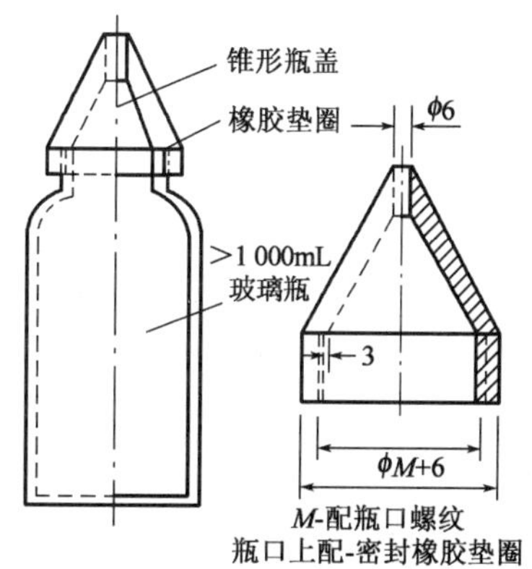


图5-3　比重瓶示意图

13）分别用式(5-11)和式(5-12)计算此粒级集料的毛体积密度 $G_b$ 和表干密度 $G_{sd}$，密度计算结果取小数点后5位数。

$$G_b = \left(\frac{m_a}{m_{sd} + m_1 - m_2}\right) \quad (g/cm^3) \tag{5-11}$$

$$G_{sd} = \left(\frac{m_{sd}}{m_{sd} + m_1 - m_2}\right) \quad (g/cm^3) \tag{5-12}$$

式中：$m_{sd}$——饱和面干质量；

$m_a$——烘干后空气中质量；

$m_1$——水 + 比重瓶的质量；

$m_2$——水 + 比重瓶 + 集料的质量。

14）填料用水泥替代，水泥通常只测定视密度，但测水泥的视密度时，只能用煤油。不同水泥的视密度在3.00～3.16g/cm³ 之间。

15）由于0.3mm以下两个粒级（0.3～0.15mm，0.15～0.075mm）细集料的密度试验测定较困难，同时试验熟练技术人员得到的粗细各粒级集料的 $G_b$ 与粒级的下限筛孔尺寸间有很好的相关性，所以细集料的密度可仅做到0.6～0.3mm这个粒级，然后用4.75～2.36mm，2.36～1.18mm，1.18～0.6mm，0.6～0.3mm 四个粒级的密度，用回归方法计算其相关方程，并利用此方程，推算得到0.3～0.15mm 和0.15～0.075mm 两个粒级细集料的密度和吸水率。如果0.6～0.3mm 这个粒级的密度测定不准确，也可以用4.75～2.36mm，2.36～1.18mm，1.18～0.6mm 三个粒级的密度，用回归方法计算其相关方程，推算得到后三个粒级细集料的密度和吸水率。

3. 沥青的密度试验

按照规范要求测定并计算沥青的密度 $G_B$(g/cm$^3$)。

4. 密度的计算

1)全部粗集料的毛体积密度 $G_{b,ca}$用式(5-13)计算:

$$G_{b,ca} = \frac{(P_{c1} + \cdots + P_{cn})}{\left(\frac{P_{c1}}{G_{b,c1}} + \cdots \frac{P_{cn}}{G_{b,cn}}\right)} \tag{5-13}$$

式中:$P_{ci}$——某一粒级粗集料的含量($i=1,\cdots,n$);

$G_{b,ci}$——某一粒级粗集料的毛体积密度($i=1,\cdots,n$)。

同时记录粗集料的总含量 $P_{ca}$和其毛体积密度 $G_{b,ca}$。

2)全部细集料的毛体积密度 $G_{b,fa}$用式(5-14)计算:

$$G_{b,fa} = \frac{(P_{f1} + \cdots + P_{fn})}{\left(\frac{P_{f1}}{G_{b,f1}} + \cdots + \frac{P_{fn}}{G_{bfn}}\right)} \tag{5-14}$$

式中:$P_{fi}$——某一粒级细集料的含量($i=1,\cdots,n$);

$G_{b,fi}$——某一粒级细集料的毛体积密度($i=1,\cdots,n$)。

同时记录细集料的总含量 $P_{fa}$和其毛体积密度 $G_{b,fa}$。

3)全部矿料的毛体积密度 $G_{b,ma}$用式(5-15)计算:

$$G_{b,ma} = \frac{(P_{c1} + \cdots + P_{cn}) + (P_{fa1} + \cdots + P_{fan}) + P_{fi}}{\left(\frac{P_{c1}}{G_{b,c1}} + \cdots + \frac{P_{cn}}{G_{b,cn}}\right) + \left(\frac{P_{fa1}}{G_{b,fa1}} + \cdots + \frac{P_{fan}}{G_{b,fan}}\right) + \frac{P_{fi}}{G_{b,fi}}} \tag{5-15}$$

4)全部矿料的表干密度 $G_{sd,ma}$用式(5-16)计算:

$$G_{sd,ma} = \frac{(P_{c1} + \cdots + P_{cn}) + (P_{fa1} + \cdots + P_{fan}) + P_{fi}}{\left(\frac{P_{c1}}{G_{sd,c1}} + \cdots + \frac{P_{cn}}{G_{sd,cn}}\right) + \left(\frac{P_{fa1}}{G_{sd,fa1}} + \cdots + \frac{P_{fan}}{G_{sd,fan}}\right) + \frac{P_{fi}}{G_{b,fi}}} \tag{5-16}$$

上述式中:$P_{ci}$——某一粒级粗集料的含量($i=1,\cdots,n$);

$G_{b,ci}$——某一粒级粗集料的毛体积密度($i=1,\cdots,n$);

$G_{sd,ci}$——某一粒级粗集料的表干密度($i=1,\cdots,n$);

$P_{fai}$——某一粒级细集料的含量($i=1,\cdots,n$);

$G_{b,fai}$——某一粒级细集料的表干密度($i=1,\cdots,n$);

$P_{fi}$——填料的含量;

$G_{b,fi}$——填料的视密度。

5)全部矿料的吸水率 $W_{a,ma}$用式(5-17)计算:

$$W_{a,ma}=\frac{(P_{c1}+\cdots+P_{cn})+(P_{fa1}+\cdots+P_{fan})+P_{fi}}{\left(\frac{P_{c1}}{W_{a,c1}}+\cdots+\frac{P_{cn}}{W_{a,cn}}\right)+\left(\frac{P_{fa1}}{W_{a,fa1}}+\cdots+\frac{P_{fan}}{W_{a,fi}}\right)+\frac{P_{fi}}{W_{a,fi}}} \tag{5-17}$$

式中：$P_{ci}$——某一粒级粗集料的含量($i=1,\cdots n$)；

$W_{a,ci}$——某一粒级粗集料的吸水率($i=1,\cdots n$)；

$P_{fai}$——某一粒级细集料的含量($i=1,\cdots n$)；

$W_{a,fai}$——某一粒级细集料的吸水率($i=1,\cdots n$)；

$P_{fi}$——填料的含量；

$W_{a,fi}$——填料的吸水率。

6)矿料的有效密度 $G_e$

矿料的 $G_e$ 介于其毛体积密度 $G_{b,ma}$ 和表干密度 $G_{sd,ma}$ 之间，$G_e$ 按式(5-18)计算：

$$G_e=G_{b,ma}+C\times(G_{sd,ma}-G_{b,ma}) \tag{5-18}$$

式中：$C$——与矿料吸水率 $W_{a,ma}$ 有关的系数，$W_{a,ma}<0.5\%$，$C=0.1$；$W_{a,ma}=0.5\%\sim0.8\%$，$C=0.2$；$W_{a,ma}=0.8\%\sim1.2\%$，$C=0.5$；$W_{a,ma}=1.2\%\sim2.0\%$，$C=0.8$。

7)最大理论密度

混合料的最大理论密度 $G_{mm}$ 用式(5-19)计算：

$$G_{mm}=\frac{(100+P_B)}{\left(\frac{100}{G_e}+\frac{P_B}{G_B}\right)} \tag{5-19}$$

式中：$P_B$——油石比(%)；

$G_B$——沥青的密度。

5. 烘干粗集料的松装密度和干捣实密度

1)计算干捣实试验用料

用式(5-20)计算干捣实试验所用各粒级粗集料的质量。

$$m=\frac{m_1\times P_i}{P_{ca}}\quad(\mathrm{g}) \tag{5-20}$$

式中：$m$——某一粒级所用集料的质量(g)；

$m_1$——干捣实试验备料总质量(g)；

$P_i$——某一粒级粗集料的含量(%)；

$P_{ca}$——全部粗集料的含量(%)。

SAC30 和 SAC25 两种级配需要使用 10 000$\mathrm{cm}^3$ 的容量筒。备料总质量 $m_1$ =

20 000g。

SAC20、SAC16、SAC13 和 SAC10 级配使用 3 000cm$^3$ 的容量筒。备料总质量 $m_1$ 为石灰岩 6 000g，玄武岩 8 000g。

2）烘干粗集料的松装密度和松装孔隙率

（1）先在上述测定集料密度的温度下，用水测量容量筒的容积 $V$（cm$^3$）。

（2）用铁锹铲起已准备好的符合级配要求的烘干粗集料，在离容量筒上口约 5cm 左右，慢慢倒入静置的容量筒中，料装满后，用厚 10～14mm 的直钢板刮平表面。表面局部外露较大孔隙处，在准备好的集料中选用合适尺寸的料填入孔隙中。目测表面凸起部分与凹陷部分大致相等。然后称量筒与集料的合重，计算得集料的重量 $m_a$，并用式（5-21）和式（5-22）计算集料的松装密度 $GCA_{DRL}$（g/cm$^3$）和松装孔隙率 $VCA_{DRL}$（%）。

$$GCA_{DRL} = \frac{m_a}{V} \qquad (g/cm^3) \tag{5-21}$$

$$VCA_{DRL} = \left(1 - \frac{GCA_{DRL}}{G_{b,ca}}\right) \times 100\% \tag{5-22}$$

式中：$G_{b,ca}$——全部粗集料的毛体积密度。

3）烘干粗集料的干捣实密度和干捣实孔隙率

干捣实用的捣棒直径 16mm，长 600mm，一端为圆头的钢棒。将已准备好的符合级配要求的烘干粗集料（或称试样），装入容量筒中达 1/3 高度。捣棒圆头向下，圆头距集料表面约 100mm，让捣棒自由下落。对于 3 000cm$^3$ 的容量筒，由边至中心均匀捣实 25 次；对于 10 000cm$^3$ 的容量筒，由边至中心均匀捣实 40 次。再向容量筒中装入 1/3 高度的相同粗集料，用捣棒均匀捣实 25 次（或 40 次）。然后加入最后的粗集料，均匀捣实 25 次（或 40 次），使粗集料与容量筒口齐平，用合适的料填充表面的大空隙，并用直钢板刮平。目测表面凸起部分与凹陷部分大致相等。称取容量筒与试样的质量，计算得集料的重量 $m_a$，并用式（5-23）和式（5-24）计算集料的干捣实密度 $GCA_{DRC}$（g/cm$^3$）和干捣实孔隙率 $VCA_{DRC}$（%）。

$$GCA_{DRC} = \frac{m_a}{V} \qquad (g/cm^3) \tag{5-23}$$

$$VCA_{DRC} = \left(1 - \frac{GCA_{DRC}}{G_{b,ca}}\right) \times 100\% \tag{5-24}$$

式中：$G_{b,ca}$——全部粗集料的毛体积密度。

对于 SAC 矿料级配进行检验时，应采用 $GCA_{DRC}$ 和 $GCA_{DRL}$ 的平均值 $GCA_{DRC,L}$ 以及 $VCA_{DRC}$ 与 $VCA_{DRL}$ 的平均值 $GCA_{DRC,L}$。

## 三、检验理论和检验方法

前面已经证明，对某一岩石品种粗集料合适的级配曲线，对另一岩石品种粗集料就不一定合适。为了检验规定矿料级配是否适合某种岩石品种的粗集料，研究得到了检验理论和检验方法。对原材料进行检验，称 $VCA_{DRF}$ 方法。这个方法的基本原理是粗集料骨架间的孔隙恰好被细集料、填料和沥青填满，同时保留部分空气率（如 2% ~4%）。

### 1. 矿料级配检验方法——$VCA_{DRF}$ 方法

对准备采用的原材料进行检验，以确定所用原材料是否适应推荐的矿料级配，此初步检验方法简称 $VCA_{DRF}$ 方法。

1）$VCA_{DRF}$ 方法检验的基本方程

$VCA_{DRF}$ 方法检验的基本方程有两个：

（1）粗集料的含量 $P_{ca}$ + 细集料的含量 $P_{fa}$ + 填料的含量 $P_{fi}$ 应等于 100%，见式（5-25）：

$$P_{ca} + P_{fa} + P_{fi} = 100\% \tag{5-25}$$

（2）检验的基本方程

检验的基本方程为式（5-26）

$$\left(\frac{P_{ca}}{GCA_{DRC}}\right) \times (VCA_{DRC} - V_a) = \frac{P_{fa}}{G_{b,fa}} + \frac{P_{fi}}{G_{a,fi}} \frac{P_B}{G_B} \tag{5-26}$$

式中：$V_a$——沥青混凝土中的空气率或孔隙率（%），需预定的值，通常为 2% ~ 4%；

$P_B$——沥青用量，油石比（%），可根据已有的经验选定；

$G_{b,fa}$——细集料的毛体积密度（g/cm³）；

$G_{a,fi}$——填料的视密度（g/cm³）；

$G_B$——沥青的密度（g/cm³）；

其他符号含义同前。

2）检验基本方程的评价

式（5-26）的等号左侧为粗集料的可用空气率（或孔隙率），等号的右侧分别为细集料的体积、填料的体积和沥青的体积，此三者之和可简称为沥青胶砂。

式（5-26）的基本要求是等号右侧的值必须等于等号左侧的值。如等号右侧的值小于等号左侧的值，则表示右侧的沥青胶砂填不满左侧粗集料中的可用孔隙，实际孔隙率将大于预定的2%～4%，甚至显著超过4%。这样的SAC就容易产生水破坏。如等号右侧的值大于等号左侧的值，则SAC容易泛油和产生辙槽。在这两种情况下，都要调整原推荐的SAC矿料级配。

3）沥青用量的经验值

当使用旋转压实仪SGC确定油石比时，可以按照下面的经验值选择检验时使用的预估油石比：SAC25-3.5%，SAC20-4.2%，SAC16-4.4%，SAC13-4.6%。

4）检验调整方法

当等号两边的值不相等时，可以采用式（5-27）计算细集料的含量，通过调整细集料的含量，来调整粗集料和填料的含量。

$$P_{fa} = \left[\left(\frac{P_{ca}}{GCA_{DRC}}\right) \times (VCA_{DRC} - V_a) - \frac{P_{fi}}{G_{a,fi}} - \frac{P_B}{G_B}\right] \times G_{b,fa} \tag{5-27}$$

用公式$P_{ca}+P_{fa}+P_{fi}$重新计算一个百分比，分别用$P_{ca}$、$P_{fa}$和$P_{fi}$除以这个新的百分比，得到新的$P_{ca}$、$P_{fa}$和$P_{fi}$，从而得到新的4.75mm和0.075mm两个控制点的值。以新的控制点分别计算粗集料和细集料的$A$、$B$值，将得到的值代入式（5-3）和式（5-4）中，计算出粗、细集料每个筛孔的通过率，得到一个新的矿料级配。重复上述步骤，直到等式两边基本相等。基本相等的意思是两边的得数相差在0.03以内。实践证明，最多经过三次调整即能达到目标。

2. 室内制试件及确定其密度的方法

1）马歇尔试验仪及其试验方法

详细内容参看第四章第三节。

2）美国的旋转压实仪（SGC）

鉴于近若干年来，在我国高速公路建设过程中，旋转压实仪（以下简称SGC）用得日益广泛。笔者建议，今后新建和改建高速公路都要用SGC。为了协助使用者深入了解SGC的特点，笔者在下面简要介绍其要点。选用旋转压实仪时要注意，应该选用上加载方式，以改变偏心距的方法形成内部角的旋转压实仪。

1993年美国发表SHRP的研究成果时，将成果取了商品名称为Superpave，国内译称“高性能沥青路面”（简称SUP）。他介绍了在室内用SGC做沥青混合料的试件，并按规定的体积设计法确定设计沥青含量的方法。试图将沥青混合料压实到实际路面在当地气候和荷载条件下所达到的最终密实度。SGC采用直径150mm和高115mm试筒，加载头施加0.6MPa压力，旋转速度30r/min（转/分钟），设计压实功能以设计旋转次数$N_{des}$表示。根据设计最高气温（$t_{a\text{-}des}$）和设计当量标准轴次（ESAL）确定$N_{des}$，见表5-12。

**SGC 的设计旋转压实功能**　　表 5-12

| 设计 ESAL ($10^6$) | 平均设计最高气温① | | | | | | | | | | | |
|---|---|---|---|---|---|---|---|---|---|---|---|---|
| | <39℃ | | | 39～40℃ | | | 41～42℃ | | | 43～44℃ | | |
| | $N_{ini}$ | $N_{des}$ | $N_{max}$ | $N_{ini}$ | $N_{des}$ | $N_{max}$ | $N_{ini}$ | $N_{des}$ | $N_{max}$ | $N_{ini}$ | $N_{des}$ | $N_{max}$ |
| 0.3～1 | 7 | 76 | 117 | 7 | 83 | 129 | 7 | 88 | 138 | 8 | 93 | 146 |
| 1～3 | 7 | 86 | 134 | 8 | 95 | 150 | 8 | 100 | 158 | 8 | 105 | 167 |
| 3～10 | 8 | 96 | 152 | 8 | 106 | 169 | 8 | 113 | 181 | 9 | 119 | 192 |
| 10～30 | 8 | 109 | 174 | 9 | 121 | 195 | 9 | 128 | 208 | 9 | 135 | 220 |
| 30～100 | 9 | 126 | 204 | 9 | 139 | 228 | 9 | 146 | 240 | 10 | 153 | 253 |
| >100 | 9 | 143 | 233 | 10 | 158 | 262 | 10 | 165 | 275 | 10 | 172 | 288 |

注:①以一年夏季连续 7d 的最高气温计算,如北京某年连续 7d 的高温为 30℃、33℃、32℃、30℃、33℃、34℃、32℃,其平均温度为 32℃,标准差 $S$ 为 1.5℃,计算得平均设计最高气温为 32℃ +2 ×1.5 =35℃。可以根据当地气象台的多年气温资料计算得 10 年一遇的平均设计高气温。

其旋转压实次数,随设计最高气温而变,在平均设计最高气温为 41～42℃及设计 ESAL 为 $3\times10^6$～$10\times10^6$ 时,其设计压实次数 $N_{des}$ 为 113 次。

SUP 同时规定与设计压实次数 $N_{des}$ 有关的初始压实次数($N_{ini}$)和最大压实次数 $N_{max}$。用此 3 个压实次数评估混合料的压实性。

由表 5-12 可以看到:

(1)在相同设计高气温条件下,设计 ESAL 愈多,所需的旋转压实功也愈大;例如,在设计最高气温 <39℃ 的地区,ESAL 在 $3\times10^6$～$10\times10^6$ 次(300 万～1000 万次)的路上,其 $N_{ini}$ 为 8 次,$N_{des}$ 为 96 次,其最大压实次数 $N_{max}$ 为 152 次;ESAL 在 $30\times10^6$～$100\times10^6$(300 万次～1 亿次)的路上,其 $N_{ini}$ 为 9 次,$N_{des}$ 为 126 次,$N_{max}$ 为 204 次。

(2)在相同设计 ESAL 的条件下,平均设计最高气温愈高,所需的旋转压实功也愈大;例如,在 ESAL 为 $3\times10^6$～$10\times10^6$ 次的交通状况下,其旋转压实次数随设计最高气温而变,在平均设计最高气温为 39～40℃时,$N_{ini}$、$N_{des}$ 和 $N_{mas}$ 分别为 8、106 和 169 次。在平均设计最高气温为 43～44℃时,$N_{ini}$、$N_{des}$ 和 $N_{mas}$ 分别为 9、119 和 192 次。

表 5-12 中的最大设计 ESAL >1 亿次,如平均设计最高气温 <39℃ 时,则 $N_{ini}$、$N_{des}$ 和 $N_{mas}$ 分别为 9、143 和 233 次;如平均设计最高气温为 39～40℃时,则 $N_{ini}$、$N_{des}$ 和 $N_{mas}$ 分别为 10、158 和 262 次。

SHRP 的高性能沥青路面室内沥青混凝土设计的几个主要体积指标及其规定值如下:

(1) $N_{ini}$时,沥青混凝土的密度为≤89%最大理论密度,即试件的空气率$V_a$≥11%;

(2) 设计旋转压实次数$N_{des}$时,沥青混凝土的密度为96%最大理论密度,混合料的空气率$V_a$ = 4%。

(3) $N_{max}$时,沥青混凝土的密度不超过98%最大理论密度,即试件的空气率$V_a$≥2%;根据上述要求,确定合适的沥青用量(油石比%)。做混合料的试件时,要如同用马歇尔试验做试件一样,做4~5种不同油石比的试件。完成上述试验时,可以用直接计算法确定试件的毛体积密度。所谓直接计算法是用制成的沥青混凝土试件的质量和试件的体积直接计算试件的毛体积密度。计算试件的体积时的高度值就是旋转压实仪记录的相应的旋转圈数所对应的高度。

(4) $V_a$为4%时的矿料间隙率(*VMA*)随标称最大集料尺寸而异,见表5-13。

**$V_a$为4%时的矿料间隙率随标称最大集料尺寸的变化** 表5-13

| 标称最大集料尺寸(mm) | 9.5 | 12.5 | 19.0 | 25.0 | 37.5 |
|---|---|---|---|---|---|
| 最小*VMA* | 15 | 14 | 13 | 12 | 11 |

(5) $V_a$为4%时,沥青混凝土的饱和度(VFA)随ESAL的数量而异,见表5-14。

**饱和度(*VFA*)的标准** 表5-14

| 交通量,ESAL(($10^6$) | 设计*VFA*(%) | 交通量,ESAL(($10^6$) | 设计*VFA*(%) |
|---|---|---|---|
| <0.3 | 75~80 | <3 | 65~78 |
| <1 | 65~78 | 3~100以上 | 65~75 |

饱和度的标准随设计当量标准轴次增加而减小。饱和度的标准对减轻辙槽和避免泛油很重要。对于重载交通长寿命半刚性路面,*VFA*应取65%。

此外,混合料中0.075mm以下粉料含量$D$(%)与沥青含量$B$(%)之比值$D/B$应为1.6(美国西部环道辙槽分析报告中提出,$D/B$的高限应到1.6)。

应该说,美国1993年发表的SHRP研究成果中的核心内容以及最值得我们学习参考的是SGC的应用。

表5-12中,最大的设计ESAL为大于1亿次。根据当前国道主干线高速公路上重载货车多的实际情况,凡是新建长寿命半刚性路面和原高速公路改建成长寿命半刚性路面,每个车道的设计ESAL都要取大于1亿次。

3)沥青混凝土的分解和计算

沥青混凝土的组成包括全部矿料,含粗集料、细集料、填料,沥青和空气,共5部分。将沥青混凝土各组成的质量进行分解和计算(这部分计算需采用四位小数）如下：

（1）沥青混凝土试件的毛体积密度用式（5-28）计算：

$$G_{b,s} = G_{b \cdot s} = \frac{m}{h\pi r^2} (g/cm^3) \tag{5-28}$$

式中：$m$——沥青混凝土试件的质量（g）；

$h$——旋转压实仪记录的试件高度（cm）；

$r$——旋转压实仪试件的半径（cm）。

（2）沥青混凝土试件中全部矿料的质量 $MMA_{AC}$ 用式（5-29）计算：

$$MMA_{AC} = \frac{G_{b,s}}{(1 + P_B)} \quad (g/cm^3) \tag{5-29}$$

式中：$G_{b,s}$——沥青混凝土试件的毛体积密度（$g/cm^3$）。

（3）沥青混疑土中的矿料间隙率 $VMA_{AC}$ 用式（5-30）计算：

$$VMA_{AC} = 1 - \frac{MMA_{AC}}{G_{b,ma}} \tag{5-30}$$

式中：$G_{b,ma}$——全部矿料的毛体积密度（$g/cm^3$）。

（4）沥青混凝土中粗集料的质量 $MCA_{AC}$ 用式（5-31）计算：

$$MCA_{AC} = P_{ca} \times MMA_{AC} \tag{5-31}$$

式中：$P_{ca}$——沥青混凝土中大于4.75mm 粗集料的百分率（%）。

（5）沥青混凝土中粗集料的孔隙率 $VCA_{AC}$ 用式（5-32）计算：

$$VCA_{AC} = 1 - \frac{MCA_{AC}}{C_{b,ca}} \tag{5-32}$$

式中：$G_{b,ca}$——粗集料的毛体积密度（$g/cm^3$）。

（6）沥青混凝土中细集料的质量 $MFA_{AC}$ 用式（5-33）计算：

$$MFA_{AC} = P_{fa} \times MMA_{AC} \tag{5-33}$$

（7）细集料的体积 $VOLFA_{AC}$ 用式（5-34）计算：

$$VOLFA_{AC} = \frac{MFA_{AC}}{G_{b,fa}} \tag{5-34}$$

（8）沥青混凝土中填料的质量 $MFI_{AC}$ 用式（5-35）计算：

$$MFI_{AC} = P_{fi} \times MMA_{AC} \tag{5-35}$$

（9）填料的体积 $VOLFI_{AC}$ 用式（5-36）计算：

$$VOLFI_{AC} = \frac{MFI_{AC}}{G_{a,c}} \tag{5-36}$$

式中：$G_{a,c}$——填料或水泥的视密度（$g/cm^3$）。

（10）沥青混凝土中沥青的质量 $MB_{AC}$ 用式（5-37）计算：

$$MB_{AC} = G_{b,s} - MMA_{AC} \tag{5-37}$$

（11）矿料吸收沥青的质量 $MB_a$，用式（5-38）计算：

$$MB_a = \frac{MMA_{AC} \times G_B \times (G_e - G_{b,ma})}{G_e \times G_{b,ma}} \tag{5-38}$$

式中：$G_e$——沥青的有效密度（$g/cm^3$）。

（12）有效沥青的质量 $MB_e$ 用式（5-39）计算：

$$MB_e = MB_{AC} - MB_a \tag{5-39}$$

（13）有效沥青的体积率 $VOLB_e$ 用式（5-40）计算：

$$VOLB_e = \frac{MB_e}{G_B} \tag{5-40}$$

（14）矿料间隙率 $VMA$ 用式（5-41）计算：

$$VMA = 1 - \frac{G_{b,s}}{(1 + P_B)G_{b,ma}} \tag{5-41}$$

（15）饱和度 $VFA$ 用式（5-42）计算：

$$VFA = \frac{VMA - V_a}{VMA} \tag{5-42}$$

3. 检验方法计算实例

下面以 SAC20 为例，完整地介绍一下新 SAC 系列的检验方法。SAC20 的矿料级配见表 5-15。

**SAC20 的推荐级配** 表 5-15

| 筛孔（mm） | 19 | 16 | 13.2 | 9.5 | 4.75 | 2.36 | 1.18 | 0.6 | 0.3 | 0.15 | 0.075 |
|---|---|---|---|---|---|---|---|---|---|---|---|
| 通过率（%） | 100 | 87.8 | 75.9 | 59.2 | 35 | 25.2 | 18.2 | 13.3 | 9.6 | 6.9 | 5.0 |
| 含量（%） | — | 12.2 | 11.9 | 16.7 | 24.2 | 9.8 | 7.0 | 4.9 | 3.7 | 2.7 | 1.9 |

试验测得的 SAC20 所用石灰岩石料的毛体积密度、表干密度和吸水率见表 5-16 和表 5-17。

**粗集料的毛体积密度、表干密度和吸水率** 表 5-16

| 粒级（mm） | 19 ~ 16 | 16 ~ 13.2 | 13.2 ~ 9.5 | 9.5 ~ 4.75 |
|---|---|---|---|---|
| 毛体积密度 $G_b$（$g/cm^3$） | 2.693 38 | 2.690 48 | 2.684 64 | 2.661 40 |
| 表干密度 $G_{sd}$（$g/cm^3$） | 2.712 78 | 2.710 42 | 2.708 36 | 2.695 70 |
| 吸水率 $W_a$（%） | 0.70 | 0.72 | 0.84 | 1.24 |

细集料的毛体积密度、表干密度和吸水率　　表5-17

| 粒级(mm) | 4.75~2.36 | 2.36~1.18 | 1.18~0.6 | 0.6~0.3 | 0.3~0.15 | 0.15~0.075 |
|---|---|---|---|---|---|---|
| 毛体积密度 $G_b$ ($g/cm^3$) | 2.632 90 | 2.608 68 | 2.593 87 | 2.588 07 | 2.584 79 | 2.583 14 |
| 表干密度 $G_{sd}$ ($g/cm^3$) | 2.677 99 | 2.659 02 | 2.642 44 | 2.638 68 | 2.635 74 | 2.634 27 |
| 吸水率 $W_a$(%) | 1.71 | 1.93 | 1.87 | 1.95 | 1.96 | 1.97 |

烘干粗集料的干捣实密度 $GCA_{DRC}=1.588\,9g/cm^3$，松装密度 $GCA_{DRL}=1.419\,1g/cm^3$，取平均值 $=1.504\,0g/cm^3$。干捣实孔隙率 $VCA_{DRC}=40.58\%$，松装孔隙率 $VCA_{DRL}=47.02\%$，取平均值 $=43.85\%$。沥青的密度是 $1.026\,6g/cm^3$。填料（俗称矿粉）的视密度是 $2.728\,03g/cm^3$。设定 $V_a=4\%$。预估油石比 $P_B=3.8\%$。

$$P_{ca}=12.2+11.9+16.7+24.2=65$$

$$P_{fa}=9.8+7.0+4.9+3.7+2.7+1.9=30$$

$$P_{fi}=5$$

全部粗集料的毛体积密度 $G_{b,ca}$ 用式(5-13)计算得：

$$G_{b,ca}=\frac{(12.2+11.9+16.7+24.2)}{\left(\frac{12.2}{2.693\,38}+\frac{11.9}{2.690\,48}+\frac{16.7}{2.684\,64}+\frac{24.2}{2.661\,40}\right)}=2.678\,62$$

全部细集料的毛体积密度 $G_{b,fa}$ 用式(5-14)计算得：

$$G_{b,fa}=\frac{(9.8+7.0+4.9+3.7+2.7+1.9)}{\left(\frac{9.8}{2.632\,90}+\frac{7.0}{2.608\,68}+\frac{4.9}{2.593\,87}+\frac{3.7}{2.588\,07}\frac{2.7}{2.584\,79}+\frac{1.9}{2.583\,14}\right)}$$

$$=2.607\,72$$

有了这些数据，我们开始进行检验：

由检验的基本方程式(5-26)得到：

$$\left(\frac{65}{1.504\,0}\right)\times(43.85\%-4\%)=\frac{30}{2.607\,72}+\frac{5}{2.728\,03}+\frac{3.8}{1.026\,6}$$

$$17.223\,2=17.038\,7$$

调整细集料，用式(5-27)计算 $P_{fa}$ 得：

$$P_{fa}=\left[\left(\frac{65}{1.504\,0}\right)\times(43.85\%-4\%)-\frac{5}{2.728\,03}-\frac{3.8}{1.026\,6}\right]\times2.607\,72=30.5$$

代入式(5-25)得：

$$65+30.5+5=100.5$$

重新计算得：

$$P_{ca}=\frac{65}{100.5}=64.7\qquad P_{fa}=\frac{30.5}{100.5}=30.3\qquad P_{fi}=\frac{5}{100.5}=5$$

这样就得到了三个新的控制点：$P_{19}=100$，$P_{4.75}=35.3\%$，$P_{0.075}=5\%$。

用式(5-3a)和式(5-3b)建立联立方程式：

$$100 = A\left(\frac{19}{19}\right)^{B}$$

$$35.3 = A\left(\frac{4.75}{19}\right)^{B}$$

二式相除得：$2.83286 = 4B$

等号两侧取对数，即 $\lg 2.83286 = B \cdot \lg 4$

$$B=0.7511, A=100$$

由此得到设计粗集料各个筛孔通过量的新方程式：

$$P_{d_i} = 100\left(\frac{d_i}{19}\right)^{0.7511}$$

用式(5-5a)和式(5-5b)建立联立方程式：

$$35.3 = A\left(\frac{4.75}{4.75}\right)^{B}$$

$$5 = A\left(\frac{0.075}{4.75}\right)^{B}$$

二式相除得：$7.06 = 63.33B$

等号两侧取对数，即 $\lg 7.06 = B \cdot \lg 63.33$

$$B=0.4711, A=35.3$$

由此得到设计细集料各个筛孔通过量的新方程式：

$$P_{d_i} = 35.3\left(\frac{d_i}{4.72}\right)^{0.4711}$$

用新的方程式重新计算得到各筛孔的通过量见表5-18。

**$VCA_{DRF}$检验后得到的 SAC20 的级配** 表5-18

| 筛孔(mm) | 19 | 16 | 13.2 | 9.5 | 4.75 | 2.36 | 1.18 | 0.6 | 0.3 | 0.15 | 0.075 |
|---|---|---|---|---|---|---|---|---|---|---|---|
| 通过率(%) | 100 | 87.9 | 76.1 | 59.4 | 35.3 | 25.4 | 18.3 | 13.3 | 9.6 | 6.9 | 5.0 |
| 含量(%) | | 12.1 | 11.8 | 16.7 | 24.1 | 9.9 | 7.1 | 5.0 | 3.7 | 2.7 | 1.9 |

重新计算得到下列结果：

$P_{ca}=64.7$，$P_{fa}=30.3$，$P_{fi}=5$，$G_{b,ca}=2.67861$，$G_{b,fa}=2.60775$

继续进行检验：

由检验的基本方程式(5-26)得到：

$$\left(\frac{64.7}{1.5040}\right)\times(43.85\%-4\%) = \frac{30.3}{2.60775}+\frac{5}{2.72803}+\frac{3.8}{1.0266}$$

17.143 73 =17.153 56

此时等号两边就可以认为是基本相等了,级配不再需要调整。表 5-18 就是最终级配。下面需要使用旋转压实仪制试件,来确定最佳油石比。

配料的质量为 4 800g,按 3.8% 加入沥青拌成沥青混合料。从表 5-12 中选取最高气温 41 ~42℃,ESAL > $100\times10^6$ 次这一档标准,$N_{ini}$、$N_{des}$和 $N_{max}$分别为 10 次,165 次和 275 次。

旋转压实记录的高度和试件的质量见表 5-19。

**试件的高度和质量** 表 5-19

| | 1 号 | 2 号 | 3 号 |
|---|---|---|---|
| 10 次(mm) | 132.070 | 132.221 | 132.259 |
| 165 次(mm) | 116.828 | 117.167 | 117.553 |
| 275 次(mm) | 115.019 | 115.292 | 115.744 |
| 质量(g) | 4 968.1 | 4 974.7 | 4 969.5 |

用式(5-28)计算得的试件的毛体积密度列在表 5-20。

**试件的毛体积密度值**(g/cm³) 表 5-20

| | 1 号 | 2 号 | 3 号 |
|---|---|---|---|
| 10 次 | 2.129 78 | 2.130 17 | 2.127 33 |
| 165 次 | 2.407 64 | 2.403 86 | 2.393 46 |
| 275 次 | 2.445 51 | 2.442 96 | 2.430 87 |

分析表 5-20 中的值可得:

压实 10 次时,3 个试件的毛体积密度平均值为 2.129 09g/cm³,标准差 $S$ = 0.000 72,$C_v$(%) =0.03;

压实 165 次时,3 个试件的毛体积密度平均值为 2.401 65g/cm³,标准差 $S$ = 0.007 34,$C_v$(%) =0.31;

压实 275 次时,3 个试件的毛体积密度平均值为 2.439 78g/cm³,标准差 $S$ = 0.007 8,$C_v$(%) =0.32。

上述结果表明,旋转压实仪 SGC 所制试件的毛体积密度一致性相当好。

以下还需要计算最大理论密度的值,矿料级配中 5% 填料用水泥,其视密度为 3.02g/cm³,具体方法如下:

全部矿料的毛体积密度 $G_{b,ma}$用式(5-15)计算得:

$$G_{b,ma}=\frac{(12.1+11.8+16.7+24.1+9.9+7.1+5.0+3.7+2.7+1.9+5.0)}{\left(\frac{12.1}{2.693\,38}+\frac{11.8}{2.690\,48}+\frac{16.7}{2.684\,64}+\frac{24.1}{2.661\,40}+\frac{9.9}{2.632\,90}+\frac{7.1}{2.608\,68}+\frac{5.0}{2.593\,87}+\frac{3.7}{2.588\,07}+\frac{2.7}{2.584\,79}+\frac{1.9}{2.583\,14}+\frac{5.0}{2.728\,03}\right)}$$

$$=2.65912$$

全部矿料的表干密度 $G_{sd,ma}$ 用式(5-16)计算得：

$$G_{sd,ma}=\frac{(12.1+11.8+16.7+24.1+9.9+7.1+5.0+3.7+2.7+1.9+5.0)}{\left(\frac{12.1}{2.71278}+\frac{11.8}{2.71042}+\frac{16.7}{2.70836}+\frac{24.1}{2.69570}+\frac{9.9}{2.67799}+\frac{7.1}{2.65902}+\frac{5.0}{2.64244}+\frac{3.7}{2.63868}+\frac{2.7}{2.63574}+\frac{1.9}{2.63427}+\frac{5.0}{2.72803}\right)}$$

$$=2.69106$$

全部矿料的吸水率 $W_{a,ma}$ 用式(5-17)计算得：

$$W_{a,ma}=\frac{(12.1+11.8+16.7+24.1+9.9+7.1+5.0+3.7+2.7+1.9+5.0)}{\left(\frac{12.1}{0.7\%}+\frac{11.8}{0.72\%}+\frac{16.7}{0.84\%}+\frac{24.1}{1.24\%}+\frac{9.9}{1.71\%}+\frac{7.1}{1.93\%}+\frac{5.0}{1.87\%}+\frac{3.7}{1.95\%}+\frac{2.7}{1.96\%}+\frac{1.9}{1.97\%}+\frac{5.0}{0.5\%}\right)}$$

$$=1.01\%$$

根据 $C$ 值与矿料吸水率的关系，$C=0.5$

矿料的有效密度 $G_e$ 用式(5-18)计算得：

$$G_e=2.65912+0.5\times(2.69106-2.65912)=2.67509$$

最大理论密度 $G_{mm}$ 用式(5-19)计算得：

$$G_{mm}=\frac{(100+3.8)}{\left(\frac{100}{2.67509}+\frac{3.8}{1.0266}\right)}=2.52657$$

分别用10次、165次和275次试件的毛体积密度 $G_{b,s}$ 的平均值除以最大理论密度，得到的值为：$N_{ini}=84.3\%$，即 $V_a=15.7\%$。$N_{des}=95.1\%$，$V_a=4.9\%$。$N_{max}=96.6\%$，$V_a=3.4\%$。

$N_{des}$ 对应的 $V_a=4.9\%$，空气率偏大，需要增加沥青用量，将油石比调整为4.1%，重新用旋转压实仪制试件。

旋转压实记录的高度和试件的质量见表5-21。

**试件的高度和质量** 表5-21

| | 1号 | 2号 | 3号 |
|---|---|---|---|
| 10次(mm) | 132.353 | 132.683 | 132.174 |
| 165次(mm) | 116.884 | 117.044 | 116.743 |
| 275次(mm) | 114.991 | 115.217 | 114.887 |
| 质量(g) | 4984.0 | 4987.1 | 4986.0 |

用式(5-28)计算得的试件的毛体积密度列在表5-22。

**试件的毛体积密度值**(g/cm³) 表5-22

| | 1号 | 2号 | 3号 | 平均值 |
|---|---|---|---|---|
| 10次 | 2.13202 | 2.12804 | 2.13577 | 2.13194 |
| 165次 | 2.41419 | 2.41239 | 2.41807 | 2.41485 |
| 275次 | 2.45393 | 2.45064 | 2.45714 | 2.45390 |

用式(5-19)重新计算最大理论密度：

$$G_{mm}=\frac{(100+4.1)}{\left(\frac{100}{2.67509}+\frac{4.1}{1.0266}\right)}=2.51597$$

分别用10次、165次和275次试件的毛体积密度的平均值除以最大理论密度，得到的值为：$N_{ini}=84.7\%$，$V_a=15.3\%$。$N_{des}=96.0\%$，$V_a=4.0\%$。$N_{max}=97.5\%$，$V_a=2.5\%$。

这一次，$N_{des}=96.0\%$，$V_a=4.0\%$，符合设计要求。用沥青混凝土的分解计算方法可得：$VMA=12.8\%$，$VFA=68.5\%$，也符合要求。因此，油石比可确定为4.1%。

4. 现场取芯试件的毛体积测定方法

现场取芯试件的毛体积测定得准确与否，直接影响试件的毛体积密度 $G_{b,s}$ 值、沥青混凝土的 *VMA* 值、空气率 $V_a$ 值和 *VFA* 值。这是一个十分重要的问题。不能用水中重法测定体积，其误差最大。也不能用表干法测定体积，其误差虽较小，也不够准确。笔者建议用填蜡、蜡封法测定 SAC 现场取芯试件的密度。具体步骤如下：

(1)用钻头内径约80 ~ 83mm的钻机，从路面取出一个芯样。

(2)用切割机切去试件的两头，用吸水性好的纸裹覆后，放在能抽真空的容器内。

(3)抽真空度到接近1MPa，连续抽15min，吸出试件中的水。

(4)从抽真空容器中取出芯件后，称其干重 $m_1$；也可以将取出的芯样放在35℃的鼓风烘箱内，烘5h，再取出称重为 $m_1$。

(5)用毛笔将加热到110℃的蜡滴填入芯件表面可见的小孔中。待蜡冷却后，用刮刀将芯件表面填蜡处露出的蜡，沿表面刮平，称试件和填蜡的合重 $m_2$。

(6)将称重后的试件进行蜡封。称蜡封试件的重 $m_3$。

(7) 称蜡封试件水中重 $m_4$。

(8)计算：蜡封试件的体积 $=m_3-m_4$。蜡的体积 $=(m_3-m_2)/G_p$，$G_p$ 为蜡的密度，一般为 $0.9\text{g/cm}^3$ 左右。芯件体积 $V=$ 前两个体积之差。芯件密度 $G_{b,s}=m_1/V$。

## 第四节　新SAC矿料级配的性能

### 一、SAC矿料级配室内力学性质试验方法

SAC矿料级配室内力学性质试验用的试验方法与其他矿料级配用的方法

相同。

做轮辙试验的试验板时,《公路工程沥青及沥青混合料试验规程》要求用马歇尔试验所得最佳油石比时试件的毛体积密度 $G_{b,s}$ 为标准,即板体试件的密度要等于 $G_{b,s}$。由此通常沥青混合料要高出试模,特别是试模中间部分高出较多,必须人工用锤先击实中间部分的沥青混合料,然后再用碾轮碾平。实际操作时经常碾不平,试件高出模框,且密度不均匀。用这种方法制成的几个试件往往不均匀性较大,导致轮辙试验结果的动稳定度值变异性较大。例如,秦皇岛试验路表面层 SAC16 三块试板,所得动稳定度分别为 6 117 次/mm、5 202次/mm 和8 714 次/mm。如取 3 个数的平均值作为 SAC16 的动稳定度,则其值是6 678 次/mm,变异系数 $C_v$ 等于 27.3% 。如取两个接近值 6 117 次/mm 和 5 202 次/mm 的平均值,则 SAC16-1 的动稳定度是 5 660 次/mm,两个结果差 1 018 次/mm。现在这个问题已经得到了有效的解决,北京某研究所试制成功了新型的轮辙试件成型机,这种新型成型机能够将混合料与试模边框完全压平,得到的试件表面平整且均匀性好,轮辙试验的动稳定度值变异性明显减小 ,从原来的 25% 左右减小到 10% 左右。

前面已提到,对于当前我国高速公路建设马歇尔试验已经过时,它所得到的试件的密度远小于用旋转压实仪所得到的试件的密度。因此,必须改变制作轮辙板试件的密度。

施工现场表面层沥青混凝土的空气率不可能过小,因为现场经常达不到 100% 的压实度,现场面层常要求空气率为 6% ~7% 。按理说,将试板沥青混凝土的空气率制成与现场要求空气率相同,如 6% 更为合理,也更便于达到,有利于减少试验结果的变异性。关键是要确定一个统一的数值,利于相互交流和比较。

笔者建议,轮辙试验用试件的空气率为 6% ,做沥青混凝土的力学性质试验,如劈裂试验、弯曲试验等的试件都可控制沥青混凝土的空气率 $V_a$ 为 6% 。

## 二、第一次三种不同类型 SAC 共 12 个级配的试验

2010 年针对三种不同类型的 SAC 级配,即紧密骨架密实结构 SAC-1、一般骨架密实结构 SAC-2 和疏松骨架密实结构 SAC-3,进行了力学性能试验。采用 $VCA_{DRF}$ 检验方法确定级配,用旋转压实仪确定最佳油石比。选用的沥青为 SBS 改性沥青。石料为高速公路中下面层使用的石灰岩,细集料不是专制的机制砂,填料为矿粉。

1. 石料密度

石料按照试验要求筛分成单一粒级，对大于0.3mm的各粒级石料分别按照试验规程的要求测定其毛体积密度、表干密度和吸水率，粗集料每个粒级（每两个相邻筛孔之间的集料称作一个粒级）的毛体积密度、表干密度和吸水率见表5-23。0.3mm及以下粒径的石料用线性回归的方法计算其毛体积密度、表干密度和吸水率。由于细集料均为同一种石灰岩，在计算过程中取了2.36mm、1.18mm和0.6mm三个筛孔的通过量计算回归方程，并推算得0.3mm、0.15mm和0.075mm三个筛孔集料的毛体积密度、表干密度和吸水率见表5-24。

粗集料的毛体积密度、表干密度和吸水率　　表5-23

| 粒级(mm) | 26.5～19 | 19～16 | 16～13.2 | 13.2～9.5 | 9.5～4.75 |
|---|---|---|---|---|---|
| 毛体积密度 $G_b$(g/cm$^3$) | 2.700 08 | 2.693 38 | 2.690 48 | 2.684 64 | 2.661 40 |
| 表干密度 $G_{sd}$(g/cm$^3$) | 2.718 51 | 2.712 78 | 2.710 42 | 2.708 36 | 2.695 70 |
| 吸水率 $W_a$(%) | 0.69 | 0.70 | 0.72 | 0.84 | 1.24 |

细集料的毛体积密度、表干密度和吸水率　　表5-24

| 粒级(mm) | 4.75～2.36 | 2.36～1.18 | 1.18～0.6 | 0.6～0.3 | 0.3～0.15 | 0.15～0.075 |
|---|---|---|---|---|---|---|
| 毛体积密度 $G_b$(g/cm$^3$) | 2.632 90 | 2.608 68 | 2.593 87 | 2.588 07 | 2.584 79 | 2.583 14 |
| 表干密度 $G_{sd}$(g/cm$^3$) | 2.678 00 | 2.659 01 | 2.642 44 | 2.638 68 | 2.635 74 | 2.634 27 |
| 吸水率 $W_a$(%) | 1.71 | 1.93 | 1.87 | 1.95 | 1.97 | 1.97 |

2. 四种SAC的推荐矿料级配

四种SAC的推荐矿料级配见表5-25。

推荐级配　　表5-25

| 筛孔(mm) | 26.5 | 19 | 16 | 13.2 | 9.5 | 4.75 | 2.36 | 1.18 | 0.6 | 0.3 | 0.15 | 0.075 |
|---|---|---|---|---|---|---|---|---|---|---|---|---|
| SAC25-1 | 100 | 79.2 | 70.2 | 61.4 | 48.7 | 30 | 21.4 | 15.2 | 11.0 | 7.8 | 5.6 | 4.0 |
| SAC25-2 | 100 | 81.6 | 73.5 | 65.3 | 53.4 | 35 | 24.3 | 16.9 | 11.9 | 8.3 | 5.7 | 4.0 |
| SAC25-3 | 100 | 83.7 | 76.4 | 69.0 | 57.9 | 40 | 27.1 | 18.5 | 12.7 | 8.6 | 5.9 | 4.0 |
| SAC20-1 | — | 100 | 86.1 | 72.9 | 54.8 | 30 | 22.2 | 16.4 | 12.3 | 9.1 | 6.7 | 5.0 |
| SAC20-2 | — | 100 | 87.8 | 75.9 | 59.2 | 35 | 25.2 | 18.2 | 13.3 | 9.6 | 6.9 | 5.0 |
| SAC20-3 | — | 100 | 89.2 | 78.6 | 63.2 | 40 | 28.2 | 19.9 | 14.2 | 10 | 7.1 | 5.0 |
| SAC16-1 | — | — | 100 | 82.6 | 59.6 | 30 | 22.9 | 17.5 | 13.4 | 10.3 | 7.9 | 6.0 |
| SAC16-2 | — | — | 100 | 84.7 | 63.7 | 35 | 26.0 | 19.4 | 14.5 | 10.8 | 8.1 | 6.0 |
| SAC16-3 | — | — | 100 | 86.5 | 67.5 | 40 | 29.0 | 21.2 | 15.5 | 11.3 | 8.2 | 6.0 |

续上表

| 筛孔(mm) | 26.5 | 19 | 16 | 13.2 | 9.5 | 4.75 | 2.36 | 1.18 | 0.6 | 0.3 | 0.15 | 0.075 |
|---|---|---|---|---|---|---|---|---|---|---|---|---|
| SAC13-1 | — | — | — | 100 | 67.9 | 30 | 24.0 | 19.2 | 15.5 | 12.4 | 10 | 8.0 |
| SAC13-2 | — | — | — | 100 | 71.3 | 35 | 27.3 | 21.3 | 16.8 | 13.1 | 10.2 | 8.0 |
| SAC13-3 | — | — | — | 100 | 74.5 | 40 | 30.5 | 23.3 | 17.9 | 13.7 | 10.5 | 8 |

3. 试验结果

用烘干粗集料空隙填充法 $VCA_{DRF}$ 方法检验时所需的干捣实密度 $GCA_{DRC}$ 和干捣实孔隙率 $VCA_{DRC}$ 等见表5-26。

**不同 SAC 的干捣实密度和松装密度** 表5-26

| 级配名称 | 干捣实密度(g/cm³) | 干捣实孔隙率 | 松装密度(g/cm³) | 松装孔隙率 | 密度平均值(g/cm³) | 孔隙率平均值 |
|---|---|---|---|---|---|---|
| SAC25-1 | 1.629 9 | 39.3% | — | — | — | — |
| SAC25-2 | 1.629 9 | 39.3% | 1.480 4 | 44.8% | 1.555 1 | 42.1% |
| SAC25-3 | — | — | 1.480 7 | 44.8% | — | — |
| SAC20-1 | 1.592 0 | 40.6% | — | — | — | — |
| SAC20-2 | 1.588 9 | 40.7 | 1.419 1 | 47.0% | 1.504 0 | 43.9% |
| SAC20-3 | — | — | 1.406 7 | 47.5% | — | — |
| SAC16-1 | 1.5712 | 41.3% | — | — | — | — |
| SAC16-2 | 1.582 8 | 40.8% | 1.402 0 | 47.6% | 1.492 4 | 44.2% |
| SAC16-3 | — | — | 1.389 1 | 48.1% | — | — |
| SAC13-1 | 1.564 6 | 41.4% | — | — | — | — |
| SAC13-2 | 1.558 5 | 41.7% | 1.373 3 | 48.6% | 1.465 9 | 45.1% |
| SAC13-3 | — | — | 1.370 6 | 48.7% | — | — |

注:用 $VCA_{DRF}$ 方法检验时,对 SAC25-1 用干捣实密度 $GCA_{DRC}$ 和 $VCA_{DRC}$;对 SAC25-3,用松装密度 $GCA_{DRL}$ 和 $VCA_{DRL}$;对 SAC25-2,用 $GCA_{DRC}$ 与 $VCA_{DRL}$ 的平均值以及 $VCA_{DRC}$ 与 $VCA_{DRL}$ 的平均值。对于其他最大粒径的 SAC××-1,SAC××-2,SAC××-3,均相同。参看《多碎石沥青混凝土 SAC 系列的设计与施工》(人民交通出版社,2005 年)。

从表5-26 可以看到:

1)SAC 的干捣实密度 $GCA_{DRC}$ 和松装密度 $GCA_{DRL}$ 随最大粒径减小而减小。

2)SAC 的干捣实孔隙率 $VCA_{DRC}$ 和松装孔隙率 $VCA_{DRL}$ 随最大粒径减小而增大。

4. $VCA_{DRF}$ 方法检验后的级配和最佳油石比

对表5-25 中推荐的四种 SAC 共 12 个级配,经过 3 次 $VCA_{DRF}$ 方法检验(设定空气率为4%)，得到调整后的级配(空气率设定为4%)见表5-27。

**$VCA_{DRF}$检验后的级配**　表5-27

| 级配名称 | 通过下列筛孔(mm)的质量百分率(%) | | | | | | | | | | | | 油石比 |
|---|---|---|---|---|---|---|---|---|---|---|---|---|---|
| | 26.5 | 19 | 16 | 13.2 | 9.5 | 4.75 | 2.36 | 1.18 | 0.6 | 0.3 | 0.15 | 0.075 | |
| SAC25-1 | 100 | 79.6 | 70.8 | 62.0 | 49.5 | 30.8 | 21.7 | 15.4 | 11.0 | 7.8 | 5.5 | 3.9 | 3.5% |
| SAC25-2 | 100 | 81.2 | 72.9 | 64.6 | 52.5 | 34.0 | 23.8 | 16.7 | 11.8 | 8.3 | 5.8 | 4.1 | 3.7% |
| SAC25-3 | 100 | 82.5 | 74.7 | 66.9 | 55.3 | 37.1 | 25.7 | 17.9 | 12.5 | 8.7 | 6.0 | 4.2 | 3.6% |
| SAC20-1 | — | 100 | 86.7 | 73.9 | 56.2 | 31.6 | 23.1 | 16.9 | 12.5 | 9.1 | 6.7 | 4.9 | 4.2% |
| SAC20-2 | — | 100 | 87.9 | 76.1 | 59.4 | 35.3 | 25.4 | 18.3 | 13.3 | 9.6 | 6.9 | 5.0 | 4.1% |
| SAC20-3 | — | 100 | 89.1 | 78.3 | 62.8 | 39.4 | 27.8 | 19.7 | 14.1 | 10.0 | 7.1 | 5.0 | 3.9% |
| SAC16-1 | — | — | 100 | 83.3 | 60.9 | 31.5 | 23.7 | 17.8 | 13.5 | 10.2 | 7.7 | 5.8 | 4.2% |
| SAC16-2 | — | — | 100 | 84.6 | 63.6 | 34.9 | 25.9 | 19.3 | 14.5 | 10.8 | 8.1 | 6.0 | 3.9% |
| SAC16-3 | — | — | 100 | 86.2 | 67.0 | 39.3 | 28.7 | 21.0 | 15.5 | 11.4 | 8.3 | 6.1 | 3.8% |
| SAC13-1 | — | — | — | 100 | 68.7 | 31.1 | 24.7 | 19.6 | 15.7 | 12.5 | 9.9 | 7.9 | 4.2% |
| SAC13-2 | — | — | — | 100 | 71.6 | 35.4 | 27.5 | 21.4 | 16.8 | 13.0 | 10.1 | 7.9 | 3.9% |
| SAC13-3 | — | — | — | 100 | 74.2 | 39.5 | 30.2 | 23.2 | 17.9 | 13.8 | 10.6 | 8.1 | 3.8% |

由表5-27可以看到：

SAC25的最佳油石比平均3.6%；

SAC20的最佳油石比平均4.1%；

SAC16的最佳油石比平均4.0%；

SAC13的最佳油石比平均4.0%；

沥青混凝土的最大理论密度、空气率(即孔隙率)等指标值，见表5-28。

**沥青混凝土的四个物理指标**　表5-28

| 级配名称 | 最大理论密度($g/cm^3$) | 矿料间隙率 | 饱和度 | 空气率 |
|---|---|---|---|---|
| SAC25-1 | 2.54183 | 11.6% | 64.2% | 4.1% |
| SAC25-2 | 2.53287 | 12.0% | 66.0% | 4.1% |
| SAC25-3 | 2.53475 | 11.8% | 65.2% | 4.1% |
| SAC20-1 | 2.51436 | 12.8% | 69.9% | 3.9% |
| SAC20-2 | 2.51597 | 12.8% | 68.5% | 4.0% |
| SAC20-3 | 2.52090 | 12.2% | 67.9% | 3.9% |
| SAC16-1 | 2.51366 | 13.0% | 68.8% | 4.1% |

续上表

| 级配名称 | 最大理论密度(g/cm³) | 矿料间隙率 | 饱和度 | 空气率 |
|---|---|---|---|---|
| SAC16-2 | 2.52295 | 12.2% | 68.3% | 3.9% |
| SAC16-3 | 2.52397 | 12.1% | 66.9% | 4.0% |
| SAC13-1 | 2.51353 | 13.0% | 68.9% | 4.0% |
| SAC13-2 | 2.52195 | 12.2% | 68.4% | 3.8% |
| SAC13-3 | 2.52364 | 12.0% | 68.0% | 4.0% |

5. 用 SGC 旋转压实仪制件

用 SGC 旋转压实仪按不同油石比制件，取设计压实次数 $N_{des}=165$ 次时的高度计算试件的毛体积密度；同时，$N_{des}=165$ 次时，试件密度达到最大理论密度的 96%，即试件的孔隙率或空气率 $V_a$ 为 4%。最大压实次数 $N_{des}=275$ 次时，试件的密度不超过最大理论密度的 98%，即 $V_a$ 为 2% 时，取此试件的油石比作为最终确定的油石比。其值列在表 5-29 中。

在试验过程中发现，SAC25-1 型在计算试件的毛体积密度时，如果 SAC25-1 的预估油石比选择 3.5%，用直接计算法得到的空气率 $V_a$ 大于 5%，应该使用填蜡法测定试件的体积，即将试件表面的大小空隙用 60℃ 左右的蜡填满，再用刀片沿试件表面将多余的蜡刮去，通过计算得出试件的毛体积密度。计算公式为式(5-43)：

$$G_{b,s}=\frac{m_1}{\pi r^2 h-\dfrac{m_2-m_1}{\gamma_{蜡}}} \tag{5-43}$$

式中：$G_{b,s}$——试件的毛体积密度(g/cm³)；

$m_1$——未填蜡试件的质量(g)；

$m_2$——填蜡后试件的质量(g)；

$h$——SGC 给出的试件高度(cm)；

$r$——SGC 试件的半径(cm)；

$\gamma_{蜡}$——蜡的密度(g/cm³)。

其他各型 SAC 级配，都可以用直接计算的方法得出试件的毛体积密度 $G_{b,s}$。计算公式为式(5-44)：

$$G_{b,s}=\frac{m_1}{\pi r^2 h} \tag{5-44}$$

式中：$m_1$——试件的质量(g)；

$h$——SGC 给出的试件高度(cm)；

$r$——SGC 试件的半径(cm)。

6. 沥青混凝土的力学性质试验结果

试验所用沥青为中国化工青岛安邦路法沥青有限公司生产的法国埃尔夫改性沥青。

1)轮辙试验

用新型轮辙试件成型机制作车辙试验板，车辙板的尺寸为 300mm×300mm×50mm。沥青混凝土的空气率为 6%。试件在试验温度(60℃)下保温 6h 后开始试验，试验时间共 60min(作用次数为 2 500 次)。试验结果列在表 5-29 中。

**轮辙试验结果($n$=6)**　　表 5-29

| 级 配 | 总形变 | | 相对永久形变 | | 动稳定度 | |
|---|---|---|---|---|---|---|
| | 平均值(mm) | $C_v$ | 平均值 | $C_v$ | 平均值(次/mm) | $C_v$ |
| SAC25-1 | 0.86 | 9.2% | 1.67% | 9.2% | 8 825 | 12.1% |
| SAC25-2 | 0.84 | 9.8% | 1.65% | 9.7% | 10 093 | 12.8% |
| SAC25-3 | 0.82 | 9.4% | 1.60% | 9.2% | 11 063 | 12.6% |
| SAC20-1 | 1.00 | 17.0% | 1.95% | 16.7% | 9 631 | 14.4% |
| SAC20-2 | 0.90 | 11.4% | 1.75% | 11.2% | 10 218 | 7.8% |
| SAC20-3 | 0.89 | 13.6% | 1.73% | 13.6% | 9 051 | 13.0% |
| SAC16-1 | 1.02 | 13.9% | 2.02% | 13.9% | 9 338 | 10.4% |
| SAC16-2 | 0.90 | 7.1% | 1.76% | 7.3% | 10 895 | 7.6% |
| SAC16-3 | 0.85 | 11.5% | 1.67% | 11.9% | 12 749 | 8.9% |
| SAC13-1 | 1.29 | 6.3% | 2.53% | 6.5% | 6 800 | 4.7% |
| SAC13-2 | 0.92 | 11.4% | 1.80% | 11.4% | 11 446 | 5.5% |
| SAC13-3 | 0.76 | 9.1% | 1.48% | 9.2% | 12 240 | 15.3% |

2)劈裂试验

用击实法成型马歇尔试件，空气率为 4%。使用电动伺服万能试验机和高低温环境试验箱进行试验。先将试件放入环境箱中，在试验温度下保温 6h，然后进行试验，加载速率为 50mm/min，试验温度分别为 15℃和 25℃。试验结果列在表 5-30 和表 5-31 中。

**15℃劈裂试验结果**(样本数=5)　　表 5-30

| 级配名称 | 劈裂抗拉强度 | | 破坏拉伸应变 | | 劲度模量 | |
|---|---|---|---|---|---|---|
| | 平均值(MPa) | $C_v$ | 平均值 | $C_v$ | 平均值(MPa) | $C_v$ |
| SAC25-1 | 1.25 | 9.2% | 0.013 94 | 5.6% | 0.168 68 | 12.4% |
| SAC25-2 | 1.53 | 5.9% | 0.013 19 | 7.2% | 0.218 79 | 11.3% |

续上表

| 级配名称 | 劈裂抗拉强度 | | 破坏拉伸应变 | | 劲度模量 | |
|---|---|---|---|---|---|---|
| | 平均值(MPa) | $C_v$ | 平均值 | $C_v$ | 平均值(MPa) | $C_v$ |
| SAC25-3 | 1.44 | 7.4% | 0.014 85 | 14.4% | 0.187 09 | 21.7% |
| SAC20-1 | 1.31 | 6.9% | 0.0152 8 | 8.2% | 0.161 73 | 14.3% |
| SAC20-2 | 1.25 | 10.5% | 0.016 53 | 9.3% | 0.143 46 | 16.6% |
| SAC20-3 | 1.23 | 11.9% | 0.015 43 | 10.3% | 0.152 56 | 19.9% |
| SAC16-1 | 1.54 | 7.6% | 0.014 28 | 6.5% | 0.202 87 | 12.6% |
| SAC16-2 | 1.56 | 7.6% | 0.013 9 | 6.9% | 0.210 61 | 10.9% |
| SAC16-3 | 1.25 | 6.5% | 0.014 85 | 5.7% | 0.157 88 | 7.6% |
| SAC13-1 | 1.22 | 10.9% | 0.016 63 | 12.8% | 0.140 81 | 23.0% |
| SAC13-2 | 1.25 | 5.6% | 0.014 15 | 2.6% | 0.165 09 | 7.89% |
| SAC13-3 | 1.34 | 9.8% | 0.013 84 | 2.8% | 0.181 51 | 12.4% |

**25℃劈裂试验结果**(样本数 =5)　　表 5-31

| 级配名称 | 劈裂抗拉强度 | | 破坏拉伸应变 | | 劲度模量 | |
|---|---|---|---|---|---|---|
| | 平均值(MPa) | $C_v$ | 平均值 | $C_v$ | 平均值(MPa) | $C_v$ |
| SAC25-1 | 0.64 | 12.2% | 0.01524 | 6.6% | 0.07280 | 7.7% |
| SAC25-2 | 0.64 | 5.3% | 0.014 82 | 9.0% | 0.074 76 | 8.1% |
| SAC25-3 | 0.72 | 9.2% | 0.01627 | 14.0% | 0.07802 | 18.7% |
| SAC20-1 | 0.65 | 8.6% | 0.01635 | 11.5% | 0.06996 | 13.9% |
| SAC20-2 | 0.71 | 12.6% | 0.01623 | 9.8% | 0.07573 | 11.5% |
| SAC20-3 | 0.61 | 7.6% | 0.01384 | 6.1% | 0.07602 | 9.7% |
| SAC16-1 | 0.67 | 5.4% | 0.014 99 | 8.6% | 0.078 05 | 14.0% |
| SAC16-2 | 0.63 | 8.7% | 0.014 58 | 2.5% | 0.074 76 | 7.4% |
| SAC16-3 | 0.65 | 6.3% | 0.0147 8 | 5.9% | 0.076 00 | 9.6% |
| SAC13-1 | 0.62 | 10.5% | 0.013 9 | 2.6% | 0.077 2 | 12.6% |
| SAC13-2 | 0.62 | 6.2% | 0.013 83 | 9.3% | 0.078 05 | 10.3% |
| SAC13-3 | 0.59 | 19.5% | 0.010 45 | 17.6% | 0.096 43 | 5.7% |

3)冻融劈裂试验

按《公路工程沥青及沥青混合料试验规程》用标准马歇尔试验方法成型试件,每面各击实 50 次。空气率为 4%。使用电动伺服万能试验机和高低温环境试验箱进行试验。将冻融组试件真空饱水后放入 -18℃的环境箱内冷冻 16h,

而后放入60℃恒温水浴中浸泡24h，再和非冻融组一起放入25℃恒温水浴中浸泡3h进行试验，试验温度为25℃，加载速率为50mm/min。试验结果列在表5-32中。

冻融劈裂试验结果（样本数=5）　　表5-32

| 级配名称 | 劈裂抗拉强度 | | 冻融劈裂抗拉强度 | | 冻融劈裂抗拉强度比 |
|---|---|---|---|---|---|
| | 平均值（MPa） | 偏差系数 | 平均值（MPa） | 偏差系数 | |
| SAC25-1 | 0.57 | 9.9% | 0.42 | 7.6% | 74.8% |
| SAC25-2 | 0.55 | 7.9% | 0.54 | 3.0% | 98.5% |
| SAC25-3 | 0.61 | 10.7% | 0.44 | 5.4% | 71.8% |
| SAC20-1 | 0.56 | 2.2% | 0.45 | 4.3% | 80.2% |
| SAC20-2 | 0.58 | 3.8% | 0.46 | 5.2% | 78.7% |
| SAC20-3 | 0.64 | 2.4% | 0.42 | 2.3% | 66.7% |
| SAC16-1 | 0.60 | 4.5% | 0.51 | 4.3% | 84.3% |
| SAC16-2 | 0.60 | 4.8% | 0.44 | 2.5% | 73.2% |
| SAC16-3 | 0.67 | 6.5% | 0.51 | 11.4% | 76.2% |
| SAC13-1 | 0.59 | 3.8% | 0.48 | 1.2% | 81.5% |
| SAC13-2 | 0.59 | 3.7% | 0.42 | 7.7% | 72.1% |
| SAC13-3 | 0.68 | 6.1% | 0.46 | 5.7% | 67.7% |

4）弯曲试验

用新型车辙试件成型机制作车辙试验板，然后切割成长、宽、高为250mm×30mm×35mm的小梁，空气率为4%。使用电动伺服万能试验机和高低温环境试验箱进行试验。先将试件放入环境箱中，在规定试验温度下保温4h，然后进行试验，加载速率为50mm/min。试验温度－10℃。试验结果列在表5-33中。

弯曲试验结果（样本数=5）　　表5-33

| 级配名称 | 跨中挠度 | | 抗弯拉强度 | | 最大弯拉应变 | |
|---|---|---|---|---|---|---|
| | 平均值（mm） | 偏差系数 | 平均值（MPa） | 偏差系数 | 平均值 | 偏差系数 |
| SAC25-1 | 0.54 | 19.7% | 5.72 | 6.6% | 2 740 | 20.0% |
| SAC25-2 | 0.87 | 35.8% | 7.81 | 18.5% | 4 460 | 36.1% |
| SAC25-3 | 0.77 | 28.9% | 7.53 | 19.8% | 3 960 | 29.2% |
| SAC20-1 | 0.99 | 30.2% | 8.68 | 14.2% | 5 070 | 29.9% |
| SAC20-2 | 0.90 | 35.1% | 8.53 | 11.3% | 4 590 | 35.4% |
| SAC20-3 | 0.94 | 20.5% | 8.15 | 17.9% | 4 820 | 20.4% |

续上表

| 级配名称 | 跨中挠度 | | 抗弯拉强度 | | 最大弯拉应变 | |
|---|---|---|---|---|---|---|
| | 平均值(mm) | 偏差系数 | 平均值(MPa) | 偏差系数 | 平均值 | 偏差系数 |
| SAC16-1 | 0.70 | 24.9% | 9.87 | 5.1% | 3 640 | 24.9% |
| SAC16-2 | 0.68 | 22.7% | 8.62 | 13.1% | 3 520 | 22.8% |
| SAC16-3 | 0.70 | 19.4% | 9.54 | 17.3% | 3 640 | 19.3% |
| SAC13-1 | 1.08 | 21.1% | 10.39 | 13.7% | 5 590 | 20.6% |
| SAC13-2 | 0.77 | 22.4% | 10.02 | 18.8% | 3 970 | 22.5% |
| SAC13-3 | 1.10 | 25.2% | 8.81 | 18.1% | 5 680 | 24.6% |

抗弯拉强度大小,SAC13 > SAC16 > SAC20 > SAC25,各级配中大多是 1 型最大,占 3/4,但总评 $C_v$ 大于 $\varepsilon_{re}$。

7. 结论

在轮辙试验中发现,同一组试验中总变形量小的试件的动稳定度有时会小于总变形量大的试件。例如,1 号试件的总变形量是 0.74mm,相对永久形变是 1.44%,动稳定度为 9 545 次/mm。2 号试件的总变形量是 0.95mm,相对永久形变是 1.86%,动稳定度为 10 161 次/mm。产生这种情况的原因是,在车辙试验的 60min 内,板的变形是一个连续的过程,动稳定度的计算方法是以最后 15min 的变形量来计算的。有的试件在前 45min 内变形量较大,而在最后 15min 内变形量较小,有的试件则反之。这就造成了总变形量大,动稳定度高,总变形量小,动稳定度低的情况。而相对永久形变是以 60min 产生的总变形量除以试件厚度得到的,能够反映出试件变形的总体情况。因此,以动稳定度来衡量沥青混凝土的高温稳定性是不合适的,应该以相对永久形变来衡量沥青混凝土的高温稳定性。

## 三、第二次三种不同类型 SAC 共 12 个级配的试验

2010 年针对三种不同类型的 SAC 级配,即紧密骨架密实结构 SAC-1、一般骨架密实结构 SAC-2 和疏松骨架密实结构 SAC-3,进行了部分力学性能试验。采用 $VCA_{DRF}$检验方法确定级配,用 SGC 旋转压实仪确定最佳油石比。选用的沥青为埃尔夫 SBS 改性沥青。SAC25 和 SAC20 的石料为高速公路中下面层使用的石灰岩,SAC16 和 SAC13 的粗集料为高速公路面层使用的玄武岩,细集料为机制砂,填料为水泥。

### 1. 石料密度

石料按照试验要求筛分成单一粒级，对大于0.3mm的各粒级石料分别按照试验规程的要求测定其毛体积密度、表干密度和吸水率。石灰岩粗集料每个粒级的毛体积密度、表干密度和吸水率见表5-34。玄武岩粗集料每个粒级的毛体积密度、表干密度和吸水率见表5-35。0.3mm及以下的石料用线性回归的方法计算其毛体积密度、表干密度和吸水率。由于细集料均为同一种石灰岩，在计算过程中取了2.36mm、1.18mm和0.6mm三个筛孔的通过量计算回归方程，并推算得0.3mm、0.15mm和0.075mm三个筛孔集料的毛体积密度、表干密度和吸水率见表5-36。

**石灰岩粗集料的毛体积密度、表干密度和吸水率** 表5-34

| 粒级(mm) | 26.5~19 | 19~16 | 16~13.2 | 13.2~9.5 | 9.5~4.75 |
|---|---|---|---|---|---|
| 毛体积密度 $G_b$(g/cm$^3$) | 2.799 61 | 2.805 72 | 2.815 37 | 2.807 69 | 2.805 48 |
| 表干密度 $G_{sd}$(g/cm$^3$) | 2.808 67 | 2.813 81 | 2.823 66 | 2.816 72 | 2.820 40 |
| 吸水率 $W_a$(%) | 0.32 | 0.29 | 0.29 | 0.32 | 0.53 |

**玄武岩粗集料的毛体积密度、表干密度和吸水率** 表5-35

| 粒级(mm) | 16~13.2 | 13.2~9.5 | 9.5~4.75 |
|---|---|---|---|
| 毛体积密度 $G_b$(g/cm$^3$) | 2.998 28 | 2.987 02 | 2.974 58 |
| 表干密度 $G_{sd}$(g/cm$^3$) | 3.014 36 | 3.005 51 | 2.998 79 |
| 吸水率 $W_a$(%) | 0.54 | 0.62 | 0.81 |

**细集料的毛体积密度、表干密度和吸水率** 表5-36

| 粒级(mm) | 4.75~2.36 | 2.36~1.18 | 1.18~0.6 | 0.6~0.3 | 0.3~0.15 | 0.15~0.075 |
|---|---|---|---|---|---|---|
| 毛体积密度 $G_b$(g/cm$^3$) | 2.776 73 | 2.749 40 | 2.762 18 | 2.751 45 | 2.749 88 | 2.749 09 |
| 表干密度 $G_{sd}$(g/cm$^3$) | 2.800 89 | 2.788 91 | 2.803 32 | 2.797 39 | 2.797 35 | 2.797 32 |
| 吸水率 $W_a$(%) | 0.87 | 1.44 | 1.49 | 1.66 | 1.72 | 1.74 |

### 2. 四种SAC的推荐矿料级配

四种SAC的推荐矿料级配见表5-37。

**推 荐 级 配** 表5-37

| 级配名称 | 通过下列筛孔(mm)的质量百分率(%) | | | | | | | | | | | |
|---|---|---|---|---|---|---|---|---|---|---|---|---|
| | 26.5 | 19 | 16 | 13.2 | 9.5 | 4.75 | 2.36 | 1.18 | 0.6 | 0.3 | 0.15 | 0.075 |
| SAC25-1 | 100 | 79.2 | 70.2 | 61.4 | 48.7 | 30.0 | 20.9 | 14.6 | 10.3 | 7.2 | 5.0 | 3.5 |
| SAC25-2 | 100 | 81.6 | 73.5 | 65.3 | 53.4 | 35.0 | 24.3 | 16.9 | 11.9 | 8.3 | 5.7 | 4.0 |

续上表

| 级配名称 | 通过下列筛孔(mm)的质量百分率(%) | | | | | | | | | | | |
|---|---|---|---|---|---|---|---|---|---|---|---|---|
| | 26.5 | 19 | 16 | 13.2 | 9.5 | 4.75 | 2.36 | 1.18 | 0.6 | 0.3 | 0.15 | 0.075 |
| SAC25-3 | 100 | 83.7 | 76.4 | 69.0 | 57.9 | 40.0 | 27.7 | 19.2 | 13.5 | 9.3 | 6.5 | 4.5 |
| SAC20-1 | — | 100 | 86.1 | 72.9 | 54.8 | 30.0 | 21.8 | 15.9 | 11.6 | 8.5 | 6.2 | 4.5 |
| SAC20-2 | — | 100 | 87.8 | 75.9 | 59.2 | 35.0 | 25.2 | 18.2 | 13.3 | 9.6 | 6.9 | 5.0 |
| SAC20-3 | — | 100 | 89.3 | 78.6 | 63.2 | 40.0 | 28.6 | 20.5 | 14.9 | 10.7 | 7.7 | 5.5 |
| SAC16-1 | — | — | 100 | 82.6 | 59.6 | 30.0 | 22.5 | 17.0 | 12.9 | 9.7 | 7.3 | 5.5 |
| SAC16-2 | — | — | 100 | 84.7 | 63.7 | 35.0 | 26.0 | 19.4 | 14.5 | 10.8 | 8.1 | 6.0 |
| SAC16-3 | — | — | 100 | 86.5 | 67.5 | 40.0 | 29.4 | 21.7 | 16.2 | 11.9 | 8.8 | 6.5 |
| SAC13-1 | — | — | — | 100 | 67.9 | 30.0 | 23.7 | 18.8 | 15.0 | 11.9 | 9.5 | 7.5 |
| SAC13-2 | — | — | — | 100 | 71.3 | 35.0 | 27.3 | 21.3 | 16.8 | 13.1 | 10.2 | 8.0 |
| SAC13-3 | — | — | — | 100 | 74.5 | 40.0 | 30.8 | 23.8 | 18.5 | 14.3 | 11.0 | 8.5 |

3.不同SAC的干捣实密度和松装密度

用烘干粗集料空隙填充法 $VCA_{DRF}$ 方法检验时所需的干捣实密度 $GCA_{DRC}$ 和干捣实孔隙率 $VCA_{DRC}$ 等见表5-38。

**不同SAC的干捣实密度和松装密度** 表5-38

| 级配名称 | 干捣实密度($g/cm^3$) | 干捣实孔隙率 | 松装密度($g/cm^3$) | 松装孔隙率 | 密度平均值($g/cm^3$) | 孔隙率平均值 |
|---|---|---|---|---|---|---|
| SAC25-1 | 1.684 70 | 40.0% | — | — | — | — |
| SAC25-2 | 1.666 88 | 40.6% | 1.565 49 | 44.2% | 1.616 19 | 42.4% |
| SAC25-3 | — | — | 1.533 59 | 45.3% | — | — |
| SAC20-1 | 1.683 81 | 40.0% | — | — | — | — |
| SAC20-2 | 1.682 05 | 40.1% | 1.507 84 | 46.3% | 1.594 94 | 43.2% |
| SAC20-3 | — | — | 1.487 06 | 47.0% | — | — |
| SAC16-1 | 1.779 05 | 40.4% | — | — | — | — |
| SAC16-2 | 1.796 05 | 39.8% | 1.584 93 | 46.9% | 1.690 49 | 43.4% |
| SAC16-3 | — | — | 1.594 08 | 46.6% | — | — |
| SAC13-1 | 1.763 96 | 40.8% | — | — | — | — |
| SAC13-2 | 1.763 99 | 40.8% | 1.558 23 | 47.7% | 1.661 11 | 44.3% |
| SAC13-3 | — | — | 1.551 27 | 47.9% | — | — |

从表5-38可以看到：

(1)SAC的干捣实密度 $GCA_{DRC}$ 和松装密度 $GCA_{DRL}$ 随最大粒径减小而减小。

(2)SAC 的干捣实孔隙率 $VCA_{DRC}$ 和松装孔隙率 $VCA_{DRL}$ 随最大粒径减小而增大。

4. $VCA_{DRF}$ 方法检验后的级配和最佳油石比

对表 5-37 中推荐的四种 SAC 共 12 个级配，经过三次 $VCA_{DRF}$ 方法检验（设定空气率为 4%），得到调整后的级配（空气率设定为 4%）见表 5-39。

5. 用 SGC 旋转压实仪制件

用 SGC 旋转压实仪按不同油石比制件，取设计压实次数 $N_{des}=165$ 次时的高度计算试件的毛体积密度；同时，$N_{des}=165$ 次时，试件密度达到最大理论密度的 96%，即试件的孔隙率或空气率 $V_a$ 为 4%。最大压实次数 $N_{des}=275$ 次时，试件的密度不超过最大理论密度的 98%，即 $V_a$ 为 2% 时，取此试件的油石比作为最终确定的油石比。其值也列在表 5-39 中。

**$VCA_{DRF}$ 检验后的级配**　　表 5-39

| 级配名称 | 通过下列筛孔(mm)的质量百分率(%) | | | | | | | | | | | | 油石比 |
|---|---|---|---|---|---|---|---|---|---|---|---|---|---|
| | 26.5 | 19 | 16 | 13.2 | 9.5 | 4.75 | 2.36 | 1.18 | 0.6 | 0.3 | 0.15 | 0.075 | |
| SAC25-1 | 100 | 79.9 | 71.1 | 62.4 | 50.0 | 31.3 | 21.5 | 14.9 | 10.3 | 7.1 | 4.9 | 3.4 | 3.9% |
| SAC25-2 | 100 | 81.2 | 72.9 | 64.6 | 52.6 | 34.1 | 23.9 | 16.7 | 11.9 | 8.3 | 5.8 | 4.1 | 3.7% |
| SAC25-3 | 100 | 82.7 | 75.0 | 67.2 | 55.7 | 37.5 | 26.4 | 18.7 | 13.3 | 9.4 | 6.6 | 4.7 | 3.4% |
| SAC20-1 | — | 100 | 86.2 | 73.1 | 55.0 | 30.3 | 22.0 | 16.0 | 11.7 | 8.5 | 6.2 | 4.5 | 4.0% |
| SAC20-2 | — | 100 | 87.5 | 75.4 | 58.4 | 34.1 | 24.7 | 17.9 | 13.1 | 9.5 | 6.9 | 5.0 | 3.7% |
| SAC20-3 | — | 100 | 88.9 | 77.9 | 62.2 | 38.7 | 27.9 | 20.2 | 14.8 | 10.7 | 7.7 | 5.6 | 3.4% |
| SAC16-1 | — | — | 100 | 82.1 | 58.6 | 28.8 | 21.9 | 16.6 | 12.7 | 9.7 | 7.4 | 5.6 | 4.6% |
| SAC16-2 | — | — | 100 | 83.7 | 61.8 | 32.6 | 24.6 | 18.7 | 14.2 | 10.8 | 8.2 | 6.2 | 3.7% |
| SAC16-3 | — | — | 100 | 85.3 | 65.0 | 36.6 | 27.6 | 20.8 | 15.8 | 11.9 | 9.0 | 6.8 | 3.5% |
| SAC13-1 | — | — | — | 100 | 67.3 | 29.2 | 23.5 | 19.0 | 15.4 | 12.4 | 10.0 | 8.1 | 4.4% |
| SAC13-2 | — | — | — | 100 | 70.3 | 33.4 | 26.4 | 20.8 | 16.6 | 13.1 | 10.4 | 8.2 | 3.7% |
| SAC13-3 | — | — | — | 100 | 73.2 | 38.0 | 29.7 | 23.3 | 18.3 | 14.3 | 11.2 | 8.8 | 3.5% |

由表 5-39 可以看到：

SAC25 的最佳油石比平均 3.6%；

SAC20 的最佳油石比平均 4.1%；

SAC16 的最佳油石比平均 4.0%；

SAC13 的最佳油石比平均 4.0%；

沥青混凝土的最大理论密度、空气率（即孔隙率）等指标值，见表 5-40。

**沥青混凝土的四个指标** 表 5-40

| 级配名称 | 最大理论密度($g/cm^3$) | 矿料间隙率 | 饱和度 | 空气率 |
|---|---|---|---|---|
| SAC25-1 | 2.63122 | 13.0% | 70.7% | 3.8% |
| SAC25-2 | 2.63968 | 12.6% | 69.9% | 3.8% |
| SAC25-3 | 2.65186 | 12.3% | 65.9% | 4.2% |
| SAC20-1 | 2.63139 | 13.7% | 68.7% | 4.3% |
| SAC20-2 | 2.64296 | 12.2% | 72.0% | 4.1% |
| SAC20-3 | 2.65460 | 11.9% | 68.1% | 3.8% |
| SAC16-1 | 2.71481 | 14.9% | 74.2% | 3.8% |
| SAC16-2 | 2.74798 | 13.1% | 68.8% | 4.1% |
| SAC16-3 | 2.75039 | 12.4% | 69.3% | 3.8% |
| SAC13-1 | 2.72598 | 14.5% | 73.3% | 3.9% |
| SAC13-2 | 2.74889 | 12.9% | 70.4% | 3.8% |
| SAC13-3 | 2.75032 | 12.4% | 69.2% | 3.8% |

### 6. 沥青混凝土的力学性质试验结果

用新型轮辙试件成型机制作车辙试验板，车辙板的尺寸为 300mm×300mm×50mm。空气率为6%。试件在试验温度(60℃)下保温 6h 后开始试验，试验时间共60min(作用次数为2 500 次)。试验结果列在表5-41中。

**轮辙试验结果**($n$ =6) 表 5-41

| 级配 | 总形变 | | 相对永久形变 | | 动稳定度 | |
|---|---|---|---|---|---|---|
| | 平均值(mm) | $C_v$ | 平均值 | $C_v$ | 平均值(次/mm) | $C_v$ |
| SAC25-1 | 1.00 | 10.8% | 1.96% | 11.2% | 6 226 | 9.9% |
| SAC25-2 | 1.03 | 19.2% | 2.02% | 19.3% | 6 669 | 14.3% |
| SAC25-3 | 0.81 | 11.8% | 1.58% | 11.8% | 8 609 | 13.2% |
| SAC20-1 | 0.94 | 7.3% | 1.85% | 7.6% | 6 530 | 7.6% |
| SAC20-2 | 0.83 | 8.1% | 1.64% | 8.1% | 7 209 | 4.9% |
| SAC20-3 | 0.84 | 10.7% | 1.65% | 10.6% | 7 637 | 16.0% |
| SAC16-1 | 0.66 | 16.5% | 1.30% | 16.4% | 9 644 | 20.3% |
| SAC16-2 | 0.62 | 7.7% | 1.22% | 7.8% | 10 705 | 10.4% |
| SAC16-3 | 0.58 | 13.2% | 1.13% | 13.2% | 12 116 | 14.3% |
| SAC13-1 | 0.69 | 7.6% | 1.34% | 7.8% | 8 947 | 8.7% |
| SAC13-2 | 0.63 | 6.4% | 1.23% | 6.1% | 11 918 | 17.4% |
| SAC13-3 | 0.59 | 8.1% | 1.15% | 8.4% | 12 441 | 8.7% |

# 第五节　SAC矿料级配优点

新SAC系列的矿料级配，是根据粗集料断级配的创新设计思想和设计方法，通过公式计算得出的，具有更高的科学性和可靠性，它比以往所用纯经验性的SAC系列优越得多。新SAC系列的矿料级配，经过$VCA_{DRF}$方法检验，使所用级配适合于所用岩石品种的粗集料。矿料级配经过检验、调整后，用SGC旋转压实仪制成沥青混凝土试件。将试件进行分解分析，同时考虑了不同公路的交通状况，将所得试件密度进行调整，使沥青混凝土的实际空气率符合规定的设计空气率（2%～4%）。根据大量室内试验，丰富的现场施工经验和2 000多公里高速公路的实际使用状况调查和检测，笔者认真总结了SAC具有的6个突出优点。

1. 密实透水性小，不易产生水破坏

特别是在广东潮湿多雨地区，几条高速公路使用SAC-16表面层后，并没有产生显著的水破坏。考虑到施工过程中的一些不确定因素、抢工期或气温低，可以在路面结构组合设计时，在表面层下做一个黏结防水层。

2. 高温抗永久形变能力强

至今高速公路上用过的矿料级配中，SAC是国内所用级配中高温抗永久形变能力最强的。京珠高速公路上的对比使用证明，改性沥青SAC表面层的辙槽深度明显小于改性沥青SMA表面层，更小于《公路沥青路面施工技术规范》中的AC-16I。

3. 表面构造深度大

用做表面层时，其抗滑性能的重要指标之一，表面粗糙度或构造深度TD显著大于路面设计规范要求的值。如早期SAC-16的TD一般在0.8～0.9mm之间，SAC-13的TD一般在0.8～0.84mm之间，甚至SAC-10的TD均值也在0.63～0.68mm之间，超过设计规范要求的0.55mm。而AC-16I表面层的TD常达不到要求，京津塘高速公路表面层的TD只有0.25mm，不到设计规范要求值的一半。秦皇岛试验路使用了新SAC16-1紧密骨架密实结构做表面层，竣工后，正常位置一小段长666m测得的TD（共测50个点）变化在0.84～1.62mm之间，平均1.18mm，变异系数$C_v=14.2\%$。

4. 可以高温时碾压

可以趁沥青混合料温度高时用振动压路机碾压密实。双钢轮双驱动振动压路机从开始碾压就可以振动，一直振动碾压到接近摊铺机，原路退回和错半轮碾压时,仍可以一直振动碾压,既不会产生沥青混合料推移,也不会出现横向裂纹现象,这是 AC-16I 型矿料级配做不到的。

5. 路表美观

很少粗细集料离析,路表面美观。AC-16I 则常有离析现象。

6. 价格低廉

由于 SAC 沥青混合料的油石比小,例如 SAC16-1 的油石比只有 4.5%,比 AC-16I 的油石比(5.0%)小,比 SMA-16 的油石比(6.0%)小 1.5%,而且不用任何纤维,价格要低得多;同时,前者的使用性能却比后者的优越,可以说是价廉物美。

## 第六节　新 SAC 的应用

### 一、青银高速公路河北段

2005 年 9 月吉林大学交通学院王富玉博士在青银高速公路河北段向青岛方向(K560 +958 ~ K558 +748)长 2 210m,及向石家庄方向(K558 +748 ~ K560 +455)长 1 707m,用新 SAC13-1(紧密骨架密实结构)和 SAC13-2(一般骨架密实结构)铺筑了双幅总长 3 917m 的抗滑表层和防止水破坏的试验路。粗集料使用玄武岩碎石,细集料使用石灰岩机制砂,填料为水泥,由于机制砂满足不了细集料的级配要求,又加了部分天然细砂(通常限制用量为 5%)。

1. 矿料级配和每个粒级矿料的密度

SAC13-1 和 SAC13-2 实际使用的级配见表 5-42。

**SAC13 矿料级配通过表列筛孔的质量百分率(%)**　　表 5-42

| 筛孔(mm) | 13.2 | 9.5 | 4.75 | 2.36 | 1.18 | 0.6 | 0.3 | 0.15 | 0.075 |
|---|---|---|---|---|---|---|---|---|---|
| SAC13-1 | 100 | 67.9 | 30.0 | 24.0 | 19.2 | 15.5 | 12.4 | 10.0 | 8.0 |
| SAC13-2 | 100 | 71.3 | 35.0 | 27.3 | 21.3 | 16.8 | 13.1 | 10.2 | 8.0 |
| $G_{sd}$①(g/cm$^3$) | — | 2.826 6 | 2.813 6 | 2.688 8 | 2.662 4 | 2.660 0 | 2.641 8 | 2.627 2 | 2.612 7 |
| $G_b$(g/cm$^3$) | — | 2.811 8 | 2.794 9 | 2.662 4 | 2.622 0 | 2.613 1 | 2.600 5 | 2.575 6 | 2.555 9 |
| $W_a$(%) | — | 0.526 | 0.007 | 0.992 | 1.541 | 1.795 | 1.588 | 2.003 | 2.222 |

注:表中各粒级的表干密度和毛体积密度都写在该粒级的下限筛孔下面。

粗集料玄武岩的压碎值为 11.1%,洛杉矶磨耗值为 15.6%,填料水泥的表观(或视)密度为 3.038g/cm$^3$。

经过检验调整后的级配见表 5-43。

**检验后的矿料级配**　　表5-43

| 级配名称 | 通过下列筛孔(mm)的质量百分率(%) | | | | | | | | |
|---|---|---|---|---|---|---|---|---|---|
| | 13.2 | 9.5 | 4.75 | 2.36 | 1.18 | 0.6 | 0.3 | 0.15 | 0.075 |
| SAC13-1 | 100 | 68.9 | 31.4 | 24.9 | 19.8 | 15.8 | 12.5 | 9.9 | 7.9 |
| SAC13-2 | 100 | 72.0 | 36.0 | 27.9 | 21.7 | 17.0 | 13.2 | 10.3 | 8.0 |

2. 采用的沥青

表面层使用了两种改性沥青，一种是天津的SBS改性沥青，另一种是中国化工青岛安邦路法沥青有限公司的法国elf(埃尔夫，指法国的改性沥青，后同)改性沥青。室内试验时，沥青混凝土的空气率全部为3%～4%。

3. 室内试验

1)温度敏感性

沥青品种对沥青混凝土的温度敏感性有较大影响，矿料级配相同时，青岛改性沥青的温度敏感性小于天津改性沥青。

2)轮辙试验结果

天津改性沥青SAC13-1的动稳定度为SAC13-2的1.1倍；青岛改性沥青SAC13-1的动稳定度为SAC13-2的1.37倍。同时天津改性沥青的动稳定度大于青岛沥青。

3)低温弯曲线试验

低温弯曲线试验的结果表明，两种沥青和两种级配的最大弯拉应变如下：

天津改性沥青SAC13-1和SAC13-2分别为2 765με和2 890με，

青岛改性沥青SAC13-1和SAC13-2分别为3 017με和3 308 με。

此试验证明，青岛改性沥青优于天津改性沥青。

4)抗老化性能

两种矿料级配SAC13-1和SAC13-2，青岛改性沥青混凝土的抗老化性能均有很大提高。

5)水稳定性

浸水马歇尔试验的残留稳定度：

天津改性沥青的SAC13-1和SAC13-2分别为88.6%和86.7%。

青岛改性沥青的SAC13-1和SAC13-2分别为95.4%和91.1%。

此结果表明：

①SAC13-1的水稳定性优于SAC13-2。

②青岛改性沥青的水稳定性优于天津改性沥青。

6)冻融劈裂试验结果

冻融劈裂试验结果见表5-44,其中$R_{T1}$为未冻融试件强度,$R_{T2}$为冻融后的试件强度。

**冻融劈裂试验结果** 表5-44

| 沥青品种 / 级配名称 / 试验结果 | 天津改性沥青 | | 青岛改性沥青 | |
|---|---|---|---|---|
| | SAC13-1 | SAC13-2 | SAC13-1 | SAC13-2 |
| $R_{T1}$(MPa) | 1.02 | 1.02 | 1.12 | 1.20 |
| | 1.03 | 1.18 | 1.13 | 1.41 |
| | 0.95 | 1.01 | 1.15 | 1.22 |
| 平均值 | 1.00 | 1.07 | 1.13 | 1.28 |
| $R_{T2}$(MPa) | 1.03 | 0.89 | 1.05 | 1.19 |
| | 0.89 | 0.79 | 1.06 | 1.09 |
| | 0.93 | 0.91 | 1.06 | 1.16 |
| 平均值 | 0.95 | 0.86 | 1.06 | 1.15 |
| TSR(%) | 93.0 | 80.6 | 93.1 | 89.7 |
| 平均 | 86.8 | | 91.4 | |

表5-44的结果表明:

①天津改性沥青SAC13-1冻融后的劈裂强度显著大于SAC13-2,其TSR值也显著大于SAC13-2。

②青岛改性沥青冻融后的劈裂强度$R_{T2}$ SAC13-2明显大于SAC13-1。两个级配TSR的平均值显著大于天津改性沥青。

7)抗滑性能

在轮辙试验过程中,在相同的60℃温度下,人工用砂补试验法每2h测1次表面构造深度TD(mm),其结果见表5-45。

**构造深度TD衰减结果** 表5-45

| 级配类型 | 构造深度(mm)/($TD_b$/$TD_a$)① | | | | |
|---|---|---|---|---|---|
| | 开始 | 2h | 4h | 6h | 8h |
| SAC13-1 | 1.22 | 0.861/1.05 | 0.787/0.960 | 0.738/0.900 | 0.713/0.870 |
| SAC13-2 | 1.01 | 0.832/0.840 | 0.772/0.780 | 0.723/0.730 | 0.703/0.710 |

注:①$TD_b$指到2h前测的值;$TD_a$指过2h再测的值。

表5-45中的试验结果证明,紧密骨架密实结构SAC13-1的构造深度大于一般骨架密实结构SAC13-2。

#### 4. 拌和厂的力学指标

1)天然砂的密度和吸水率

天然砂的密度和吸水率见表5-46。

**天然砂的密度和吸水率**　　表5-46

| 筛孔[①](mm) | 2.36 | 1.18 | 0.6 | 0.3 | 0.15 | 0.075 |
|---|---|---|---|---|---|---|
| 表干密度 $G_{sd}$(g/cm$^3$) | 2.5272 | 2.5483 | 2.5691 | 2.5895 | 2.6103 | 2.6312 |
| 毛体积密度 $G_b$(g/cm$^3$) | 2.5109 | 2.5261 | 2.5413 | 2.5561 | 2.5712 | 2.5863 |
| 吸水率 $W_a$(%) | 0.65 | 0.88 | 1.09 | 1.31 | 1.52 | 1.74 |

注:①指某一粒级的下限筛孔,如2.36指4.75~2.36mm这个粒级,0.075mm指0.15~0.075mm这个粒级,其余类推。

2)SAC13-1 的级配

SAC13-1 的设计级配和现场合成级配见表5-47。

**SAC13-1 的现场级配**(筛孔下为两个级配的通过率,%)　　表5-47

| 筛孔(mm) | 13.2 | 9.5 | 4.75 | 2.36 | 1.18 | 0.6 | 0.3 | 0.15 | 0.075 |
|---|---|---|---|---|---|---|---|---|---|
| 设计级配 | 100 | 68.9 | 31.4 | 24.9 | 19.8 | 15.8 | 12.5 | 9.9 | 7.9 |
| 合成级配 | 97.8 | 69.3 | 31.1 | 24.7 | 20.3 | 16.8 | 12.3 | 9.5 | 8.6 |
| 两者之差 | -2.2 | +0.4 | -0.3 | -0.2 | +0.5 | +1.0 | -0.2 | -0.4 | +0.7 |

从表列两个级配之差看,只有13.2mm的通过量超出要求外,其他筛孔通过量的误差都很小,对沥青混凝土的性能无影响。如事先将10~15mm碎石中的超尺寸(>13.2mm)颗粒先筛除,则合成级配会完全符合设计级配,沥青混凝土的性能会更稳定。

3)用两种改性沥青做的马歇尔试验

表中合成级配SAC13-1用天津和青岛改性沥青做马歇尔试验,试验结果列于表5-48。

**两种改性沥青的马歇尔试验结果**　　表5-48

| 试验结果 / 沥青品种 | $P_B$(%) | $G_{b.s}$(g/cm$^3$) | $G_{mm}$(g/cm$^3$) | $V_a$(%) | *VFA*(%) | *VMA*(%) |
|---|---|---|---|---|---|---|
| 天津沥青 | 4.1 | 2.4661 | 2.6080 | 5.4 | 63.4 | 14.9 |
| | 4.4 | 2.4746 | 2.5966 | 4.7 | 68.3 | 14.8 |
| | 4.7 | 2.4929 | 2.5853 | 3.6 | 75.2 | 14.4 |
| 青岛沥青 | 4.1 | 2.4642 | 2.6068 | 5.5 | 63.6 | 15.0 |
| | 4.4 | 2.4741 | 2.5951 | 4.7 | 68.8 | 14.9 |
| | 4.7 | 2.4766 | 2.5835 | 4.1 | 72.6 | 15.1 |

表 5-48 的结果表明，两种改性沥青马歇尔试验的体积指标 $V_a$、$VFA$（此两项指标，青岛沥青均略小于天津沥青）和 $VMA$ 没有明显差别。

对于重载交通长寿命沥青路面，如用 SAC13-1 做表面层，从马歇尔试验结果看，其油石比 $P_B$ 宜在 4.4% ~4.7% 之间，其他力学性能指标的差异简述如下：

| | | | |
|---|---|---|---|
| 水稳定性 | 残留稳定度 | 天津沥青 87% | 青岛沥青 95% |
| 高温性能 | 动稳定度 | *DS* 7 487 次/mm | *DS* 6 235 次/mm |
| 5 000 周次相对形变 | | 2.54% | 2.68% |
| 低温抗裂性能 | 破坏应变 | 8 243με | 4 358με |
| | 抗弯拉强度 | 14.98MPa | 14.79MPa |
| | 弯拉劲度模量 | 1 818MPa | 3 659MPa |
| 抗滑性能 | 表面构造深度 | 1.0mm | 1.05mm |
| 透水性 | | 不透水 | 不透水 |

4）第 1 个试验段

用天津改性沥青于青岛方向段桩号 K560 + 958 ~ K560 + 647，铺筑了 310mSAC13-1 试验段。由现场试验结果看出，试验段的马歇尔试验 $V_a$ 均较大，未形成紧密骨架密实结构。因此调整了级配，改用一般骨架密实结构 SAC13-2。但没有说明所用的油石比，也没有说明现场所用的压路机和碾压遍数。当时如果采用 SGC 的密度做试件和现场的标准密度，可能就不会产生这种情况。

5. 施工过程中的级配调整

早在 1995 年笔者就发现施工过程中每个热料仓中的热料，不同筛孔的通过量不是稳定不变的，而是常发生变化的，这种现象是间歇式拌和机进行二次筛分的特点。所以生产过程中常改变热料仓的配合比，有助于改善沥青混合料的均匀性，但它并不能彻底解决沥青混合料的不均匀性问题。青银高速公路抗滑表层试验路不可能例外。连续 3 天共 8 次从各个热料仓中取样做的抽提筛分结果摘录在表 5-49 中。

**施工过程中的抽提筛分结果** 表 5-49

| 施工日期 | 抽提筛分次数 | 抽提筛分结果（各筛孔通过率，%） | | | | | | | | | 1 号仓:2 号仓:3 号仓:4 号仓:5 号仓:水泥 |
|---|---|---|---|---|---|---|---|---|---|---|---|
| | | 13.2 | 9.5 | 4.75 | 2.36 | 1.18 | 0.6 | 0.3 | 0.15 | 0.075 | |
| 9.27 | 1 | 95.1 | 70.8 | 34.4 | 24.2 | 19 | 14.7 | 11.2 | 8.1 | 6.6 | 19:10:23:30:10:8 |
| | 2 | 97.9 | 68.3 | 39.2 | 28 | 22.5 | 17.7 | 12.6 | 7.4 | 5.4 | 20:10:23:34:6:7 |

续上表

| 施工日期 | 抽提筛分次数 | 抽提筛分结果（各筛孔通过率,%） | | | | | | | | | 1号仓:2号仓:3号仓:4号仓:5号仓:水泥 |
|---|---|---|---|---|---|---|---|---|---|---|---|
| | | 13.2 | 9.5 | 4.75 | 2.36 | 1.18 | 0.6 | 0.3 | 0.15 | 0.075 | |
| 9.28 | 3 | 97.9 | 71.9 | 35.1 | 27.1 | 22.1 | 17.7 | 13.7 | 10.4 | 8.7 | 20:9:23:34:6:8 |
| | 4 | 95.8 | 68.2 | 33.8 | 27.5 | 22.6 | 17.9 | 13.7 | 10.2 | 8.3 | 20:9:23:35:6:7 |
| | 5 | 96.5 | 71.7 | 34.2 | 27.1 | 22.1 | 17.3 | 13.2 | 10.2 | 8.1 | 20:8:23:36:6:7 |
| 9.30 | 6 | 96.0 | 70.6 | 37.6 | 27.9 | 22.8 | 18.2 | 14.3 | 11.3 | 6.9 | 21:9:23:35:5:7 |
| | 7 | 97.4 | 71.0 | 36.3 | 28.3 | 23.6 | 18.2 | 13.8 | 10.4 | 8.7 | — |
| | 8 | 95.3 | 69.9 | 34.5 | 27.6 | 23.1 | 18.7 | 14.4 | 11.1 | 9.2 | — |
| 极差 | | 2.8 | 3.7 | 5.4 | 4.1 | 4.6 | 4.0 | 3.2 | 3.9 | 3.8 | — |

表5-49是在试验路铺筑过程中，进行的三次热料仓筛分结果。对于SAC13，这是第一次得到的SAC13热料仓中每个筛孔通过量的极差，它比以往得到的SAC25热料仓中的极差要小得多。

6. 试验路状况分析

竣工时的检测及跟踪观测见图5-4和图5-5。从两图的比较分析，图5-4表面不够致密，图5-5表面已比较致密。

图5-4　2006年7月，通车8个月的路面状况

图5-5　通车1年后的路面状况

1）抗滑性能

抗滑性能的检测结果列在表5-50。

**SAC13-2抗滑性能检测结果**　　表5-50

| 检测结果 | | 构造深度(mm) | | | 摆值摩擦系数 | | |
|---|---|---|---|---|---|---|---|
| | | 样本量 | 平均值 | $C_v$(%) | 样本量 | 平均值 | $C_v$(%) |
| 青岛方向路段 | 天津沥青 | 27 | 0.89 | 6.74 | 27 | 53.4 | 2.55 |
| | | 39 | 0.91 | 7.69 | 39 | 56.3 | 3.62 |
| 石家庄方向路段 | 青岛沥青 | 54 | 1.06 | 6.60 | 54 | 58.1 | 9.70 |

表5-50中的结果表明，青岛改性沥青的构造深度和摩擦系数略大于天津改性沥青；石家庄方向路段的构造深度和摩擦系数大于青岛方向路段。

试验段的表面构造深度 $TD$ 是路面设计规范要求的最大值0.55mm的1.64～1.93倍。由于此规范要求的摩擦系数是以横向力系数表征的。最大值为 $SFC_{60}=54$，设计规范提供的摆值 $BPN$ 与横向力系数 $SFC$ 的关系见式(5-45)。

$$BPN = 0.4064SFC_{60} + 36.353 \tag{5-45}$$

按 $SFC_{60}=54$，用式(5-45)计算得 $BPN=58.3$。因此，试验路仅石家庄段符合要求。青岛方向 $BPN$ 平均0.55，略小于(约小5.2%)设计规范的要求值。

2)平整度

平整度的检测结果见表5-51。

**试验路(SAC13-2)平整度** 表5-51

| 路段 | | 样本量 | 平均值(mm) | $C_v$(%) |
|---|---|---|---|---|
| 青岛方向 | 天津沥青 | 18 | 0.51 | 13.7 |
| | 青岛沥青 | 39 | 0.60 | 20.2 |
| 石家庄方向 | 青岛沥青 | 51 | 0.56 | 10.3 |

平整度显著小于设计规范要求的标准差 $\delta<1.0$mm。

3)试验路的跟踪观测

2005年9月完工通车，2007年平均日交通量41 035辆，其中大车占11%。于2006年7月、10月、12月和2008年6月对试验路进行了5次跟踪观测。试验路经过两年半的交通和两个冬季的低温考验，路面状况良好，没有发现松散、凹陷和坑洞，仅发现3条横向裂缝。

(1)不同时间的辙槽深度

不同时间的辙槽深度 $RD$ 见表5-52。

**辙槽深度 $RD$(mm)观测数据** 表5-52

| 行车方向 | 沥青品种 | 检测日期 | 样本数 | 行车道(mm) | | | 超车道(mm) | | |
|---|---|---|---|---|---|---|---|---|---|
| | | | | 平均值 | $S$ | $C_v$(%) | 平均值 | $S$ | $C_v$(%) |
| 青岛方向 | SAC13-1 天津沥青 | 06.07 | $n=3$ | 1.0 | 0 | 0 | 1.0 | 0 | 0 |
| | | 06.10 | $n=3$ | 2.1 | 0.6 | 28.57 | 1.0 | 0.4 | 40.00 |
| | | 06.12 | $n=15$ | 2.7 | 0.5 | 17.92 | 1.7 | 0.5 | 30.68 |
| | | 08.06 | $n=31$ | 4.4 | 0.4 | 9.88 | 2.6 | 0.4 | 16.77 |

续上表

| 行车方向 | 沥青品种 | 检测日期 | 样本数 | 行车道(mm) | | | 超车道(mm) | | |
|---|---|---|---|---|---|---|---|---|---|
| | | | | 平均值 | $S$ | $C_v$(%) | 平均值 | $S$ | $C_v$(%) |
| 青岛方向 | SAC13-2 天津沥青 | 06.07 | $n=6$ | 1.5 | 0.4 | 27.74 | 1.2 | 0.2 | 18.75 |
| | | 06.10 | $n=6$ | 2.3 | 0.4 | 17.39 | 1.4 | 0.4 | 28.57 |
| | | 06.12 | $n=30$ | 3.1 | 0.5 | 14.60 | 1.8 | 0.3 | 17.61 |
| | | 08.06 | $n=61$ | 5.1 | 0.6 | 12.08 | 2.8 | 0.4 | 13.74 |
| | SAC13-2 青岛沥青 | 06.07 | $n=13$ | 1.9 | 0.8 | 40.92 | 1.2 | 0.4 | 33.33 |
| | | 06.10 | $n=13$ | 2.6 | 0.6 | 23.07 | 1.5 | 0.4 | 26.67 |
| | | 06.12 | $n=65$ | 3.4 | 0.4 | 11.55 | 1.5 | 0.3 | 17.78 |
| | | 08.06 | $n=129$ | 5.7 | 0.8 | 14.35 | 2.6 | 0.4 | 14.77 |
| 石家庄方向 | SAC13-2 青岛沥青 | 06.07 | $n=18$ | 1.7 | 0.6 | 34.93 | 0.7 | 0.6 | 80.14 |
| | | 06.10 | $n=18$ | 2.3 | 0.5 | 21.74 | 1.7 | 0.5 | 38.46 |
| | | 06.12 | $n=84$ | 4.9 | 0.5 | 10.36 | 4.1 | 0.3 | 7.12 |
| | | 08.06 | $n=171$ | 3.3 | 0.6 | 18.15 | 1.6 | 0.2 | 15.92 |
| 主线沥青混凝土 | 青岛方向 | 06.12 | $n=50$ | 3.5 | 0.3 | 9.08 | 1.5 | 0.3 | 17.09 |
| | | 08.06 | $n=100$ | 8.3 | 1.0 | 12.38 | 2.0 | 0.5 | 27.08 |
| | 石家庄方向 | 06.07 | $n=10$ | 1.3 | 0.3 | 22.74 | 0.5 | 0.4 | 80.00 |
| | | 06.10 | $n=10$ | 2.1 | 0.4 | 23.53 | 1.7 | 0.4 | 26.67 |
| | | 06.12 | $n=50$ | 4.5 | 0.4 | 8.18 | 4.4 | 0.2 | 4.83 |
| | | 08.06 | $n=100$ | 3.6 | 0.4 | 10.58 | 1.7 | 0.3 | 17.95 |

从表5-52的 *RD* 值可以看到：

①SAC13-1的辙槽深度 *RD* 最小，SAC13-2的 *RD* 是SAC13-1的1.16倍。

②辙槽深度行车道大于超车道，行车道货车多。

③青岛方向 *RD* 大于石家庄方向，青岛方向交通量大，货车多。

④青岛 elf 改性沥青的 *RD* 大于天津改性沥青的 *RD*。

⑤主线沥青混凝土的辙槽深度大于SAC13-2的辙槽深度。

由于不知主线用的是什么沥青，青岛方向超车道的辙槽深度反而较SAC13-2还小，前者 *RD* 为2.0mm，后者 *RD* 为2.8mm。

(2)表面构造深度

表面构造深度 *TD* 见表5-53。

表面构造深度 *TD* 表 5-53

| 沥青品种与级配 | | | 行车道 | | 超车道 | |
|---|---|---|---|---|---|---|
| 天津改性沥青 | 青岛方向 | SAC13-1 | *TD*(mm) | $C_v$(%) | *TD*(mm) | $C_v$(%) |
| | | SAC13-2 | 1.01 | 8.06 | 1.30 | 10.42 |
| | | SAC13-2 | 1.10 | 11.26 | 1.26 | 16.12 |
| elf | 青岛方向 | SAC13-2 | 1.14 | 6.39 | 1.27 | 5.41 |
| | | SAC13-2 | 1.22 | 7.08 | 1.25 | 8.16 |
| 主线沥青混凝土 | 青岛方向 | — | 0.60 | 12.68 | 0.61 | 10.24 |
| | 石家庄方向 | — | 0.75 | 11.47 | 0.77 | 14.52 |

从表 5-53 表面构造深度 *TD* 可以看到：

①在相同天津改性沥青情况下，行车道上 SAC13-1 表面构造深度 *TD* 值略小于 SAC13-2。

②用青岛 elf 改性沥青时，SAC13-2 的 *TD* 与天津改性沥青的 *TD* 值互有交叉，可能与施工因素有关。

③SAC13-2 的 *TD* 显著大于主线沥青混凝土的 *TD*。

(3)摩擦系数

摩擦系数摆值 *BPN* 见表 5-54。

摩擦系数摆值 *BPN* 表 5-54

| 路段 | 沥青品种 | 级配 | 位置 | *BPN* | $C_v$(%) |
|---|---|---|---|---|---|
| 青岛方向 | 天津沥青 | SAC13-1 | 行车道 | 54.9 | 4.23 |
| | | | 超车道 | 55.4 | 10.68 |
| | | SAC13-2 | 行车道 | 55.2 | 11.24 |
| | | | 超车道 | 55.7 | 8.21 |
| | 青岛沥青 | SAC13-2 | 行车道 | 61.2 | 6.84 |
| | | | 超车道 | 59.4 | 4.96 |
| 石家庄方向 | 青岛沥青 | SAC13-2 | 行车道 | 58.8 | 4.32 |
| | | | 超车道 | 61.4 | 3.39 |
| | 主线沥青混凝土 | — | 行车道 | 47.1 | 4.99 |
| | | | 超车道 | 51.9 | 4.82 |

由表 5-54 数据可以看到：

①SAC13-1 的 *BPN* 值与 SAC13-2 的 *BPN* 值几乎相同。

②青岛改性沥青 SAC13-2 的 *BPN* 值明显大于天津改性沥青。

③两个方向相同改性沥青 SAC13-2 的 *BPN* 值几乎相同。

④ 试验段的 *BPN* 值显著大于主线沥青混凝土的值。

## 二、江苏省连盐高速公路新 SAC 面层试验路

由江苏省高速公路指挥部协调安排，在连云港—盐城高速公路上铺筑了沥青面层试验路，总长 2 209.3m。表面层与中、下面层均采用新 SAC 系列。表面层为 4cm SBS 改性沥青 SAC13-1，中面层采用 AH-30 硬质沥青 SAC20-1，底面层用 AH-30 硬质沥青 SAC25-1。

1. 试验路结构方案

试验路段位于灌云二标段，桩号为 K1 +021.7 ~ K3 +231（左幅），全长 2 209.3m。试验路段均采用 SAC 多碎石沥青混凝土，主要有两种路面结构。

（1）K1 +021.7 ~ K1 +478.4 采用 4cm 改性沥青 SAC13-1 表面层 + 改性沥青黏结防水层 +8cm AH-30 沥青 SAC20-1 底面层 + AH-70 黏结层；

（2）K1 +478.4 ~ K3 +231 采用 4cm 改性沥青 SAC13-1 表面层 + 改性沥青黏结防水层 +6cm AH-30 沥青 SAC20-1 中面层 +8cm AH-30 沥青 SAC25-1 下面层 + AH-70 重交沥青黏结层。

表面层采用镇江 SBS 改性沥青，选用玄武岩；填料用 32.5 级普通硅酸盐水泥。抗剥落剂为 TW-I（用量为沥青质量的 0.4%）。

2. 试验路的原材料试验

1）SBS 改性沥青

SBS 改性沥青的技术指标见表 5-55。

**SBS 改性沥青技术指标的试验结果**　　表 5-55

| 试验项目 | 单　位 | 试验结果 |
|---|---|---|
| 针入度（25℃，100g，5s） | 0.1cm | 65 |
| 软化点（R&B） | ℃ | 85 |
| 5℃延度（5 ±0.25cm/min） | cm | 40 |
| 密度（15℃） | g/cm$^3$ | 1.038 5 |

2）集料技术指标

（1）玄武岩粗集料

玄武岩的技术指标见表5-56,玄武岩粗集料的密度见表5-57。

玄武岩粗集料的技术指标　　表5-56

| 指　标 | 试验结果 | 技术要求(中下面层) |
|---|---|---|
| 压碎值(%) | 13.3 | 不大于20 |
| 针片状颗粒含量(%) | 13.1 | 不大于18 |
| 与沥青黏附性 | 5级 | 不小于5级 |
| 吸水率 $W_a$(%) | 1.7511 | 不大于2.0 |

玄武岩粗集料的密度　　表5-57

| 粒径(mm) | 13.2~9.5 | 9.5~4.75 |
|---|---|---|
| 表干密度($g/cm^3$) | 2.901 7 | 2.904 2 |
| 毛体积密度($g/cm^3$) | 2.857 2 | 2.851 |
| 吸水率 $W_a$(%) | 1.56 | 1.87 |

(2)石灰岩细集料的技术指标见表5-58。

石灰岩细集料的密度　　表5-58

| 粒径(mm) | 4.75~2.36 | 2.36~1.18 | 1.18~0.6 | 0.6~0.3 | 0.3~0.15 | 0.15~0.075 |
|---|---|---|---|---|---|---|
| 表干密度 $G_{sd}$($g/cm^3$) | 2.719 5 | 2.715 0 | 2.712 0 | 2.709 0 | 2.705 0 | 2.693 0 |
| 毛体积密度 $G_b$($g/cm^3$) | 2.688 6 | 2.681 0 | 2.679 0 | 2.676 0 | 2.673 0 | 2.669 0 |
| 吸水率 $W_a$(%) | 1.15 | 1.27 | 1.23 | 1.23 | 1.20 | 0.90 |

3)填料

采用32.5级普通硅酸盐水泥,中下面层采用的水泥视密度 $G_{a,c}$ 为3.1$g/cm^3$;上面层采用的水泥密度为2.9$g/cm^3$。

3.表面层SAC13-1目标级配和合成级配

表面层SAC13-1的目标级配及合成级配见表5-59。

SAC13-1的目标级配和合成级配　　表5-59

| 筛孔尺寸(mm) | 13.2 | 9.5 | 4.75 | 2.36 | 1.18 | 0.6 | 0.3 | 0.15 | 0.075 |
|---|---|---|---|---|---|---|---|---|---|
| 目标级配(%) | 100 | 67.9 | 30.0 | 24.0 | 19.2 | 15.5 | 12.4 | 10.0 | 8.0 |
| 合成级配(%) | 100 | 66.8 | 30.2 | 23.6 | 18.5 | 14.6 | 11.8 | 9.8 | 8.3 |
| 与目标差值 | 0 | -1.1 | 0.2 | -0.4 | -0.7 | -0.9 | -0.6 | -0.2 | 0.3 |

4.SAC13-1的室内性能试验

试件油石比5.0%,$V_a$=4.4%,$C_v$=4.05%,

(1)残留稳定度98.8%。

(2)冻融劈裂试验 $TSR = 93.1\%$。

(3)轮辙试验 $V_a = 3.8\%$，$DS = 8\ 432$ 次/mm。

$V_a = 6.3\%$，$DS = 6\ 923$ 次/mm，平均 $DS = 7\ 677$ 次/mm。

5. 现场检测

1)孔隙率 $V_a$

在现场取芯样(或称钻件)后，用填蜡蜡封法测定钻件的密度，并计算孔隙率 $V_a$。在870m长改性沥青SAC13-1表面层有14个钻件，$V_a$ 变化在2.1%～5.0%之间，平均3.24%，$C_v = 27.5\%$。

结果表明，沥青面层的压实效果良好。

2)表面构造深度

共测21个点，在0.92～1.16mm之间变化，平均0.99mm，$C_v = 5.48\%$。

3)钻芯检测

在第一种路面结构(4cm改性沥青SAC13-1表面层和8cm AH-30 SAC20-1)底面层上取了芯件，见图5-6。在第二种路面结构(4cm改性沥青SAC13-1表面层，6cm AH-30 SAC20-1中面层，8cmAH-30 SAC25-1)底面层上取的芯件见图5-7。

图5-6　4+8结构的芯样

图5-7　4+6+8结构的芯样

从前面路面结构方案看，表面层与中面层之间有黏结防水层，底面层与基层间有AH-70沥青黏结层。图5-7中面层与下面层间无结合料，可能是连续摊铺，结合得很好。

上面的两个芯件表明，两层和三层结构的沥青混凝土都是粗集料相当多且很密实。从图5-6芯件的右侧看，表面层与下面层有些脱空，说明黏结防水层未做好，或做好后遭到了破坏。

6. 施工中的问题

1)施工中的问题

在底面层施工过程中,有200多米长一小段的黏结层曾遭到严重破坏,其主要原因是:施工单位在右幅正常路段的中面层上喷洒了改性乳化沥青黏层,运料车从这些路段上经过,轮胎上黏附了改性乳化沥青。当运料车倒退进入左幅试验路段时,轮胎上黏附的改性乳化沥青将黏结层一大块一大块地揭起,使黏结层产生严重破坏,见图5-8。

图5-8 重交AH-70单粒径碎石黏结层遭到破坏

根据笔者的经验,在中面层上做黏结防水层之前,即使中面层顶面已被泥土污染,只要将干土刷起并用强力吹风机吹出路面外,就可以在上用与表面层相同的改性沥青做黏结防水层,不需要喷洒改性乳化沥青黏层。前者的黏结能力要比后者强得多。

2)试验路施工过程中产生的不利情况

2006年7月中旬末,在中、下面层竣工一个多月后,课题组到现场观察试验路的情况,发现中面层表面有淡黄色条状斑点或斑块。在8cmAH-30 SAC20-1中面层(其下无底面层)上较少,在6cm AH-30 SAC20-1中面层上,即前面归纳的其 $V_a$ 最大达6.2%。其下的8cm AH-30 SAC25-1底面层上较多。淡黄色条状斑点位于摊铺机纵向搭接带的横坡以下20cm处。淡黄色面积1~2m$^2$的块状,纵向每间隔20m有一处。调查发现,产生淡黄色条状斑点位置的上侧中面层的空气率高达7.5%,雨水很容易透入,透入的雨水滞留在中面层内,首先使沥青中的轻油分溶入水中,下一场降雨到来后,雨水又进入这些空气率大处,使原进入的水冒出表面,产生这种淡黄色的斑点条。在淡黄色斑块处,都有显著水渍,能看到该处内部浸泡着大量自由水。

总的说,由于多种复杂原因导致面层结构的不均匀性较大,虽然取的多个芯件的空气率都较小,按说这么小的空气率雨水不应能透入,因为尚未通车。此外,这与芯件是从哪些位置取出的也有关系,而且芯件是每隔60~70m取一个,不能代表全段的实际情况。如要全面了解某一结构层是否密实不透水,笔者曾采用过另一种方法:洒水车拉一车水到现场,在200~300m的路段上反复喷洒几次,喷完为止,然后观察与下承层的界面上有无水流出,如有水流出,则表明被洒水的那一层是透水性大的。在铺筑上一层前应考虑采取防止自由水进入该层的措施。如仅在表面顺横坡有大量水流出路外,则表明该层基本上是不透水的,但要注意观察待表面变干后,有没有随机分布的一小块一小块潮湿的水印。如有,则水印位置就是空气率较大有水透入的位置。必要时应采取措施弥补,如在水印位置的表面补撒少量用沥青拌匀的细集料混合料,并适当压实。然后按预定措施继续施工。总之,笔者认为沥青面层的每一层都应该是密实不透水的,目的是防止水破坏。

7. 试验路跟踪检测

1)基本资料

连盐高速公路于2006年10月28日正式通车。该路段的交通量不大,日平均交通量为300~360辆/d,车辆构成见表5-60。

车辆构成　表5-60

| 车辆类型 | 小货车、小客车 | 普通客车、中型车 | 超重大货车 |
|---|---|---|---|
| 所占比例 | 50% | 40% | 10% |

2)试验检测

检测工作安排在2008年1月(即通车约1年2月余)。

(1)检测路段划分

段落1:K86+271.7~K86+728.4(左幅)SAC12cm厚段。

段落2:K86+728.4~K88+481(左幅)SAC18cm厚段。

(2)外观检测

主要观察有无裂缝、松散、坑洞、泛油病害,沥青膜磨损情况等。通过观测,试验路段没有出现以上的外观损害情况。

(3)表面性能检测

采用摆式仪测定路面的摩擦系数。共选12处,每处平行测定3个点,3个测点均位于轮迹带上,测点间距3~5m。对于段落2,选9处,每处平行测定3个点。以3个点的平均值作为该处的测定值,检测结果见表5-61。

摩擦系数和渗水系数检测结果　表5-61

| 路面类型 | SAC-13 | | | | | | | | | | | |
|---|---|---|---|---|---|---|---|---|---|---|---|---|
| 桩号 | K86+300 | K86+400 | K86+600 | K86+800 | K87+000 | K87+200 | K87+400 | K87+600 | K87+800 | K88+000 | K88+200 | K88+400 |
| 摩擦系数(*BPN*) | 59.4 | 55.2 | 57.5 | 59.2 | 61.1 | 59.9 | 57.5 | 62.7 | 67.6 | 62.1 | 59.4 | 55.2 |
| 渗水系数 | 0 | 4.3 | 0 | 5.3 | 27.7 | 0 | 2.7 | 28.3 | 35.0 | 16.7 | 66.0 | 33.3 |
| 构造深度(mm) | 1.0 | 0.9 | 0.8 | 0.8 | 1.0 | 1.0 | 0.9 | 1.0 | 1.1 | 0.9 | 0.9 | 0.8 |
| 辙槽深度(mm) | 2.25 | 2.71 | 2.49 | 2.12 | 2.19 | 2.71 | 2.08 | 2.81 | 2.29 | 3.23 | 2.67 | 2.75 |

表5-61中：

(1)摩擦系数范围为55.2～67.6，平均值为59.7，标准差为3.43，$C_v$ = 5.7%，路面抗滑性能良好；

(2)构造深度范围为0.8～1.1，平均值为0.925，标准差为0.096，$C_v$ = 10.4%，路面构造深度符合要求；

(3)辙槽深度范围为2.08～3.23，平均值为2.52，标准差为0.230，$C_v$为9.13%，路面辙槽深度较小；

(4)渗水系数范围为0～66，平均值为18.3，标准差为20.4，$C_v$为111.48%，路面渗水系数很小。

## 第七节　硬质沥青的应用

### 一、国外硬质沥青的技术指标要求

1)法国20世纪80年代初的硬质沥青AH 10/20，实际针入度15.5(0.1mm)，软化点70.5℃。

2)欧洲的CEN20/30

针入度20～30(0.1mm)；软化点55～63℃；

薄膜烘箱试验TFOT后：

| | |
|---|---|
| 质量变化% | 最大0.5% |
| 25℃针入度比 | 最小55% |
| 软化点 | 最小57℃ |
| 闪点 | 最小240℃ |
| 溶解度 | 最小99% |

3)澳大利亚的硬质沥青技术指标

| | |
|---|---|
| 60℃动力黏度(Pa·s) | 500～700 |
| 135℃运动黏度($mm^2/s$) | 0.6～0.86，即0.000 6～0.000 86Pa·s |
| 针入度(0.1mm) | 20 |
| 闪点 | 250℃ |
| TFOT后 | 60℃黏度为老化前的300%。 |

由于澳大利亚的沥青技术指标是黏度，所以硬质沥青也先以黏度表示，但接着也采用了针入度和闪点指标。并且提出TFOT后的黏度要求。

## 二、国外硬质沥青的应用

笔者在2001年的《高速公路沥青路面早期破坏现象及预防》书中(P422～P423),首次较详细介绍了法国承包商在1980年开发的用针入度10～20(0.01mm)的沥青混凝土,由于用AH 10/20沥青制的沥青混凝土的模量很高,所以在法国称高模量沥青混凝土。此高模量沥青混凝土的高温抗永久形变能力很强,大大超过SBS等聚合物改性沥青混凝土。由于做疲劳试验时,采用了相当于表面层的油石比,也就是增加了沥青用量,其抗疲劳破坏的寿命显著增长。为达到同样的疲劳寿命,可将底面层的厚度减薄30%。在1992年、1993年和1994年法国中央道路研究院做了一系列不同改性沥青混凝土与针入度10～20(0.1mm)硬质沥青混凝土的比较试验。其结果证明,如用针入度50～70(0.1mm)沥青混凝土的辙槽深度RD为1.0cm,则多级沥青混凝土的辙槽为0.5～0.57cm,SBS改性沥青混凝土的辙槽为0.63～0.65cm,平均0.64,AH 10/20硬质沥青混凝土的辙槽为0.36～0.46cm,平均0.41cm,也就是AH 10/20硬质沥青混凝土的辙槽较改性沥青混凝土的辙槽小36%。电缆废料改性沥青混凝土的辙槽为0.24～0.26cm。

1992年法国正式制定用针入度为15(0.1mm)的沥青制作高模量沥青混凝土的规范,同时减薄底面层厚度1/4。在法国,硬质沥青的产量从1990年的39 000t增长到1995年的77 000t,到2000年达到100 000t。在法国硬质沥青定义为:在25℃时,针入度小于25～10(0.1mm)的沥青。并将其分为:15～25、10～20和5～10三个等级,其指标要求见表5-62。表5-63、表5-64分别是欧洲标准化组织及德国的道路沥青技术标准,按法国硬质沥青标准,表5-63、表5-64中仅第一项为硬质沥青。目前,5～10这个等级的硬质沥青在法国还处于试验阶段。

**法国典型硬质沥青特征(老化前)**　　表5-62

| 沥青等级 | | 15～25 | 10～20 | 5～10 |
|---|---|---|---|---|
| 软化点(℃) | | 66 | 66～72 | 87 |
| 针入度指数IP | | +0.2 | +0.5 | +1.0 |
| 动力黏度(170℃)(Pa·s) | | 420 | 700 | 980 |
| 7.8Hz时的复数模量(MPa) | 0℃ | 425 | 700 | 980 |
| | 10℃ | 180 | 300 | 570 |
| | 20℃ | 70 | 110 | 300 |
| | 60℃ | 0.4 | 0.4 | 7 |

欧洲标准化组织(CEN)的沥青指标　　表5-63

| 检测项目 | | 沥青等级 | | | | |
|---|---|---|---|---|---|---|
| | | 20~30 | 30~45 | 35~50 | 40~60 | 50~70 |
| 针入度(25℃,100g,5s)　(0.1mm) | | 20~30 | 30~45 | 35~50 | 40~60 | 50~70 |
| 软化点(环球法)(℃) | | 55~63 | 52~60 | 50~58 | 48~56 | 46~54 |
| 闪点(COC)　不小于(℃) | | 240 | 240 | 240 | 230 | 230 |
| 溶解度(三氯乙烯)　不小于(%) | | 99.0 | 99.0 | 99.0 | 99.0 | 99.0 |
| RTFOT后残留物 | 质量损失　不大于(%) | ±0.5 | ±0.5 | ±0.5 | ±0.5 | ±0.5 |
| | 针入度比　不小于(%) | 55 | 53 | 53 | 50 | 50 |
| | 软化点(环球法)　不小于(℃) | 57 | 54 | 52 | 49 | 48 |

德国沥青标准　　表5-64

| 检测项目 | | 沥青等级 | | |
|---|---|---|---|---|
| | | B25 | B45 | B65 |
| 针入度(25℃,100g,5s)　(0.1mm) | | 20~30 | 35~50 | 50~70 |
| 软化点(环球法)(℃) | | 59~67 | 54~59 | 49~54 |
| 溶解度(三氯乙烯)　不小于(%) | | 99.0 | 99.0 | 99.0 |
| 延度(5cm/min,5℃)　不小于(cm) | | 15 | 40 | — |
| RTFOT后残留物 | 质量损失　不大于(%) | 0.8 | 0.8 | 0.8 |
| | 针入度比　不小于(%) | 40 | 40 | 40 |
| | 软化点(环球法)　不小于(℃) | 6.5 | 6.5 | 6.5 |
| | 残留延度(5cm/min,25℃)　不小于(cm) | 5 | 15 | — |

法国用得最多的硬质沥青是10~20,用于做高模量沥青混凝土时,所用的油石比是5.5%~6.2%。它既有良好的高温抗永久形变能力,又有良好的抗疲劳寿命。1997年,法国对于80年代初采用硬质沥青铺筑的路面工程进行评估。这些工程共使用了1 000万t沥青混合料,其道路使用时间为2~14年。评估结果可以归纳如下:

(1)使用时间为2~6年的路面,使用性能没有或仅有很小的降低;

(2)使用时间6~10年的路面,路面的裂缝有所上升,但并不是非常严重;

(3)使用时间最长的公路,裂缝情况中等,并不需要维护。因此,可以说硬质沥青在法国的应用是相当成功的。

由于我国主要用硬质沥青做半刚性路面的底面层,抗疲劳不是主要矛盾,所以用的油石比较小。例如,秦皇岛试验路上SAC25-1所用的AH-30沥青(针入度30～40(0.1mm))油石比是3.4%～3.5%。

近10多年来,20号硬质沥青在欧洲、澳洲都用得相当普遍。例如,澳大利亚在柔性路面的联结层下用针入度20(0.1mm)的硬质沥青做两层共厚12.5cm,既减小辙槽又减少行车荷载传到下层的应力。笔者称其为双功能层。

## 三、AH-30硬质沥青在我国工程中的应用

### 1.我国硬质沥青的研发

中海油气开发利用公司以渤海湾重质原油为原料,分别采用直馏、氧化、调和三种工艺,制备出三种针入度范围在25～35(0.1mm)的硬质沥青样品,与我国的《公路沥青路面施工技术规范》及欧洲、北美、澳大利亚同等级沥青样品的技术要求、相关标准和测试方法进行全面的评价和对比。发现中海硬质沥青的高、低温性能难以同时满足相关要求,例如,当软化点和黏度等高温性能的指标满足要求时,硬质沥青10℃和15℃的延度低于《公路沥青路面施工技术规范》的要求。

开发硬质沥青是为了提高路面的高温抗永久形变能力,提高路面的抗重型货车作用能力。因此,硬质沥青对沥青混凝土的高温性能要求是主要的,应具备高黏度、高抗辙槽能力。所以,中海油气开发利用公司在开发硬质沥青生产工艺中,强化了高温性能的指标,黏度略高于国外标准,这就必然会使低温性能受到一些影响。根据他们的研发经验,推荐使用氧化工艺生产的硬质沥青,见表5-65。因为高温性能好,黏度高,其针入度和延度指标都优于直馏与调和工艺得到的硬质沥青。

**AH-30老化后沥青国内技术标准汇总**　　表5-65

| 试验项目 | | AH-30沥青 | | |
|---|---|---|---|---|
| | | 直馏 | 氧化 | 调和 |
| 薄膜烘箱试验(163℃,5h) | 质量变化(%) | 0.093 | -0.27 | 0.0005 |
| | 25℃针入度比(%) | 82 | 69.2 | 60 |
| | 25℃针入度(0.1mm) | 21 | 18 | 19.8 |
| | 15℃针入度(0.1mm) | 9.2 | 9 | 10 |
| | 软化点(℃) | 60.4 | 67.5 | 57.5 |
| | 10℃延度(cm) | 0 | 0 | 0 |
| | 15℃延度(cm) | 0 | 0 | 16 |
| | 25℃延度(cm) | >150 | 15 | >150 |

续上表

| 试验项目 | AH-30 沥青 | | |
|---|---|---|---|
| | 直馏 | 氧化 | 调和 |
| 黏度(135℃)(Pa·s) | 0.97 | 1.968 7 | 0.845 |
| 60℃动力黏度(Pa·s) | 1 484 | 7 115.7 | 1 007.9 |

注:表中数据由交通运输部公路科学研究院王旭东博士提供。

中海硬质沥青的性能指标同国外的沥青标准相比,基本能够覆盖欧洲(CEN)、美国(AASHTO、PG 等级)、澳大利亚和英国(BS)等同级别的硬质沥青标准,除个别样品的60℃黏度略高于美国 AASHTO 和澳大利亚标准外,其他性能指标均在国外标准的范围内,部分指标还要优于国外标准。

2. SAC 与 AH-30 硬质沥青在我国工程中的应用

1)安徽省庐铜高速公路

2004 年 10 月,笔者在安徽参观庐江到铜陵高速公路沥青面层表面层的施工。参观后,建议用相同改性沥青和 SAC16 铺筑长约 200m 的试验路。施工时由于路段短,有 7 台压路机在上碾压,施展不开。常会出现这台压路机的机头碰另一台压路机的机尾的情况。显然,SAC16 表面层的压实度不好。碾压结束后,用透水仪检测时,水很容易透入表面层。笔者建议将一辆洒水车的水喷洒在试验路段上,可以全面知道表面层的透水情况。喷洒完水,只见自由水都从中面层表面顺横坡流出路外。此现象说明:压实度不够,会造成 SAC16 透水。同时笔者认为,只要路肩处不把水堵住,让水能自由流出,不会产生任何早期破坏。在随后的 5 年中,笔者三次回访,步行注意观察 200m 试验小段路表面的使用状况,发现没有水破坏坑洞补块,能见的辙槽显著小于两端的生产路段,见图 5-9。

图 5-9 右侧两条横缝位置及其往右为原生产路段,左侧颜色略深,表面粗糙的为 SAC16 试验段。试验路段完工后,应业主要求去看最后一座大桥。接近长江边的 7km 路原是软土地基。业主与设计者认为:如按软基处理,即使花不少钱,也很难解决软土地基上的构造物和路面不均匀沉降的问题,通车后的多次维修不可避免,会增加不少投资。于是,将此 7km 软基地段建成一座多孔简支梁混凝土大桥。但桥面该如何处理始终没有确定方案。笔者看后,很欣赏这种对软土地基的特殊设计,并提出解决桥面的技术方案是:桥面上铺两层沥青混凝土,下面层用 AH-30 沥青与多碎石矿料级配 SAC25 相结合的沥青混凝土(使用中海硬质沥青,实际针入度为 35(0.1mm)),上面层用改性沥青和 SAC16 相结合的沥青混凝土。这是国内高速公路首次采用 AH-30 硬质沥青于实际工程中。

2010 年,该桥通车 6 年后,笔者陪同上海长江桥隧集团公司几位领导参观该桥桥面的使用状况。桥上虽然交通量不大,且货车少,但冬季雪后要撒盐融雪,特别是 2007 年南方遭遇冰灾,庐铜大桥经受了冰灾的考验。当时,不仅撒盐融雪,还用机械铲冰,桥面沥青面层完好无损,犹如新铺筑的。参观的各位业内专家,观察此桥面,感到沥青面层的使用状况很好,抗滑性能很好,无水破坏,无明显裂缝(见图 5-10),辙槽深度最大仅 2mm,给予很好评价。

图 5-9　试验段与相邻生产路段

图 5-10　通车 6 年后庐铜大桥 SAC-16 桥面的状况

应该说该路在安徽省有几项创新:

(1)用混凝土桥替代软土地基,一劳永逸地解决了软土地基问题。

(2)第一次使用多碎石矿料级配 SAC25 和 SAC16 做沥青面层,采用 AH-30 硬质沥青做下面层;两者结合增强了面层的抗辙槽能力。

(3)第一次使用黏结层和黏结防水层,防止水破坏,并减少了表面层裂缝。

2)江苏省连盐高速公路

2005 年,在江苏省连云港的连盐高速公路上,重载交通长寿命沥青路面课题组铺筑了约 3km 的沥青面层试验路。使用中海 AH-30 沥青 SAC20-1 的中面层和 SAC25-1 底面层。

(1)AH-30 硬质沥青的技术指标见表 5-66。

**泰州 AH-30 沥青指标试验结果**　　　　表 5-66

| 试验项目 | 单位 | 试验结果 | 技术指标 |
|---|---|---|---|
| 针入度(25℃,100g,5s) | 0.1mm | 30 | 20~40 |
| 针入度指数 *PI* | | -1.4 | A:-1.5~+1.0 |
| 软化点(*R&B*) | ℃ | 57.5 | A:≥55 |
| 60℃动力黏度 | Pa·s | 277 | ≥260 |
| 10℃延度 | cm | 0,0 | A:≥10<br>B:≥8 |

续上表

| 试验项目 | | 单位 | 试验结果 | 技术指标 |
|---|---|---|---|---|
| 15℃延度 | | cm | 25 | A、B：≥50<br>C：≥20 |
| 密度(15℃) | | $g/cm^3$ | 1.019 | |
| 薄膜烘箱试验(163℃) | 质量变化 | % | -0.09 | ≤±0.8 |
| | 残留针入度比 | % | 81 | A：≥65 |

(2)石灰岩粗集料的技术指标见表5-67和表5-68。

**石灰岩粗集料技术指标试验结果** 表5-67

| 指标 | 试验结果 | 技术要求(中下面层) |
|---|---|---|
| 压碎值(%) | 20.7 | 不大于23 |
| 针片状颗粒含量(%) | 6.4 | 不大于18 |
| 与沥青黏附性 | 5级 | 不小于4级 |
| 视密度($g/cm^3$) | 2.7583 | 不小于2.50 |
| 吸水率 $W_a$(%) | 0.4982 | 不大于3.0 |
| <0.075mm颗粒含量(水洗法)(%) | 0.45 | 不大于1 |

**石灰岩粗集料密度试验结果** 表5-68

| 粒径(%) | 26.5~19 | 19~16 | 16~13.2 | 13.2~9.5 | 9.5~4.75 |
|---|---|---|---|---|---|
| 表干密度 $G_{sd}$($g/cm^3$) | 2.7511 | 2.7417 | 2.7298 | 2.7257 | 2.7241 |
| 毛体积密度 $G_b$($g/cm^3$) | 2.7374 | 2.7263 | 2.7168 | 2.7134 | 2.7107 |
| 吸水率 $W_a$(%) | 0.5 | 0.56 | 0.48 | 0.45 | 0.49 |

(3)下面层SAC25-1的矿料级配见表5-69。

**SAC25-1的矿料级配** 表5-69

| 粒径(mm) | 26.5 | 19 | 16 | 13.2 | 9.5 | 4.75 | 2.36 | 1.18 | 0.6 | 0.3 | 0.15 | 0.075 |
|---|---|---|---|---|---|---|---|---|---|---|---|---|
| 通过率(%) | 100 | 79.2 | 70.2 | 61.4 | 48.7 | 30.0 | 22.2 | 16.4 | 12.3 | 9.1 | 6.7 | 5.0 |

用 $VCA_{DRF}$ 检验与调整后的级配见表5-70。

**调整后SAC25-1的级配** 表5-70

| 筛孔尺寸(mm) | 26.5 | 19 | 16 | 13.2 | 9.5 | 4.75 | 2.36 | 1.18 | 0.6 | 0.3 | 0.15 | 0.075 |
|---|---|---|---|---|---|---|---|---|---|---|---|---|
| 通过率(%) | 100 | 79.5 | 70.7 | 61.9 | 49.3 | 30.6 | 22.7 | 16.9 | 12.7 | 9.5 | 7.1 | 5.3 |

(4)AH-30 沥青 SAC25-1 的室内性能试验

①马歇尔试验:浸水残留稳定度为 90.8%。

②冻融劈裂试验:*TSR* 为 89.7%。

③轮辙试验:动稳定度 *DS* 为 3 400 次/mm。此值明显偏小,可能是轮辙板沥青混凝土的密度不够。

(5)中面层 SAC20-1 的合成级配见表 5-71。

**SAC20-1 的合成级配和有关密度** 表 5-71

| 筛孔尺寸(mm) | 19 | 16 | 13.2 | 9.5 | 4.75 | 2.36 | 1.18 | 0.6 | 0.3 | 0.15 | 0.075 |
|---|---|---|---|---|---|---|---|---|---|---|---|
| 合成级配(%) | 100 | 87.6 | 71.4 | 54.9 | 30.7 | 22.7 | 15.4 | 10.7 | 7.5 | 6.3 | 5.4 |

(6)AH-30 沥青 SAC20-1 的室内性能试验

①残留稳定度 88.2%;

②冻融劈裂试验 *TSR* 90.7%;

③动稳定度 *DS* 2 563 次/mm。

(7)现场检测

在现场取芯样(或称钻件)后,用蜡封法测定钻件的密度,并计算孔隙率 $V_a$。在 1 550m 长路段上共取了 16 个 AH-30 SAC25-1 底面层的钻件,$V_a$ 在 2.1% ~ 5.7% 之间变化,平均为 3.21%,变异系数 $C_v$ = 35.5%。在 800m 长的 AH-30 SAC20-1 路段的中面层取 12 个钻件,孔隙率 $V_a$ 在 1.7% ~6.2% 之间变化,平均 4.33%,$C_v$ =32.4%。

上述孔隙率的检测结果表明,沥青面层的压实效果都很好。仅 SAC20-1 中面层有 1 个芯件的空气率达到 6.2%。

3)长春绕城高速公路

2006 年吉林大学交通学院梁春雨博士在长春绕城高速公路上铺筑了1.5km 长半刚性路面试验路。其路面结构为水泥稳定砂砾基层 25 ~30cm,沥青面层的底面层厚 7cm,用 AH-30 沥青 SAC25-2 沥青混凝土,表面层为 4cm SBS 改性沥青 SAC16-1 沥青混凝土。

底面层使用硬质沥青是否会增加路表的裂缝是令人关心的问题。

沥青混凝土面层的横向裂缝是表面层本身的低温收缩裂缝及温度收缩疲劳裂缝。只有表面层先产生裂缝后,裂缝才能逐渐向下延伸。

梁春雨博士在路面结构中的不同位置埋设了温度传感器,冬季某天气温在 −10 ~ −17℃,路表温度为 −12℃,底面层顶面温度和底面温度见表 5-72 中。

**底面层的温度** 表5-72

| 断面 | 底面层顶面 | | 底面层底面 | | 底面与顶面的温差 |
|---|---|---|---|---|---|
| | 测点温度(℃) | 平均值(℃) | 测点温度(℃) | 平均值(℃) | |
| 1 | -4.3 | -4.9 | -6.8 | -5.3 | -0.4 |
| | -5.9 | | -4.2 | | |
| | -4.4 | | -5.0 | | |
| 2 | -6.2 | -5.7 | -5.9 | -5.5 | +0.2 |
| | -5.3 | | -5.6 | | |
| | -5.7 | | -5.1 | | |
| 3 | -6.9 | -6.3 | — | -5.1 | +1.2 |
| | -6.4 | | -5.1 | | |
| | -5.6 | | -5.0 | | |
| 4 | -7.6 | -6.6 | -6.7 | -5.6 | +1.0 |
| | -6.5 | | -5.0 | | |
| | -5.7 | | -6.1 | | |
| 5 | -8.8 | -8.8 | -8.0 | -7.8 | +1.0 |
| | -9.0 | | -8.4 | | |
| | -8.7 | | -7.2 | | |
| 平均 | | -6.5 | | -5.9 | +0.6 |

由表5-72可以看到,底面层顶面的温度比路表温度高7.1℃,底面层底面的温度比路表温度高6.7℃。因此,如表面层不开裂,底面层也就不会开裂。实践证明,硬质沥青底面层不可能增加路表的裂缝。

试验路通车一年后,试验路上平均每隔50m有一条横向收缩裂缝,缝宽小于5mm,与其他路段相比,横缝的数量没有明显差别。

4)河北沿海高速公路秦皇岛重载交通长寿命半刚性基层沥青路面试验路

2007年,笔者在河北省沿海高速公路秦皇岛段铺筑了5km长重载交通长寿命半刚性路面试验路。其底面层厚8~14cm,都采用了针入度35(0.1mm)左右的AH-30硬质沥青。

此硬质沥青是河北省黄骅港用奥利油提炼的30号沥青。虽然上述四条试验路名义上都用的是AH-30沥青,实际上其针入度在<30×0.1mm~35×0.1mm之间变化。我国路面工程用的三种不同来源硬质沥青的性质见表5-73。

三种不同硬质沥青的性质　　表 5-73

| 中海 | 克拉 | 黄铧 | 中海 | 克拉 | 黄铧 | 中海 | 克拉 | 黄铧 |
|---|---|---|---|---|---|---|---|---|
| 针入度(0.1mm) | | | 软化点(℃) | | | 15℃延度(cm) | | |
| 34.5<br>27.0 | 27.5 | 32.0 | 55.0<br>59.4 | 55.7 | 61.5 | 4.3<br>7.3 | 40.8 | 7.0 |
| 蜡含量(%) | | | 60℃动力黏度(Pa·s) | | | 闪点(℃)(开口杯) | | |
| 1.92<br>2.9 | 2.0 | 1.4 | 952 | 1 679 | 932 | 260<br>290 | 295.0 | 288.0 |
| 15℃密度(g/cm$^3$) | | | TFOT 后质量变化(%) | | | TFOT 后针入度比(%) | | |
| 1.015 | 0.997 | 1.034 | 0.08 | 0.04 | 0.06 | 68.0 | 76.7 | 70.0 |

## 四、硬质沥青的主要作用

硬质沥青主要用于沥青面层的中、下面层,以大幅度增强沥青混凝土面层的高温抗永久形变能力或抗辙槽能力。用于柔性路面时,还能增加将荷载传布到下层的能力,也即减小下层和土基顶面的应力和应变,同时增加该层的疲劳寿命。

初次试用 AH-30 沥青的经验表明,用 AH-30 沥青的 SAC20 的动稳定度高达 7 000 次/mm,是 AH-70 沥青 SAC20 的 2.3 倍。

## 五、硬质沥青价廉物美

硬质沥青 AH-30 与 SAC 相结合,形成了一种高模量沥青混凝土,传布荷载的能力强。但其单价却只比 AH-70 沥青贵 200 元/t,比 SBS 改性沥青的单价低得多。因此,它是一种价廉物美的材料。

同济大学用剪切试验对 AH-30 沥青 SAC25、SAC20 以及改性沥青 SAC13 在 60℃温度下进行了比较试验。结果证明,AH-30 沥青与 SAC 相结合的抗剪强度 95% 概率的代表值为 1.15MPa 和 1.22MPa,而改性沥青 SAC13 的抗剪强度只有 1.00MPa。也就是硬质沥青 AH-30 SAC 的抗剪强度是改性沥青 SAC13 的 1.15 倍以上。以往做的 AH-70 沥青 SUP-19、SUP-25 的抗剪强度一般只有 0.5 ~ 0.7MPa。这些试验证明,采用 AH-30 沥青与 SAC 相结合是解决当前沥青面层严重辙槽有效且经济的途径。

同济大学还用 AH-30 沥青与 SAC 系列相结合做了劈裂强度 $R_i$ 和破坏劲度 $S$ 的试验。劈裂强度也称间接抗拉强度,它与弯拉强度有很好的相关性。劈裂强度大,表示沥青混凝土的抗弯拉破坏能力强,是一个宜于操作的技术指标。破坏劲度 $S$ 小,在该层层底的弯拉应力或应变也就较小,有利于延长沥青混凝土层的使用寿命。这两个技术指标对柔性路面很重要。AH-30 沥青 SAC 系列的试验结果摘录并整理在表 5-74 中。

**AH-30 沥青 SAC 系列矿料级配的劈裂强度** 表 5-74

| 类型 | 空气率(%) | | | 劈裂强度 $R_i$(MPa) | | | 破坏劲度 $S$(MPa) | | |
|---|---|---|---|---|---|---|---|---|---|
| SAC25-1 | 3.36 | 平均 3.06 | $C_v$ 14.9% | 2.84 | 平均 3.07 | $C_v$ 8.3% | 2 079 | 平均 1 474 | $C_v$ 28.5% |
| | 2.46 | | | 3.32 | | | 1 169 | | |
| | 3.47 | | | 2.86 | | | 1 208 | | |
| | 2.96 | | | 3.26 | | | 1 440 | | |
| SAC25-2 | 3.28 | 平均 3.04 | $C_v$ 12.1% | 3.33 | 平均 3.04 | $C_v$ 8.6% | 1 419 | 平均 1 188 | $C_v$ 23.4% |
| | 3.42 | | | 2.90 | | | 954 | | |
| | 2.63 | | | 2.75 | | | 940 | | |
| | 2.84 | | | 3.16 | | | 1 437 | | |
| SAC25-3 | 2.85 | 平均 2.63 | $C_v$ 7.6% | 2.88 | 平均 3.26 | $C_v$ 14.9% | 1 255 | 平均 1 246 | $C_v$ 11.0% |
| | 2.57 | | | 3.47 | | | 1 145 | | |
| | 2.38 | | | 2.85 | | | 1 146 | | |
| | 2.71 | | | 3.85 | | | 1 437 | | |
| SAC20 | 2.85 | 平均 2.96 | $C_v$ 4.8% | 2.87 | 平均 3.33 | $C_v$ 9.4% | 1 280 | 平均 1 452 | $C_v$ 8.9% |
| | 3.06 | | | 3.41 | | | 1 437 | | |
| | 2.83 | | | 3.46 | | | 1 503 | | |
| | 3.11 | | | 3.58 | | | 1 586 | | |
| SAC13 | 3.22 | 平均 3.36 | $C_v$ 4.0% | 3.90 | 平均 3.80 | $C_v$ 7.7% | 1 665 | 平均 1 494 | $C_v$ 16.8% |
| | 3.54 | | | 3.92 | | | 1 582 | | |
| | 3.32 | | | 4.01 | | | 1 606 | | |
| | 3.37 | | | 3.37 | | | 1 122 | | |

表 5-74 中劈裂试验是在 15℃时进行的。表中数据表明,AH-30 沥青 SAC-25(表示含 SAC25-1、SAC25-2 和 SAC25-3 三个级配)、SAC20、SAC13 的 $R_i$ 随最大粒径减小而增大,增加的比例分别为 6.7% 和 14.1%。SAC25-1 和 SAC20-1,15℃时的小梁弯曲试验表明,SAC25 的抗弯拉强度 $R_b$ 的平均值为 7.31MPa,SAC20$R_b$ 的平均值为 6.94MPa。其 $R_b$ 是改性沥青 SAC13 的 1.5 倍左右,SAC25 的 $R_b$ 为其 $R_i$ 的 2.31 倍。SAC20 的 $R_b$ 为其 $R_i$ 的 2.09 倍。

## 六、硬质沥青的对比试验结果

笔者曾做过比较试验，同时利用其他研究人员的资料，整合介绍如下：AC-20I 矿料级配用 AH-70 沥青时，其动稳定度常小于 1 500 次/mm。同样用 AH-70 沥青，仅将矿料级配换成 SAC20，其动稳定度平均达到 2 980 次/mm。如果改用 AH-30 沥青 SAC20 矿料级配，则其动稳定度可达到 7 000 次/mm。如果 SAC20 采用改性石油沥青（如中国石化青岛安邦路法责任有限公司生产的法国 SBS 改性沥青（elf），则其动稳定度常在 10 000 万次/mm 左右。

2009 年用硬质沥青 AH-30 和 AH-20 与可用于做中下面层的紧密骨架密实结构 SAC20-1 矿料级配，以及用上述 elf 改性沥青与用做表面层的 SAC16-1 和 SAC13-1 做了系统的力学性质试验。试件的设计沥青用量（油石比）是用旋转压实仪 SGC 确定的。做不同指标的力学性质试验时，试件的空气率 $V_a$ 均为 6%。试验是在笔者亲临指导下认真完成的，试验结果完全可靠并归纳在表5-75 ~ 表 5-77 中。此三张表中的试验结果很值得优选矿料级配与沥青时参考。

**劈裂试验与弯曲试验**　　表 5-75

| 沥青混凝土 | 间接抗拉强度试验（$R_i$）（5 个试件） | | | | 弯曲试验（8 个试件） | | | |
|---|---|---|---|---|---|---|---|---|
| | 强　度 | | | | 抗弯拉强度 $R_b$ | | 最大抗弯拉应变 $\varepsilon_b$ | |
| | 25℃ | | 15℃ | | -10℃ | | -10℃ | |
| | $\overline{R_i}$(MPa) | $C_v$(%) | $\overline{R_i}$(MPa) | $C_v$(%) | $\overline{R_b}$(MPa) | $C_v$(%) | $\overline{\varepsilon_b}$($\times 10^{-6}$) | $C_v$(%) |
| SAC20-1 AH-30 | 1.12 | 17.3 | 1.86 | 14.5 | 7.01 | 22.7 | 1 717 | 29.8 |
| SAC20-1 AH-20 | 1.48 | 11.1 | 2.18 | 10.0 | 5.99 | 31.6 | 1 460 | 27.9 |
| SAC16-1 SBSmB① | 0.77 | 7.7 | 1.33 | 4.4 | 11.2 | 13.8 | 3 167 | 32.3 |
| SAC13-1 SBS mB | 0.74 | 7.0 | 1.25 | 6.2 | 10.9 | 7.0 | 3 076 | 21.1 |

注：①SBSmB 指 SBS 改性沥青。

**轮辙试验和剪切试验** 表 5-76

| 沥青混凝土 | 轮辙试验(10 个试件) | | | | | | 剪切试验(10 个试件)① | | |
|---|---|---|---|---|---|---|---|---|---|
| | 动稳定度 DS(次/mm) | | | 相对形变 $\varepsilon_{re}$(%) | | | 抗剪强度 $\tau$(MPa) | | |
| SAC20-1 AH-30 | 范围 | $\overline{DS}$ | $C_v$(%) | 范围 | $\overline{\varepsilon_{re}}$ | $C_v$(%) | 范围 | $\overline{\tau}$ | $C_v$(%) |
| | 3 298 ~ 11 053 | 6 578 | 36.5 | 1.30 ~ 3.09 | 2.02 | 28.6 | 1.45 ~ 1.96 | 1.67 | 9.1 |
| SAC20-1 AH-20 | 6 176 ~ 11 887 | 8 801 | 18.9 | 1.38 ~ 2.91 | 1.96 | 26.3 | 1.46 ~ 1.84 | 1.71 | 6.4 |
| SAC16-1 SBS mB | 3 795 ~ 11 053 | 8 492 | 31.8 | 1.32 ~ 2.66 | 1.78 | 21.4 | 0.79 ~ 1.11 | 0.97 | 12.0 |
| SAC13-1 SBS mB | 10 328 ~ 15 366 | 11 950 | 15.3 | 1.29 ~ 2.32 | 1.67 | 21.4 | 0.75 ~ 1.15 | 0.99 | 11.2 |

注:①SBSmB 指 SBS 改性沥青;为便于两者的试验结果进行比较,每对试件所用的沥青混合料是在同一搅拌锅内搅拌拌匀后,一部分做轮辙试验的试件,另一部分做剪切试验的试件。

**冻 融 劈 裂 试 验** 表 5-77

| 级配名称 | 劈裂抗拉强度 | | 冻融劈裂抗拉强度 | | 冻融劈裂抗拉强度比 *TSR* |
|---|---|---|---|---|---|
| | 平均值(MPa) | 偏差系数 | 平均值(MPa) | 偏差系数 | 平均值 |
| SAC20-1 AH-30 | 0.93 | 8.0% | 0.52 | 12.4% | 55.8% |
| SAC20-1 AH-20 | 1.09 | 6.5% | 0.84 | 11.1% | 76.8% |
| SAC16-1 SBS mB | 0.70 | 4.5% | 0.42 | 6.9% | 60.6% |
| SAC13-1 SBS mB | 0.68 | 3.6% | 0.44 | 5.2% | 64.0% |

表 5-75 和表 5-76 中的符号,$\overline{R_i}$、$\overline{R_b}$、$\overline{\varepsilon_b}$、$\overline{DS}$、$\overline{\varepsilon_{re}}$和$\overline{\tau}$,指平均值。

从表 5-75 和表 5-76 可以看到:

使用硬质沥青时,同是 SAC20-1 矿料级配,AH-20 沥青的动稳定度 DS 值是

AH-30 沥青的 1.34 倍，AH-20 的相对形变只有 AH-30 的 97%。另一方面，AH-20 SAC20-1 的 *DS* 是 SBS 改性沥青 SAC16-1 的 1.04 倍，AH-30 SAC20-1 的 *DS* 只有 SBS 改性沥青 SAC16-1 的 77%，SAC13-1 的 *DS* 大于 SAC16-1 的 *DS*，前者是后者的 1.41 倍。AH-30，SAC20-1 沥青混凝土的间接抗拉强度 $R_i$ 和抗剪强度 $\tau$ 大于 SBS 改性沥青混凝土。用 AH-20 沥青混凝土的 $R_i$ 和 $\tau$ 高于 AH-30 沥青混凝土。但是，低温（ −10℃）时硬质沥青混凝土的使用性能 $R_b$ 和 $\varepsilon_b$ 不如 SBS 改性沥青混凝土。

交通运输部公路科学研究院王旭东博士曾经作了矿料级配 SAC-25 与 AH-30、AH-50 和 AH-70 加抗车辙剂的轮辙试验，其结果见表 5-78。张蕾博士提供了表 5-79 所列的 AH-30 和 AH-50 沥青 SAC-10 的疲劳寿命试验数据，其疲劳曲线见图 5-10。

**SAC-25 不同沥青混凝土轮辙试验比较**　　表 5-78

| 指标 | | 动稳定度（次/mm） | 相对形变（%） |
|---|---|---|---|
| 试验结果 | AH-30 沥青 | 5 933 | 1.36 |
| | AH-50 沥青 | 5 331 | 1.33 |
| | AH-70 沥青 + 抗辙剂 | 5 409 | 1.27 |

从表 5-78 可以看到：AH-30 沥青 SAC-25 的动稳定度较 AH-50 的大 11%，较 AH-70 沥青 + 抗辙剂的大 10%。相对形变则 AH-70 沥青 + 抗辙剂的最小，AH-30 沥青的相对形变甚至较 AH-50 沥青的大 2%，有些矛盾。

**AH-30 与 AH-50 沥青的疲劳寿命**　　表 5-79

| 材料类型 | 弯曲应力（kN） | 应力水平（MPa） | 疲劳寿命 $N_1$（次） |
|---|---|---|---|
| AH-30 沥青 | — | 1 | >200 万次 |
| | — | 1.5 | 610 482.5 |
| | 4.146 | 2 | 105 180.5 |
| | — | 2.5 | 26 090.5 |
| | — | 3.5 | 2 873 |
| AH-50 沥青 | — | 1 | 1 020 636 |
| | — | 1.5 | 95 495.5 |
| | 3.021 | 2 | 19 268 |
| | — | 2.5 | 9 262 |
| | — | 3.5 | 1 239 |

疲劳寿命曲线示意如图5-11所示。

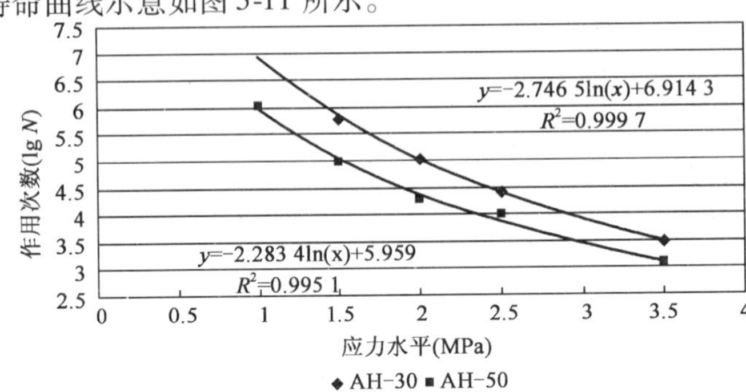


图5-11　SAC-10 AH-30与AH-50沥青的疲劳曲线

## 七、硬质沥青的分等

我国《公路沥青路面施工技术规范》(JTG F40—2004)首次纳入了30号沥青的技术要求如下：

针入度20～40(0.1mm)，软化点55℃，15℃延度不小于50cm，蜡含量不大于2.2%，闪点不小于260℃，TFOT后，质量变化不大于±0.8%，残留针入度不小于65%。

表5-73中三种AH-30沥青的实际技术指标，与上述规范中的技术要求相比，仅15℃延度达不到要求。规范未说明规定15℃延度不小于50cm的依据以及规定30号沥青仅适用于沥青稳定基层的依据是什么。

为了便于实际工程应用，笔者建议将硬质沥青区分成表5-80所列的三个等级。

**硬质沥青的等级**　　表5-80

| 等　　级 | 35 | 25 | 15 |
|---|---|---|---|
| 针入度(0.1mm) | 30～40 | 20～30 | 10～20 |
| 软化点(℃) | ≥55 | ≥58 | >60 |
| 闪点(℃) | >260 | >260 | >260 |
| 60℃动力黏度(Pa·s) | ≤900 | 600～800 | 500～700 |
| TFOT后残留针入度(0.1mm) | ≥65 | ≥65 | ≥65 |

对表5-80中三种硬质沥青的技术要求，可在今后规模化生产中，根据使用地区和主要用途的不同要求，对生产工艺进行微调，对沥青的高、低温性能进行调整和取舍，如果需要强化抗辙槽、抗剪切等高温性能，则可以适当弱化低温性能，反之亦然。总之，硬质沥青的性能、技术指标今后可在使用过程中逐渐补充完善。

# 第六章　新水泥碎石基层混合料的设计与检验

从1986年交通部第一版《公路路面基层施工技术规范》(以下简称基层施工规范)颁布至今,已近24年。在此期间,规范已经过几次修改,但水泥稳定级配集料主要的级配范围和拌和厂拌制混合料的生产工艺都没有明显改变。虽然原规范中的级配范围源自国外,但较那时国外主要国家的级配范围要缩小得很多,它终究还有一个较宽范围。它便于使用者利用当地的材料,但不利于保证水泥混合料应有的强度。生产水泥混合料时,没有明确规定要用几种粗细集料和几个料斗来拌制混合料。一般工地常用3~4种料和3~4个料斗,少数甚至只有两个料斗。虽然后来修改的《公路路面基层施工技术规范》,对路拌水泥混合料提倡用场外路拌法,以显著提高混合料的质量和消除素土夹层;对厂拌混合料的场地、料堆间的处理和料斗的安装等都分别提出了越来越细和越高的要求。但某些工程的有关单位都较普遍重视沥青混合料的生产和现场摊铺,至少没有同等重视水泥混合料的拌和生产,对基层的质量产生显著影响。以往水泥稳定级配集料,包括水泥稳定碎石基层,尽管其7d无侧限抗压强度$R_{C,7}$只有3~4MPa,水泥剂量只有约4%~5%,现场养生结束后,随气候条件而定,曝晒10~20d就会产生横向干缩裂缝,裂缝的间距常在6~10m。在某些地区,部分基层裂缝会在厚度小于8cm的沥青面层上引起产生对应裂缝。随高速公路沿线气候条件而定,有的沥青面层厚度大于8cm也产生对应裂缝,从而稍许增加面层横向裂缝的数量。

普遍不重视水泥稳定级配集料施工的客观原因是,高速公路通车后,产生的早期破坏等现象,都发生在沥青面层上,似与基层无关。但是近几年的深入调查研究证明,质量不好的基层,会促使沥青面层的早期破坏发展得更快、更严重。实践证明,针对重载交通长寿命路面必须进一步研究水泥稳定碎石基层的级配设计及其施工工艺,以提高其使用性能和耐久性。

用水泥做结合料的半刚性材料,在我国《公路沥青路面设计规范》和《公路路面基层施工技术规范》中常称水泥稳定类材料。因为被稳定的材料,可以是有一定级配的碎石、砂砾,也可以是细粒土。水泥稳定级配碎石,可称为高强度基层材料,国际上简称为 CTB 和 CBG。对于重载交通长寿命沥青路面的基层,由于它需要承担近 1 万辆/d 的重型货车,标准轴载 100kN 应达 1 亿次/车道。所以比用于一般高速公路的基层要有更高的性能要求。同时,笔者已发明了高强度水泥碎石的级配设计新方法和混合料密实性的检验方法。所以特称其为新水泥碎石基层,并用 CBG-25 表示。

水泥碎石强度形成的机理与沥青混凝土不同,在水泥强度等级、剂量和龄期相同的情况下,水泥碎石的密实性对其强度有重要影响。水泥碎石愈密实,其抗压强度愈高。以往的研究已表明,对于其抗弯拉强度和回弹模量,级配中必需有 3% ~5% 小于 0.075mm 的粉料。

## 一、新水泥碎石基层 CBG-25 中断级配的设计理念和方法

笔者设计新水泥碎石的理念,是其强度主要取决于级配、水泥剂量、龄期和密实性。另外,碎石级配应该有个范围,在此范围内,水泥碎石的强度相对稳定。这个范围可称之为对水泥碎石强度敏感性很小的范围。

新水泥碎石是粗集料断级配密实水泥碎石,其级配设计方法和密实性检验方法是针对水泥结碎石基层 CBG-25 的。笔者的设计思想是水泥碎石对岩石品种没有多的要求,可以与沥青面层的中下面层采用同一种碎石,因此其最大粒径与底面层 SAC-25 相同,都是 26.5mm。这是为了便于备料,所备粗集料可先用于基层,再用于底面层。研究得出的粗集料断级配 CBG-25 的级配设计方法和检验方法,也可以用于 CBG-20。设计方法采用的基本方程为式(6-1)。其粗细集料各个筛孔通过量(%)的设计方法与多碎石沥青混凝土 SAC 用的设计方法基本相同。

$$P_{di} = A\left(\frac{d_i}{D_{max}}\right)^B \tag{6-1}$$

由于式(6-1)中有两个未知数 $A$ 和 $B$,为了求解 $A$ 和 $B$ 的值,需要建立两个联立方程。为此设定,式中 $d_i = D_{max} = 26.5$mm 时,其通过量 $P_{di} = 100\%$;$d_i = 4.75$mm时,其通过量 $P_{di} = 36\%$。采用 4.75mm 的通过量 36% 是因为当前高速公路基层和面层施工常用的碾压机械容易将其碾压密实,而且表面粗集料被压碎的量较少。由此可得计算粗集料(4.75 ~26.5mm)各个筛孔通过量的两个联立方程,方程为式(6-2a)和式(6-2b)。

$$100 = A\left(\frac{26.5}{26.5}\right)^B \tag{6-2a}$$

$$36 = A\left(\frac{4.75}{26.5}\right)^B \tag{6-2b}$$

解此联立方程,用式(6-2a)÷式(6-2b)得:$2.778 = 5.579^{B}$

两侧取以10为底的对数,得 $B=0.594, A=100$

由此得计算粗集料各个筛孔通过量(%)的方程式为(6-3):

$$P_{di} = 100\left(\frac{d_i}{26.5}\right)^{0.594} \tag{6-3}$$

计算细集料级配的方程时,一个控制点是4.75mm的通过量,即36%,另一个控制点是0.075mm的通过量,其值为3%~5%。用此建立两个联立方程式(6-4a)和式(6-4b)。

$$36 = A\left(\frac{4.75}{4.75}\right)^{B} \tag{6-4a}$$

$$5 = A\left(\frac{0.075}{4.75}\right)^{B} \tag{6-4b}$$

解此两联立方程,得:$B=0.476, A=36$。

由此得计算细集料各个筛孔通过量的方程式为式(6-5):

$$P_{di} = 36\left(\frac{d_i}{4.75}\right)^{0.476} \tag{6-5}$$

式(6-3)和式(6-5)表明:粗集料的幂值0.594显著大于细集料的幂值0.476。说明粗集料形成互相接触的骨架,细集料是很密实的。由约7%水泥形成的砂浆填充在粗集料骨架的孔隙中,并形成一个整体。砂浆的收缩性虽大,但填充在粗集料的骨架间,对水泥碎石整体无影响。因此,水泥碎石基层很少有收缩裂缝。在秦皇岛,不单是试验路无收缩裂缝,甚至是采用了同样水泥碎石级配的生产路段也无裂缝。

用式(6-3)和式(6-5)计算得的CBG-25的粗集料和细集料各个筛孔通过量的百分率(%)见表6-1。

**CBG-25粗、细集料各个筛孔的通过量(%)** 表6-1

| 筛孔(mm) | 26.5 | 19 | 13.2 | 9.5 | 4.75 | 2.36 | 1.18 | 0.6 | 0.3 |
|---|---|---|---|---|---|---|---|---|---|
| 通过量(%) | 100 | 82.1 | 66.1 | 54.4 | 36 | 25.8 | 18.6 | 13.4 | 9.7 |

## 二、CBG-25级配的密实性检验

检验方法的基本原理是,室内混合料设计采用重型击实试验法得到的CBG-25的 $R_{C,7}$ 达到设计强度6MPa时的水泥剂量、最佳含水率 $w_0$ 和最大干密度 $\gamma_{d,max}$ 后,计算水泥碎石中粗集料的含量和粗集料的孔隙率,此孔隙率除被水泥、细集料和粉料及有效水的体积填满后,还余留约小于2%的空气率。

1. 中断级配 CBG-25 不同粒级的密度

CBG-25 中断级配各个单一粒级粗细集料的含量以及毛体积密度 $G_b$、表干密度 $G_{sd}$和吸水率 $W_a$ 都列在同一张表中，见表 6-2。

**CBG-25 不同粒级的含量与不同粒级粗细集料的 $G_b$ 和 $G_{sd}$** 表 6-2

| 筛孔(mm) | 26.5 | 19 | 13.2 | 9.5 | 4.75 | 2.36 | 1.18 | 0.6 | 0.3 | 0.15 | 0.075 |
|---|---|---|---|---|---|---|---|---|---|---|---|
| 通过量(%) | 100 | 82.1 | 66.1 | 54.4 | 36.0 | 25.8 | 18.6 | 13.4 | 9.7 | 7.0 | 5.0 |
| 不同粒级含量 | | 17.9 | 16.0 | 11.7 | 18.4 | 10.2 | 7.2 | 5.2 | 3.7 | 2.7 | 2.0 |
| $G_b$(g/cm$^3$) | | 2.714 | 2.702 | 2.704 | 2.697 | 2.663 | 2.644 | 2.632 | 2.633 | 2.637 | 2.643 |
| $G_{sd}$(g/cm$^3$) | | 2.723 | 2.712 | 2.714 | 2.711 | 2.696 | 2.679 | 2.683 | 2.663 | 2.689 | 2.676 |
| $W_a$(%) | | 0.3 | 0.4 | 0.4 | 0.4 | 1.30 | 1.60 | 1.71 | 1.75 | 1.83 | 1.83 |

注：表中 $G_b$ 是各个粒级石料原测定的毛体积密度。19mm 下的含量，$G_b$ 和 $G_{sd}$的值都是指 19 ~ 26.5mm 碎石的值，即 19mm 是 19 ~ 26.5mm 粒级的下限值，其余筛孔尺寸都是指某粒级的下限尺寸。

2. 必要的计算

根据表 6-2 中的值，可知粗集料的含量为 64%，并可计算得粗集料的毛体积密度 $G_{b,ca}=2.7043\text{g/cm}^3$，细集料的毛体积密度 $G_{b,fa}=2.6462\text{g/cm}^3$。试验得粉料 $P_0$ 的视密度 $G_{a,P0}=2.723\text{g/cm}^3$，水泥的视密度 $G_{a,c}=3.1\text{g/cm}^3$。

3. 检验方法

CBG-25 的级配属于粗集料断级配，可用类似 SAC-25 的 $\text{VCA}_{\text{DRF}}$方法对原材料进行检验。

SAC25-1 石灰岩碎石粗集料的干捣实孔隙率 $VCA_{DRC}=39\%$，松装孔隙率 $VCA_{DRL}=45\%$。SAC25-1 矿料级配为紧密骨架密实结构，需要用 $VCA_{DRC}$对其进行检验。SAC25-3 矿料级配为疏松骨架密实结构，需要用 $VCA_{DRL}$为检验标准，表 6-2 中的中断级配 CBG-25 接近一般骨架密实结构。

由于水泥碎石基层用的碎石与 SAC25-1 相同，而且水泥碎石的最大粒径也是 26.5mm，都是用的粗集料断级配。两者的差别仅在 SAC25-1 粗集料的含量为 70%，SAC25-2 粗集料的含量为 65%，检验其级配合适性时，采用干捣实孔隙率 $VCA_{DRC}$与松装孔隙率 $VCA_{DRL}$的平均值，即 42%。CBG-25 粗集料的含量只有 64%。对 CBG-25 的原材料进行检验时，$VCA_{DR}$可定为 41%。相应的烘干粗集料骨架的密度用式(6-6)计算。

$$GCA_{DR} = G_{b,ca} \times (1 - VCA_{DR}) \tag{6-6}$$

由此得

$$GCA_{DR} = 2.7043 \times (1 - 0.41) = 1.5955\text{g/cm}^3$$

1)初步检验

参照SAC的矿料级配检验方程,列出CBG-25的检验方程如下式:

$$\frac{P_{ca}}{GCA_{DR}} \times (VCA_{DR} - V_a) = \frac{P_{fa}}{G_{b,fa}} + \frac{P_{po}}{G_{a,po}} + \frac{P_c}{G_c} \tag{6-7}$$

式中:$P_{ca}$、$P_{fa}$、$P_{po}$——分别为粗集料、细集料、粉料的含量(%)(64%、31%、5%),三者之和为100%;

$P_c$——所用水泥剂量(7%);

$G_c$——水泥的密度3.1g/cm$^3$;

$V_a$——混合料中保留的空气率(%)。

将有关数据代入式(6-7),得:

$$\frac{64}{1.5955} \times (0.41 - V_a) = \frac{31}{2.6462} + \frac{5}{2.723} + \frac{7}{3.1}$$

$$40.1128 \times (0.41 - V_a) = 11.7149 + 1.8362 + 2.2581$$

$$40.1128 \times (0.41 - V_a) = 15.8092$$

由上式得 $V_a = 1.6\%$,也就是细集料、粉料和水泥全部填充在粗集料的孔隙中,仍有1.6%的空气率。

2)水泥碎石试件的检验——$VCA_{CBG}$方法

(1)7%水泥时的最佳含水率 $W_0 = 6.5\%$,最大干密度 $\gamma_{d,max} = 2.436$g/cm$^3$。

(2)全部集料的吸水率 $W_a = 0.49\%$。

(3)$\phi$15cm × 15cm 试件的理论体积为2 650.72cm$^3$,试件的实际质量为2 650.72 ×2.436 =6 457.15g。

(4)由于脱膜后,试件常胀高2mm,试件的实际体积应是2 686.06cm$^3$,实际密度为2.404g/cm$^3$。

(5)试件中全部集料的质量 $MMA = \frac{2.404}{(1+0.07)} = 2.2467$g/cm$^3$。

水泥的质量 $MC$ 为 $2.404 - 2.2467 = 0.1573$g/cm$^3$。

粗集料的质量 $MCA$ 为 $0.64 \times 2.2467 = 1.4379$g/cm$^3$。

细集料的质量 $MFA$ 为 $0.31 \times 2.2467 = 0.6965$g/cm$^3$。

粉料的质量 $MP_0$ 为 $0.05 \times 2.2467 = 0.1123$g/cm$^3$。

(6)粗集料的孔隙率 $VCA_{CBG} = 1 - 1.4379 \div 2.7043 = 0.4683$(46.83%)。

细集料的体积 $VOLFA_{CBG} = 0.6965 \div 2.6482 = 0.2630$(26.30%)。

粉料的体积 $VOLP_{O,CBG} = 0.1123 \div 2.723 = 0.0412$(4.12%)。

水泥的体积 $VOLC = 0.1573 \div 3.1 = 0.0507$(5.07%)。

水泥水化所需要的水 $W_b = 0.20 \sim 0.25$(平均0.225)(22.5%),

$$W_b = 0.225 \times 0.1573 = 0.0354(3.54\%)。$$

集料吸收的水 $W_a = 0.0049 \times 2.2467 = 0.011$(1.1%)。

试验证明,在静压成型试件过程中,可能压挤出0.43% ~0.5%水,因此,实际用水量为6.5% -0.5% = 6.00%。

实际需水量 $W$ 为 $0.06 \times 2.404 = 0.1442 g/cm^3$。

试件中有效水的质量 $W_e = W - W_b - W_a = 0.1442 - 0.0354 - 0.011 = 0.0978 g/cm^3$。

有效水的体积为(0.0978 ÷1) =0.0978(9.78%)。

(7)试件的实际空气率

$V_a$ = 粗集料孔隙率46.83% - 细集料体积26.3% - 粉料体积4.12% - 水泥体积5.07% - 有效水的体积9.78% =1.6%

CBG-25的检验结果:细集料、粉料、水泥与有效水的体积共同组成的水泥砂浆,除将粗集料黏结在一起外,全部填充在粗集料的孔隙中,仅含1.6%空气。

## 三、水泥碎石强度的不敏感区

### 1. 优选级配

1)比较试验所用的级配

试验所用级配见表6-3。表中第1列级配号右侧的第1行为各个筛孔(mm)的通过量(%),第2行为各个粒级的含量(%)。表中筛孔尺寸19mm下的通过量和粒级含量是指粒级26.5 ~19mm的量,也就是用粒级的下限筛孔表示该粒级,其余粒级都相同。

试验用的级配　　表6-3

| 级配 | 筛孔尺寸(mm) | 26.5 | 19 | 13.2 | 9.5 | 4.75 | 2.36 | 1.18 | 0.6 | 0.3 | 0.15 | 0.075 |
|---|---|---|---|---|---|---|---|---|---|---|---|---|
| 1号 | 通过量(%) | 100 | 84.7 | 70.6 | 59.9 | 42.3 | 29.8 | 21.1 | 15.0 | 10.6 | 7.5 | 5.3 |
| | 各粒级含量(%) | | 15.3 | 14.1 | 10.7 | 17.6 | 12.5 | 8.7 | 6.1 | 4.4 | 3.1 | 2.2 |
| 2号 | 通过量(%) | 100 | 79.2 | 61.4 | 48.7 | 30.0 | 22.9 | 17.5 | 13.4 | 10.3 | 7.9 | 6.0 |
| | 各粒级含量(%) | | 20.8 | 17.8 | 12.7 | 18.7 | 7.1 | 5.4 | 4.1 | 3.1 | 2.4 | 1.9 |

续上表

| 级配 | 筛孔尺寸(mm) | 26.5 | 19 | 13.2 | 9.5 | 4.75 | 2.36 | 1.18 | 0.6 | 0.3 | 0.15 | 0.075 |
|---|---|---|---|---|---|---|---|---|---|---|---|---|
| 3 号 | 通过量(%) | 100 | 82.1 | 66.1 | 54.4 | 36.0 | 25.8 | 18.6 | 13.4 | 9.7 | 7.0 | 5.0 |
| | 各粒级含量(%) | | 17.9 | 16.0 | 11.7 | 18.4 | 10.2 | 7.2 | 5.2 | 3.7 | 2.7 | 2.0 |
| 4 号 | 通过量(%) | 100 | 80.2 | 63.0 | 50.7 | 32.0 | 23.5 | 17.0 | 13.0 | 9.5 | 7.0 | 5.0 |
| | 各粒级含量(%) | | 19.8 | 17.2 | 12.3 | 18.7 | 8.5 | 6.5 | 4.0 | 3.5 | 2.5 | 2.0 |

笔者考虑既然水泥碎石的密实性对水泥碎石的使用性能有很显著影响，那么约百年前美国用富勒公式计算得的沥青混合料的连续式密级配，同样可以用作水泥碎石的级配，即表 6-3 中的 1 号级配。2 号 ~4 号级配为笔者近期研究得出的粗集料断级配。

2)各粒级集料的密度

各个粒级集料的密度列于表 6-4。

**粗、细集料的密度**　　表 6-4

| 筛孔尺寸(mm) | 19 | 13.2 | 9.5 | 4.75 | 2.36 | 1.18 | 0.6 | 0.3 | 0.15 | 0.075 |
|---|---|---|---|---|---|---|---|---|---|---|
| 表干密度 $G_{sd}$(g/cm$^3$) | 2.723 | 2.712 | 2.714 | 2.711 | 2.696 | 2.679 | 2.683 | 2.663 | 2.687 | 2.676 |
| 毛体积密度 $G_b$(g/cm$^3$) | 2.714 | 2.702 | 2.704 | 2.697 | 2.663 | 2.644 | 2.632 | 2.633 | 2.637 | 2.643 |
| 表观密度(g/cm$^3$) | 3.081 | 3.067 | 3.067 | 3.065 | 2.737 | 2.723 | 2.715 | 2.700 | 2.720 | 2.723 |
| 吸水率* $W_a$(%) | 0.3 | 0.4 | 0.4 | 0.5 | 1.2 | 1.3 | 1.9 | 1.1 | 1.9 | 1.2 |

注：* $W_a$ 可用$(G_{sd}/G_b)-1$得到。

3)不同级配粗细集料的含量和毛体积密度

表 6-3 中各个级配粗细集料的含量和毛体积密度见表 6-5。

粗细集料的含量和毛体积密度　　表6-5

| 级　配 | $P_{ca}$(%) | $G_{b,ca}$(g/cm³) | $P_{fa}$(%) | $G_{b,fa}$(g/cm³) | $P_0$(%) |
|---|---|---|---|---|---|
| 1号级配 | 57.7 | 2.704 0 | 37.0 | 2.646 4 | 5.3 |
| 2号级配 | 70.0 | 2.704 6 | 24.0 | 2.645 2 | 6.0 |
| 3号级配 | 64.0 | 2.704 3 | 31.0 | 2.646 2 | 5.0 |
| 4号级配 | 68.0 | 2.704 5 | 27.0 | 2.646 0 | 5.0 |

从表6-5可以看到,粗集料毛体积密度最小的是1号级配,最大的是2号级配。这与粗集料含量最少和最多有关。

4)击实试验结果

为了达到7d龄期抗压强度$R_{C,7}$为6MPa,重型击实试验时采用了6%、7%、8%三种水泥剂量,使用的水泥为32.5级普通硅酸盐水泥。试验结果见表6-6。

击实试验结果表　　表6-6

| 水泥用量 | 级配编号 | 最佳含水率(%) | 最大干密度(g/cm³) |
|---|---|---|---|
| 6% | 1号 | 5.2 | 2.389 |
| | 2号 | 6.4 | 2.415 |
| | 3号 | 6.3 | 2.428 |
| | 4号 | 5.5 | 2.449 |
| 7% | 1号 | 5.3 | 2.395 |
| | 2号 | 6.46 | 2.422 |
| | 3号 | 6.5 | 2.436 |
| | 4号 | 5.6 | 2.453 |
| 8% | 1号 | 5.45 | 2.398 |
| | 2号 | 6.6 | 2.423 |
| | 3号 | 6.62 | 2.440 |
| | 4号 | 5.72 | 2.460 |

从表6-6可以看到,1号级配的最佳含水率$w_0$和最大干密度$\gamma_{d,max}$都最小。$w_0$最大的是2号级配,$\gamma_{d,max}$最大的是4号级配,但粗集料含量最多的是2号级配。

2.新水泥碎石CBG-25的力学性质

1)7d龄期的抗压强度

室内做了CBG-25的系统试验,以下主要介绍7d龄期的抗压强度$R_{C,7}$。

(1)试件的压实度

试件的压实度按98%控制(实际施工现场应按100%控制)。

(2)无侧限抗压强度

制备做试件的干密度采用重型击实试验最大干密度的98%,用静压法制件。每种水泥剂量和每个级配有13个试件,抗压强度的结果见表6-7。

抗压强度统计表　　表6-7

| 水泥剂量 | 级配编号 | 7d抗压强度平均值$\overline{R}_{C,7}$(MPa)① | 标准差 | 偏差系数(%) | 代表值①$R_r$(MPa) |
|---|---|---|---|---|---|
| 6% | 1号 | 4.888 | 0.344 | 7.046 | 4.322 |
| | 2号 | 4.310 | 0.331 | 7.675 | 3.766 |
| | 3号 | 5.521 | 0.787 | 14.262 | 4.226 |
| | 4号 | 3.462 | 0.323 | 9.340 | 2.931 |
| 7% | 1号 | 5.855 | 0.616 | 10.518 | 4.842 |
| | 2号 | 6.132 | 0.782 | 12.747 | 4.846 |
| | 3号 | 5.804 | 0.579 | 9.984 | 4.851 |
| | 4号 | 4.724 | 0.471 | 9.961 | 3.944 |
| 8% | 1号 | 7.772 | 0.692 | 8.898 | 6.633 |
| | 2号 | 9.238 | 0.584 | 6.325 | 8.277 |
| | 3号 | 7.522 | 1.074 | 14.279 | 5.755 |
| | 4号 | 6.749 | 0.805 | 11.924 | 5.425 |

注:①$\overline{R}_{C,7}$指$R_{C,7}$的平均值;$R_r$指具有95%概率的代表值,即$4.888-1.645\times0.344$。

2)三个不同水泥剂量级配的强度分析

表6-7中不同水泥剂量级配的强度分析如下:

(1)1号级配的强度都排第二。

| 水泥 | $\overline{R}_{C,7}$ | $R_r$ |
|---|---|---|
| 6% | 4.888 | 4.322 |
| 7% | 5.855 | 4.842 |
| 8% | 7.772 | 6.633 |

(2)2号级配的强度两次第一,一次第三。由于2号级配现场难于碾压密实,所以不考虑应用。

| 水泥 | $\overline{R}_{C,7}$ | $R_r$ |
|---|---|---|
| 6% | 4.310 | 3.766 |
| 7% | 6.132 | 4.846 |
| 8% | 9.238 | 8.277 |

(3)3 号级配的强度一次第一，两次第三。

| 水泥 | $\overline{R}_{C,7}$ | $R_r$ |
|---|---|---|
| 6% | 5.521 | 4.226 |
| 7% | 5.804 | 4.851 |
| 8% | 7.522 | 5.755 |

(4)4 号级配的强度最小，也不考虑推荐应用。

(5)3 号级配的强度，两次第三，与 1 号级配的第三差别很小，如：

水泥剂量 6% 时

1 号级配 $\overline{R}_{C,7}$ = 4.888MPa，$R_r$ = 4.322MPa；

3 号级配 $\overline{R}_{C,7}$ = 5.521MPa，$R_r$ = 4.226MPa；平均值较 1 号级配的大 0.633MPa。

水泥剂量 7% 时

1 号级配 $\overline{R}_{C,7}$ = 5.855MPa，$R_r$ = 4.842MPa；

3 号级配 $\overline{R}_{C,7}$ = 5.804MPa，$R_r$ = 4.851MPa；平均值较 1 号级配的小 0.051MPa。

水泥剂量 8% 时

1 号级配 $\overline{R}_{C,7}$ = 7.772MPa，$R_r$ = 6.633MPa；

3 号级配 $\overline{R}_{C,7}$ = 7.522MPa，$R_r$ = 5.755MPa；平均值较 1 号级配的小 0.25MPa。

3)抗压强度小结

由上述 4 个级配的平均抗压强度 $\overline{R}_{C,7}$ 的比较，可以看到在 3 个不同水泥剂量时，3 号级配的 $\overline{R}_{C,7}$ 略大于 1 号级配的 $\overline{R}_7$ 或略小于 1 号级配的 $\overline{R}_{C,7}$。因此，可以说 3 号级配与 1 号级配组成了一个抗压强度不敏感的范围，见表 6-8。表中列有此范围的上限和下限的通过百分率(%)。

**对水泥碎石强度敏感性很小的级配范围** 表 6-8

| 筛孔(mm) | 26.5 | 19 | 13.2 | 9.5 | 4.75 | 2.36 | 1.18 | 0.6 | 0.3 | 0.15 | 0.075 |
|---|---|---|---|---|---|---|---|---|---|---|---|
| 上限(%) | 100 | 84.7 | 70.6 | 59.9 | 42.3 | 28.9 | 21.1 | 15.0 | 10.6 | 7.5 | 5.0 |
| 下限(%) | 100 | 82.0 | 66.1 | 54.4 | 36.0 | 25.8 | 18.6 | 13.4 | 9.7 | 7.0 | 5.0 |

表 6-8 中上限级配粗集料的含量为 57.7%，下限级配粗集料的含量为 64%。

因此，可以说，水泥碎石的级配就要用连续式密级配(上限)；如果大于 4.75mm 粗集料含量超过 59%，就要用中断级配，但不能在此范围内任意画一根曲曲折折的级配线，而应根据所用粗集料的具体数量(或质量)重新计算合适的中断级配曲线。

1 号和 3 号级配 6% 水泥时的抗压强度代表值的平均值 $\overline{R}_r=4.274$MPa;7% 水泥时的 $\overline{R}_r=4.846$MPa;8% 水泥时的 $\overline{R}_r=6.194$MPa。

## 四、CBG-25 的干缩性

### 1. 水泥碎石的室内干缩试验

由于级配 3 CBG-25 含有 64% 的粗集料,所以其收缩性不大。用 10cm × 10cm × 40cm 的中梁试件做干缩试验时,最大干缩形变只有 0.077mm,最大干缩应变只有 $192.5\times10^{-6}$mm。在最大失水量为 2.36% 情况下的平均干缩系数为 $81.6\times10^{-6}$。而以往《公路路面基层施工技术规范》中的经验级配,在最大失水量为 2.8% 时,最大干缩应变高达 $708\times10^{-6}$mm,平均干缩系数为 $253\times10^{-6}$。后者是中断级配 3 CBG-25 的三倍多。因此,以往水泥碎石基层养生结束后,暴露 10 ~ 20d,就会产生间距 6 ~ 10m 的横向收缩裂缝。

根据 3 个不同级配(级配号同表 6-3)CBG-25 的失水率 $W_{LOS}$(%)与收缩应变 $\varepsilon$($\times10^{-6}$)的室内试验结果,计算了 $\varepsilon$ 与 $W_{LOS}$ 的回归方程,并利用回归方程比较三个不同级配在同一失水率时的干缩应变。

1)级配 1 连续式密级配,

所得回归方程为:

$$\lg\varepsilon=1.4395+0.3924W_{LOS}\quad 确定性\ r^2=0.901$$

$$W_{LOS}=1.0\%\quad \varepsilon=67.9\times10^{-6}$$

$$W_{LOS}=1.5\%\quad \varepsilon=106.8\times10^{-6}$$

$$W_{LOS}=2.0\%\quad \varepsilon=167.6\times10^{-6}$$

2)级配 2 中断级配(>4.75mm 粗集料含量 70%)

所得回归方程为:

$$\lg\varepsilon=1.4138+0.3273W_{LOS}\quad 确定性\ r^2=0.9146$$

$$W_{LOS}=1.0\%\quad \varepsilon=55.1\times10^{-6}$$

$$W_{LOS}=1.5\%\quad \varepsilon=80.3\times10^{-6}$$

$$W_{LOS}=2.0\%\quad \varepsilon=117.1\times10^{-6}$$

3)级配 3 中断级配(4.75mm 粗集料含量 64%)

所得回归方程为:

$$\lg\varepsilon=1.3374+0.4387W_{LOS}\quad 确定性\ r^2=0.8900$$

$$W_{LOS}=1.0\%\quad \varepsilon=59.7\times10^{-6}$$

$$W_{LOS}=1.5\%\quad \varepsilon=99.0\times10^{-6}$$

$W_{LOS}=2.0\%\quad \varepsilon=163.9\times10^{-6}$

以上三个级配做干缩试验时,试件的压实度为98%。

上述比较表明:

在相同失水率的情况下,粗集料含量多(70%)的中断级配2的干缩应变最小;前面已经提到不推荐应用此级配。粗集料含量64%的中断级配3的干缩应变稍大;连续级配1的干缩应变最大。

4)压实度对干缩性的影响

级配3中断级配压实度为100%所得回归方程为:

$$\lg\varepsilon=1.4466+0.3359W_{LOS}\quad 确定性\ r^2=0.9290$$

$W_{LOS}=1.0\%\quad \varepsilon=60.6\times10^{-6}$

$W_{LOS}=1.5\%\quad \varepsilon=89.2\times10^{-6}$

$W_{LOS}=2.0\%\quad \varepsilon=131.6\times10^{-6}$

同一级配3,压实度为100%试件的干缩应变在失水率小时与压实度98%试件的干缩应变差别很小,随失水率增大,压实度100%试件的干缩应变显著小于压实度98%试件的干缩应变。

2. 试验路的结果

秦皇岛试验路首次使用CBG-25基层,虽然设计强度6MPa,水泥剂量7%,基层养生后,夏季暴晒约3个月,近5km基层,只有363m一小段因施工遇雨含水率偏大,产生了7条横向收缩裂缝,间距8~106m。其他90%以上的基层都没有产生收缩裂缝。秦皇岛试验路基层的收缩裂缝状况,被业内专家认为是奇迹。

## 五、水泥碎石的抗压回弹模量

1. 试验用的级配

试验采用的级配同表6-3。做每个级配的回弹模量试验时,都采用9个平行试件,试验的统计结果见表6-9。

**不同级配水泥碎石的回弹模量(MPa)** 表6-9

| 水泥剂量(%) | 级配号 | 平均值 $\overline{E}$ | 标准差 $S$ | 变异系数 $C_v$(%) | 代表值 $E_r$ |
|---|---|---|---|---|---|
| 6 | 1 | 2 179 | 686 | 31.5 | 1 300 |
| | 2 | 2 080 | 681 | 32.7 | 1 207 |
| | 3 | 2 190 | 659 | 30.1 | 1 346① |
| | 4 | 1 992 | 614 | 30.8 | 1 205 |

续上表

| 水泥剂量(%) | 级配号 | 平均值 $\overline{E}$ | 标准差 $S$ | 变异系数 $C_v$(%) | 代表值 $E_r$ |
|---|---|---|---|---|---|
| 7 | 1 | 2 306 | 669 | 29.0 | 1 449 |
| | 2 | 2 416 | 718 | 29.7 | 1 496 |
| | 3 | 2 360 | 745 | 31.6 | 1 406 |
| | 4 | 2 265 | 705 | 31.1 | 1 361 |
| 8 | 1 | 2 404 | 695 | 28.9 | 1 513 |
| | 2 | 2 548 | 746 | 29.3 | 1 592 |
| | 3 | 2 458 | 719 | 29.2 | 1 537 |
| | 4 | 2 315 | 680 | 29.4 | 1 444 |

注:①代表值 $E_r$ 为 90% 概率的值。

### 2. 计算用的回弹模量

表 6-9 结果表明,水泥碎石回弹模量的变异系数在 30% 左右。

我国"七五"和"八五"期间在确定计算用回弹模量代表值时,常采用 90% 概率,即回弹模量代表值 $E_r = \overline{E}$[❶] $- 1.281S$。为了前后一致,便于比较。表 6-9 中的代表值也采用了 90% 概率的值。

从表 6-9 看到,在水泥剂量相同时,不同级配的回弹模量平均值和代表值都很接近。实际上,可以用其平均值代表某一水泥剂量时的平均回弹模量和代表回弹模量。计算结果为:

6% 水泥,$\overline{E} = 2\ 110\text{MPa}$,$E_r = 1\ 264\text{MPa}$。

7% 水泥,$\overline{E} = 2\ 337\text{MPa}$,$E_r = 1\ 427\text{MPa}$。

8% 水泥,$\overline{E} = 2\ 431\text{MPa}$,$E_r = 1\ 521\text{MPa}$。

前述抗压强度试验已证明,连续式密级配(1 号)和中断级配(3 号)组成一个强度敏感性很小的范围,因此,采用表 6-9 中 1 号级配和 3 号级配,7% 水泥剂量 90% 概率回弹模量的代表值 $E_r$ 确定计算用回弹模量,两个级配回弹模量代表值的平均值为 1 426MPa 或取整数 1 400MPa。8% 水泥剂量时,1 号级配和 3 号级配回弹模量的代表值为 1 500MPa。6% 水泥剂量时,回弹模量的代表值为1 300MPa。因此,水泥剂量虽对 $\overline{R}_r$ 的值有较大影响,但对回弹模量的影响却小得多。

---

❶ $\overline{E}$——回弹模量平均值;$S$——回弹模量的标准差。

## 六、同济大学室内 CBG-25 和 CBG-20 的力学性质试验

### 第一次试验

1. 试验级配

具体级配见表 6-10。

通过下列筛孔(mm)的质量百分率(%)　　表 6-10

| 级配 | 26.5 | 19 | 16 | 13.2 | 9.5 | 4.75 | 2.36 | 1.18 | 0.6 | 0.3 | 0.15 | 0.075 |
|---|---|---|---|---|---|---|---|---|---|---|---|---|
| Fuller-25 | 100 | 84.7 | 77.7 | 70.6 | 59.9 | 42.3 | 29.8 | 21.1 | 15.0 | 10.6 | 7.5 | 5.3 |
| CBG-25 | 100 | 82.0 | 74.0 | 66.0 | 54.0 | 36.0 | 26.0 | 19.0 | 13.0 | 10.0 | 7.0 | 5.0 |
| CBG-20 | — | 100 | 88.0 | 76.0 | 60.0 | 36.0 | 26.0 | 19.0 | 13.0 | 10.0 | 7.0 | 5.0 |

2. 试验设计

试验用水泥为 32.5 级普通硅酸盐水泥。石料为石灰岩。试件尺寸为 15cm ×15cm。模量试验每组成型 20 个平行试件。养护温度为 25℃。强度和模量试验龄期为 90d。

3. 混合料设计

混合料设计见表 6-11,表中粉料指 <0.075mm 的颗粒。

混 合 料 设 计　　表 6-11

<table>
<tr><td>级　配</td><td colspan="4">水泥剂量(%)</td></tr>
<tr><td>Fuller-25</td><td>4</td><td colspan="2">5.5</td><td>7</td></tr>
<tr><td rowspan="2">CBG-25</td><td rowspan="2">4</td><td colspan="2">5.5</td><td>7</td></tr>
<tr><td>有粉料</td><td>无 0.075 粉料</td><td></td></tr>
<tr><td>CBG-20</td><td>4</td><td colspan="2">5.5</td><td>7</td></tr>
</table>

4. 击实试验结果

水泥稳定碎石击实试验结果见表 6-12,表中最大干密度 $\gamma_{d,max}$(g/cm$^3$)/最佳含水率 $w_0$(%)。

$\boldsymbol{\gamma_{d,max}}$(g/cm$^3$)/$\boldsymbol{w_0}$(%)　　表 6-12

<table>
<tr><td rowspan="2">级　配</td><td colspan="4">水泥剂量(%)</td></tr>
<tr><td>4</td><td colspan="2">5.5</td><td>7</td></tr>
<tr><td>Fuller-25</td><td>2.35/5.5</td><td colspan="2">2.36/5.5</td><td>2.36/5.4</td></tr>
<tr><td>CBG-25</td><td>2.40/5.6</td><td>2.4/5.5<br>(有粉料)</td><td>2.38/5.3<br>(无粉料)</td><td>2.39/5.4</td></tr>
<tr><td>CBG-20</td><td>2.37/5.2</td><td colspan="2">2.39/5.1</td><td>2.38/4.9</td></tr>
</table>

从表6-12中可以看出：

(1)相同中断级配CBG-20与CBG-25情况下，最大粒径大，最大干密度和最佳含水率也大，但差别并不大。4%水泥时，$\gamma_{d,max}$仅差0.03g/cm$^3$，$w_0$只差0.4%；7%水泥时，$\gamma_{d,max}$差0.01g/cm$^3$，$w_0$差0.5%。

7%水泥时，Fuller-25与CBG-25的$\gamma_{d,max}$只差0.03g/cm$^3$，$w_0$相同；4%水泥时，$\gamma_{d,max}$差0.05g/cm$^3$，$w_0$只差0.1%。

(2)CBG级配的最大干密度比Fuller级配的大，主要是由于CBG级配中粗集料含量较多。

(3)水泥剂量对不同级配水泥碎石的最大干密度和最佳含水率影响不显著。水泥碎石中集料占总质量的90%以上，水泥占的百分比很小，因此，对最大干密度和最佳含水率的影响不显著。

(4)筛除粉料后，最大干密度和最佳含水率略有减小。试验也发现在此情况下成型试件的表面孔隙较多。

5.强度试验结果与分析

1)抗压强度

不同水泥剂量CBG-25不同龄期的抗压强度见表6-13。但两个龄期用的水泥品种并不相同，会影响$R_{C,90}$与$R_{C,7}$的比值。

**不同龄期的抗压强度**　　表6-13

| 水泥剂量(%) | $R_{C,7}$ | $R_{C,90}$ | $R_{C,90}/R_{C,7}$ |
|---|---|---|---|
| 4 | 4.4 | 9.8 | 2.23 |
| 5.5 | 6.7 | 12.5 | 1.87 |
| 7 | 8.6 | 14.2 | 1.65 |

不同级配水泥稳定碎石90d抗压强度$R_{90}$和标准差$S$见表6-14。

**抗压强度$R_{90}$/标准差$S$(平均值结果)(MPa)**　　表6-14

<table>
<tr><th rowspan="2">级　配</th><th colspan="8">水泥剂量(%)</th></tr>
<tr><th>4</th><th>$C_v$</th><th colspan="3">5.5</th><th>$C_v$</th><th>7</th><th>$C_v$</th></tr>
<tr><td>Fuller-25</td><td>9.9/0.990</td><td>10%</td><td colspan="3">11.7/1.0448</td><td>8.4%</td><td>14.5/1.295</td><td>8.9%</td></tr>
<tr><td>CBG-25</td><td>10.1/0.668</td><td>6.6%</td><td>12.6/0.862<br>(有粉料)</td><td>$C_v$<br>6.8%</td><td>11.0/0.836<br>(无粉料)</td><td>7.6%</td><td>14.4/0.688</td><td>4.8%</td></tr>
<tr><td>CBG-20</td><td>9.4/0.646</td><td>6.9%</td><td></td><td></td><td></td><td></td><td>15.0/1.186</td><td>7.9%</td></tr>
</table>

注：由表可见这些试验的变异系数变化在4.8%～10%之间，说明这些试验做得很仔细认真。

95%概率抗压强度的代表值 $R_{C,0.95}$ 见表6-15。

**抗压强度95%概率的代表值 $R_{C,0.95}$**(MPa)　　表6-15

| 级　配 | 水泥剂量(%) | | | |
|---|---|---|---|---|
| | 4 | 5.5 | | 7 |
| Fuller-25 | 8.27 | 9.98 | | 12.37 |
| CBG-25 | 9.00 | 11.18<br>(有粉料) | 9.62<br>(无粉料) | 13.27 |
| CBG-20 | 8.34 | 10.82 | | 13.05 |

从表6-15可以看出:

(1)CBG-25级配的抗压强度略高于Fuller-25级配强度,且CBG-25的强度又略高于CBG-20的强度。

(2)筛除粉料后,抗压强度下降。由于级配中的粉料占5%,筛除后会影响混合料的密度,内部孔隙率较大导致强度较低。以往试验已证明,对于水泥碎石的弯拉强度和回弹模量,应保留3%~5%的粉料。所以实际工作中,不应筛除粉料。

(3)水泥剂量增加,抗压强度显著增加。

2)劈裂强度

水泥稳定碎石劈裂强度(常称间接抗拉强度)$R_i$(MPa)、标准差 $S$(MPa)试验结果见表6-16和表6-17。

**劈裂强度 $R_i$/标准差 $S$ 试验结果**(MPa)　　表6-16

| 级　配 | 水泥剂量(%) | | | | | | | |
|---|---|---|---|---|---|---|---|---|
| | 4 | | 5.5 | | | | 7 | |
| Fuller-25 | 0.84/0.060 5 | 7.2% | 1.13/0.090 4 | | 8.0% | | 1.30/0.085 8 | |
| CBG-25 | 0.95/0.109 3 | 11.5% | 1.2/0.102 0<br>(有粉料) | 8.5% | 1.01/0.127 3<br>(无粉料) | 12.6% | 1.37/0.137 | 10.0% |
| CBG-20 | 0.86/0.091 2 | 10.6% | | 1.12/0.094 1 | | 8.4% | 1.34/0.130 | 9.7% |

注:表中用百分率表示的指试验结果的变异系数,其值变化在7.2%~12.6%之间,明显大于抗压强度的变异系数。

**劈裂强度95%概率的代表值**(MPa)　　表6-17

| 级　配 | 水泥剂量(%) | | |
|---|---|---|---|
| | 4 | 5.5 | 7 |
| Fuller-25 | 0.74 | 0.98 | 1.16 |

续上表

| 级　配 | 水泥剂量(%) | | | |
|---|---|---|---|---|
| | 4 | 5.5 | | 7 |
| CBG-25 | 0.77 | 1.03<br>(有粉料) | 0.80<br>(无粉料) | 1.14 |
| CBG-20 | 0.71 | 0.96 | | 1.13 |

从表6-17可以看到：

①CBG-25的劈裂强度平均值大于Fuller-25。

②筛除粉料后，劈裂强度下降。

③水泥剂量增加，劈裂强度显著增加。

3)劈裂强度与抗压强度的关系

对比表6-15与表6-17可得：

(1)4%水泥

Fuller-25的$R_{C,0.95}$是$R_{i,0.95}$的11.18倍，或$R_i$是$R_C$的0.089。

CBG-25的$R_{C,0.95}$是$R_{i,0.95}$的11.69倍，或$R_i$是$R_C$的0.086。

CBG-20的$R_{C,0.95}$是$R_{i,0.95}$的11.75倍，或$R_i$是$R_C$的0.085。

(2)5.5%水泥

有粉料时

Fuller-25的$R_{C,0.95}$是$R_{i,0.95}$的10.85倍，或$R_i$是$R_C$的0.092。

CBG-25的$R_{C,0.95}$是$R_{i,0.95}$的10.85倍，或$R_i$是$R_C$的0.092。

CBG-20的$R_{C,0.95}$是$R_{i,0.95}$的11.27倍，或$R_i$是$R_C$的0.089。

(3)7%水泥

Fuller-25的$R_{C,0.95}$是$R_{i,0.95}$的11.664倍，或$R_i$是$R_C$的0.094。

CBG-25的$R_{C,0.95}$是$R_{i,0.95}$的11.64倍，或$R_i$是$R_C$的0.086。

CBG-20的$R_{C,0.95}$是$R_{i,0.95}$的11.55倍，或$R_i$是$R_C$的0.087。

4)小结

从上述3种水泥剂量时，共9个级配水泥碎石的抗压强度$R_{C,0.95}$与劈裂强度$R_{i,0.95}$的关系计算结果可看到：

4%水泥$R_i$与$R_C$的比值分别为0.089、0.086、0.085。

5.5%水泥$R_i$与$R_C$的比值分别为0.092、0.092、0.089。

7.0%水泥$R_i$与$R_C$的比值分别为0.094、0.086、0.097。

即两者的比值随水泥剂量大而增大。4%水泥时，平均0.087；5.5%水泥时,平均0.091;7%水泥时,平均0.092。同时,Fuller-25的比值最大,CBG-20的比值最小。

6. 回弹模量试验结果

回弹模量试验结果简单归纳如下:

水泥碎石的抗压回弹模量 $E$ 和标准差 $S$(MPa)的试验结果见表6-18和表6-19。

**回弹模量 $E$/标准差 $S$(MPa)** 表6-18

<table>
<tr><th rowspan="2">级配</th><th colspan="8">水泥剂量(%)</th></tr>
<tr><th colspan="2">4</th><th colspan="4">5.5</th><th colspan="2">7</th></tr>
<tr><td>Fuller-25</td><td>2 294/310</td><td>1 897①</td><td>2 329/263</td><td>1 992①</td><td colspan="2">1 992①</td><td>2 719/389</td><td>2 220①</td></tr>
<tr><td>CBG-25</td><td>2 275/371</td><td>1 799①</td><td>2 913/402<br>(有粉料)</td><td>2 398①<br>2 398①</td><td>2 505/278<br>(无粉料)</td><td>2 149①</td><td>2 942/380</td><td>2 455①</td></tr>
<tr><td>CBG-20</td><td>2 230/288</td><td>1 861①</td><td colspan="2">2 386/322</td><td colspan="2">1 973①</td><td>2 996/500</td><td>2 355①</td></tr>
</table>

注:①90%概率的代表值。

从表6-18看到:

1)相同水泥剂量下,不同级配的回弹模量无显著差别。

2)CBG-25含粉料时的回弹模量较无粉料者大11.6%。

3)水泥剂量增加,回弹模量增加。

4)试验结果分析

(1)模量随压强增大而增加。

回弹模量的详细结果见表6-19,表中 $E_{0.7\mathrm{MPa}}$、$E_{1.0\mathrm{MPa}}$ 分别为按压强0.7MPa和1.0MPa计算得的值。

**回弹模量试验结果** 表6-19

<table>
<tr><th rowspan="2">水泥剂量(%)</th><th colspan="6">回弹模量(MPa)</th></tr>
<tr><th>$E_{0.7\mathrm{MPa}}$</th><th>标准差 $S$</th><th>$E_r$</th><th>$E_{1.0\mathrm{MPa}}$</th><th>标准差 $S$</th><th>$E_r$</th></tr>
<tr><td>4.0</td><td>1 925</td><td>186</td><td>1 687①</td><td>2 088</td><td>183</td><td>1 853①</td></tr>
<tr><td>5.5</td><td>1 798</td><td>222</td><td>1 514①</td><td>2 102</td><td>273</td><td>1 751①</td></tr>
<tr><td>7.0</td><td>1 916</td><td>191</td><td>1 671①</td><td>2 222</td><td>166</td><td>2 009①</td></tr>
</table>

注:①90%概率的代表值。

按表6-19值,可计算得:$E_{1.0\mathrm{MPa}}/E_{0.7\mathrm{MPa}}=1.085$、1.170、1.160,平均1.140。由此可以看出:

回弹模量随试验时所用压强增加而增加。如4%水泥在1.0MPa下的回弹模量比 0.7MPa 下的大 14%，表明模量值存在应力依赖性。

(2)7d $R_{C,7}$与 90d $E$ 值的关系

施工控制时，常用 7d 龄期的抗压强度 $R_{C,7}$，而用作路面设计的水泥稳定材料的回弹模量却要用 90d 龄期的值。因此，常研究这两个指标间的关系。CBG-25 的部分资料见 6-20。

**回弹模量 $E_{90}$ 的计算值** 表 6-20

| 水泥剂量(%) | 7d $R_{C,7}$(MPa) | $E_{0.7MPa}$(MPa) | | | $E_{1.0MPa}$(MPa) | | |
|---|---|---|---|---|---|---|---|
| | | $E$ | $S$ | $E_r$ | $E$ | $S$ | $E_r$ |
| 4 | 4.4 | 1 925 | 186 | 1 687 | 2 088 | 183 | 1 854 |
| 5.5 | 6.7 | 1 797 | 222 | 1 513 | 2 102 | 273 | 1 752 |
| 7.0 | 8.6 | 1 916 | 191. | 1 671 | 2 222 | 333 | 1 795 |

回弹模量 $E$ 值与 $R_{C,7}$的关系不大。根据表 6-20，$R_{C,7}$从 4.4～8.6MPa(水泥剂量从 4%～7%)，$E$ 值变化很小。按 0.7MPa 得到的 $E_{0.7}$值，平均 1 873MPa，标准差平均 200，变异系数 $C_v$ = 10.7%。此结果说明，这些试验的变异性不大。90% 概率的代表值 $E_r$ = 1 624MPa。按 1.0MPa 得到的 $E_{1.0}$值，平均 2 137MPa，标准差平均 263，$C_v$ = 12.3%。90% 概率的代表值 $E_r$ = 1 800MPa。由此，可以取水泥碎石回弹模量的计算值为 1 600～1 800MPa。

采用课题规定的三个级配(见表 6-21 中的级配 1、级配 2 和级配 3)进行了第二次试验。按照习惯所用室内试验方法，先将粗、细集料筛分成单一粒级的料，然后按级配要求，先计算各个粒级需要的质量百分率，再用单一粒级的料配成符合要求的级配，但不含小于 0.075mm 的粉料。另一种方法是添加粉料到 5%。用 5% 水泥做混合料的抗压强度试验，每种混合料做 4～5 个试件，计算得的 7d 龄期抗压强度归纳总结在表 6-21。表 6-21 中仅列出原集料中不含粉料的结果，因为加粉料的抗压强度不如前者。

**三种水泥碎石的强度 $R_{C,7}$**(MPa) 表 6-21

| 级 配 | 试 件 数 | $R_{C,7}$范围 | 平均 $R_{C,7}$ | 标准差 $S$ | 偏差系数 $C_v$(%) | 代表强度 $R_{C,7,0.95}$① |
|---|---|---|---|---|---|---|
| 1 | 5 | 5.13～6.24 | 5.65 | 0.4 | 7.0 | 4.99 |
| 2 | 4 | 3.59～4.76 | 4.07 | 0.5 | 12.3 | 3.25 |
| 3 | 4 | 5.26～5.56 | 5.42 | 0.12 | 2.3 | 5.22 |

注：①指具有 95% 概率的代表值。

从表6-21看到，连续式密级配1的抗压强度与中断级配3的抗压强度很接近。而中断级配2，由于含粗集料太多(70%)，其强度反而较次。此结果与秦皇岛长寿命半刚性路面试验路的结果相同。

## 七、中断级配CBG-25的特点

(1)中断级配粗集料含量64%的CBG-25的抗压强度略大于连续式密级配CBG-25的抗压强度。

(2)连续式密级配的干缩性大于中断级配。

(3)CBG-25的抗压强度略大于CBG-20。

(4)级配中有粉料者的抗压强度大于无粉料的，同时有3%～5%粉料时的弯拉强度和回弹模量大于无粉料的。

(5)基层施工规范中级配的干缩性约为中断级配的3倍。

(6)中断级配CBG-25的横向收缩裂缝很少。

## 八、CBG-20的级配

### 1. CBG-20中断级配的计算

上述CBG-25是为适应SAC-25底面层设计的。实际工程中，还需要有CBG-20的级配曲线。

CBG-20同样会有一个强度相对稳定的不敏感区。这个区的级配上限是用富勒公式计算得的连续级配，其下限是用笔者研究得到的中断级配曲线公式(6-1)计算得到的，结果见表6-22。

用式(6-1)计算时，CBG-20的最大标称粒径是19mm，其通过率是100%。粗细集料的分界筛孔是4.75mm，4.75mm的通过率是40%。因此，计算粗集料各个筛孔通过量时的联立方程为

$$100 = A\left(\frac{19}{19}\right)^{B} \tag{6-8}$$

$$40 = A\left(\frac{4.75}{19}\right)^{B} \tag{6-9}$$

将式(6-8)÷式(6-9)，并将两侧都取对数，得

$$0.3979 = 0.6021B$$

由此得： $B = 0.6609, A = 100$

因此，计算粗集料各个筛孔通过量的方程为式(6-10)：

$$P_{di} = 100\left(\frac{d_i}{19}\right)^{0.6609} \quad (6\text{-}10)$$

计算 CBG-20 细集料各个筛孔通过量的联立方程如下：

$$40 = A\left(\frac{4.75}{4.75}\right)^{B} \quad (6\text{-}11)$$

$$5 = A\left(\frac{0.075}{4.75}\right)^{B} \quad (6\text{-}12)$$

解此联立方程，得：

$$B = 0.5013, A = 40$$

因此，计算细集料各个筛孔通过量的方程为：

$$P_{di} = 40\left(\frac{d_i}{4.75}\right)^{0.5013} \quad (6\text{-}13)$$

用式(6-10)和式(6-13)计算得的 CBG-20 的级配见表 6-22。

表中通过量上限是用 Fuller 曲线计算得的连续式密级配，通过量下限是用上述的中断级配计算方法得出的。

**CBG-20 的级配**　　表 6-22

| 筛孔(mm) | 19 | 16 | 13.2 | 9.5 | 4.75 | 2.36 | 1.18 | 0.6 | 0.3 | 0.15 | 0.075 |
|---|---|---|---|---|---|---|---|---|---|---|---|
| 上限(%) | 100 | 91.8 | 83.4 | 70.7 | 50.0 | 33.9 | 23.1 | 15.9 | 10.8 | 7.3 | 5.0 |
| 下限(%) | 100 | 89.3 | 78.6 | 63.2 | 40.0 | 28.2 | 19.9 | 14.2 | 10.0 | 7.1 | 5.0 |

2. CBG-20 的补充试验

2010 年初，由交通运输部公路科学研究院长寿命课题组完成了下列试验。CBG-20 的级配见表 6-23。

**CBG-20 的级配**　　表 6-23

| 筛孔(mm) | 19 | 16 | 13.2 | 9.5 | 4.75 | 2.36 | 1.18 | 0.6 | 0.3 | 0.15 | 0.075 |
|---|---|---|---|---|---|---|---|---|---|---|---|
| 上限(%) | 100 | 91.8 | 83.4 | 70.7 | 50.0 | 35.2 | 24.9 | 17.8 | 12.6 | 8.9 | 5.0 |
| 下限(%) | 100 | 88.1 | 76.5 | 60.0 | 36.0 | 25.8 | 18.6 | 13.4 | 9.7 | 7.0 | 5.0 |

根据表 6-23 中的上限、下限计算中值，用 42.5 级普通硅酸盐水泥分别进行击实试验和 7d 龄期的抗压强度试验，试验其结果如下：

1)击实试验结果

击实试验结果见表 6-24。

**CBG-20 击实试验结果** 表 6-24

| | 水泥剂量 | | 4% | 5% | 6% | 7% | 8% |
|---|---|---|---|---|---|---|---|
| 级配中值 | 第一次 | 最佳含水率(%) | 4.99 | 5.01 | 5.21 | 5.17 | 5.38 |
| | | 最大干密度($g/cm^3$) | 2.444 8 | 2.427 1 | 2.404 5 | 2.411 8 | 2.411 2 |
| | 第二次 | 最佳含水率(%) | 5.15 | 5.21 | 5.19 | 5.24 | 5.35 |
| | | 最大干密度($g/cm^3$) | 2.428 7 | 2.418 1 | 2.420 7 | 2.430 5 | 2.417 3 |
| | 平均 | 最佳含水率(%) | 5.07 | 5.11 | 5.20 | 5.20 | 5.36 |
| | | 最大干密度($g/cm^3$) | 2.436 8 | 2.422 6 | 2.412 6 | 2.421 2 | 2.414 3 |
| 级配上限 | 第一次 | 最佳含水率(%) | 5.21 | — | 5.09 | — | 5.46 |
| | | 最大干密度($g/cm^3$) | 2.424 8 | — | 2.428 2 | — | 2.411 9 |
| | 第二次 | 最佳含水率(%) | 5.20 | — | 5.45 | — | 5.43 |
| | | 最大干密度($g/cm^3$) | 2.422 1 | — | 2.405 1 | — | 2.401 1 |
| | 平均 | 最佳含水率(%) | 5.21 | — | 5.27 | — | 5.45 |
| | | 最大干密度($g/cm^3$) | 2.423 4 | — | 2.416 6 | — | 2.406 5 |
| 级配下限 | 第一次 | 最佳含水率(%) | 4.96 | — | 5.11 | — | 5.26 |
| | | 最大干密度($g/cm^3$) | 2.432 7 | — | 2.459 3 | — | 2.430 7 |
| | 第二次 | 最佳含水率(%) | 5.25 | — | 5.19 | — | 5.26 |
| | | 最大干密度($g/cm^3$) | 2.429 7 | — | 2.434 8 | — | 2.433 7 |
| | 平均 | 最佳含水率(%) | 5.10 | — | 5.15 | — | 5.26 |
| | | 最大干密度($g/cm^3$) | 2.431 2 | — | 2.447 0 | — | 2.432 2 |

2)7d 龄期的抗压强度试验

7d 龄期的抗压强度 $R_{C,7}$试验结果见表 6-25。

**7d 强度试验结果** 表 6-25

| | 水泥剂量 | 4% | 5% | 6% | 7% | 8% |
|---|---|---|---|---|---|---|
| 中值 | 平均值(MPa) | 6.35 | 7.87 | 9.79 | 8.85 | 11.98 |
| | 标准差 | 0.25 | 1.00 | 1.14 | 1.02 | 1.31 |
| | 变异系数 | 3.98% | 12.72% | 11.60% | 11.51% | 10.92% |
| | 代表值(MPa) | 5.93 | 6.23 | 7.92 | 7.17 | 9.83 |
| 上限 | 平均值(MPa) | 6.38 | — | 7.72 | — | 14.08 |
| | 标准差 | 0.82 | — | 1.00 | — | 1.38 |
| | 变异系数 | 12.80% | — | 12.95% | — | 9.77% |
| | 代表值(MPa) | 5.04 | — | 6.08 | — | 11.82 |

续上表

| | 水泥剂量 | 4% | 5% | 6% | 7% | 8% |
|---|---|---|---|---|---|---|
| 下限 | 平均值(MPa) | 7.64 | | 11.71 | | 13.62 |
| | 标准差 | 0.88 | | 1.51 | | 1.23 |
| | 变异系数 | 11.52% | | 12.85% | | 9.00% |
| | 代表值(MPa) | 6.19 | | 9.24 | | 11.61 |

# 第七章　施　工　工　艺

## 第一节　土基的施工

施工是能否全面实现设计的关键，无论是以往 SAC 的施工工艺，还是秦皇岛试验路上的创新措施，技术上都是成熟的、可靠的，在实际工程中取得了优良的应用效果。

本章内容既是秦皇岛试验路施工经验的总结，也是可以推广应用于重载交通长寿命沥青路面施工的可靠经验。

### 一、隔断层

1. 隔断层的位置

设计要求在土基顶面下 1.5m 处设置水平沥青膜隔断层，阻止气态水和毛细水上升；同时在底基层的两侧向下设置土工薄膜垂直防水墙，防止土路肩、边坡和中央分隔带的水渗入土基中，以保持土基竣工时的较高强度，达到土基强度稳定的目的，实现路基路面综合设计。实际隔断层的位置会随路堤高度而变。秦皇岛试验路隔断层的实际深度，参看第三章表 3-8。

2. 隔断层的施工

1)水平沥青膜

路基填土达到预定高度时，用冲击式压路机进一步压密土基，同时整平表面和再次碾压密实，使隔断层下的土基具有较高的强度。在土基表面先喷洒 0.4 ~ 0.6kg/$m^2$ 乳化沥青用其压尘，然后喷洒 70 号普通沥青，用量 2kg/$m^2$。沥青完全冷却后，再往上填土。在此，需要强调的是压实土层的表面常有浮土，新式热沥青洒布车的喷管上有很多个喷头，在喷洒沥青的过程中，产生一股旋转气流，吹起浮土，形成旋转浮土流，使喷出的沥青形不成完整的沥青膜，在沥青膜上，满布一个一个黄色小圆洞，见图 7-1。

为消除这种现象，必须在土基顶面先压尘，再喷洒 70 号沥青，见图 7-2。

当运土自卸车到达现场时，先调头，然后倒退到隔断层起点线处，自卸车边向隔断层上沿一条带边后退,边卸土,第一层土整平后需超过 10cm 厚,见图 7-3a)。第一层碾压密实后,如通常填筑路堤一样,一层一层向上填土和压实。每层的压实度都要符合甚至高于《公路路基施工技术规范》的要求。

图 7-1　沥青直接喷洒在土基上

图 7-2　在预定做隔断层的土基顶面喷洒乳化沥青(左侧)及沥青膜(右侧)

a)隔断层上倒退式上土施工

b)隔断层的效果

图 7-3　隔断层

2)土路堤的压实

压实必须采用重型压实标准。路堤要分层填筑与分层压实,而且尽可能提高压实度。如果土的含水率偏大,达不到规定压实度时,应采取添加石灰或水泥的措施,减少其含水率,拌和均匀后再碾压密实,或采取翻晒晾干措施,待含水率合适后再进行碾压密实。因为土的压实度愈大,其强度或回弹模量 $E_0$ 也愈大,也比较稳定。土基施工应尽量避开雨季,如在雨季施工特别要注意,每层压实土的表面应有良好且平整的路拱,不应有局部低洼的坑。降雨过程中,洼坑中容易积水并向土层内渗透,使局部土基的强度显著下降,整个土基的强度既低且不均匀性大,并进一步影响路面整体的强度和均匀性。如果能避免这种现象,使隔断层上面的土基具有较高和较均匀的强度,则隔断层的意义就更大。对于保证重载交通长寿命沥青路面的使用性能和耐久性非常重要。现场土基压实度的检查应采用灌砂法。以往习惯上对土基压实度的要求分三层，路基顶面以下0.8~1.5m要求压实度不小于最大干密度的93%，俗称93区；0.3~0.8m之间，要求压实度不小于最大干密度的95%，俗称95区；土基上部0~0.3m要求压实度不小于最大干密度的97%，俗称97区。对于重载交通长寿命沥青路面的土基压实度应该大于上述3个要求。例如，93区和95区都按压实度不小于97%，甚至更高的压实度控制。

3）垂直防水膜

土基填土到顶面后，在底基层底面的外侧挖一条垂直向下的沟，尽量缩小沟的宽度，深度直到隔断层表面，试验路用人工挖沟直到隔断层，发现隔断层确实成为较硬的一层见图7-3b），能起到预定的作用。也可以使用挖沟机挖这种深沟。但挖沟机不能直接挖到隔断层。为保护隔断层的完整性，需留出约10cm厚土层，用人工继续下挖。然后用防水土工膜垂直埋在沟内，土工膜的下端直接与隔断层相接，上端与将铺筑的底基层相接，见图7-4。目的是防止由土路肩和边坡渗入的自由水渗入隔断层上面的土基中。

图7-4　铺设垂直防水膜墙

垂直防水膜还可以采用另一种更好的方案：在中央分隔带两侧的路面底基层下的两边都设置一道垂直防水土工膜墙。也就是较试验路多了两道靠近中央分隔带的土工膜墙。这两道墙可以防止进入中央分隔带的自由水渗透到土基内，能更好地保持土基强度稳定。同时中央分隔带的内部防水也可以适当简化。

由于垂直防水膜墙用人工铺设，费工、费时，如在铺设过程中遭雨淋，垂直防水膜墙中间的填土潮湿后会引起不利影响。因此，在气候条件不好的地区，可以不做垂直防水膜墙，仅做水平沥青膜隔断层，同时做好路表排水系统。为防止中央分隔带的自由水向路面下渗透，建议采用水泥混凝土板封闭中央分隔带表面，并在混凝土板上用水泥混凝土防撞墙。

3. 隔断层上土基的回弹弯沉

土基竣工后，用后轴重100kN的汽车（充气压力0.7MPa）测量了表面弯沉值，结果见表7-1。由表7-1可以看到，土基的97.7%概率的代表弯沉值比较接近，说明各段土基的均匀性比较好。其代表弯沉值较门头沟试验路土基的代表弯沉值小得多。

路基回弹弯沉检测结果　　表 7-1

| 序号 | 检测起始桩号 | 里程(m) | 点数 | 平均回弹弯沉 (0.01mm) | $E_0$(MPa) | 标准差(0.01mm) | $C_v$(%) | 弯沉代表值 (0.01mm)① | $E_0$(MPa) |
|---|---|---|---|---|---|---|---|---|---|
| 1 | K0 +568 ~ K1 +100 | 523 | 154 | 135.95 | 90.0 | 43.78 | 32.2 | 223.50 | 51.0 |
| 2 | K1 +100 ~ K1 +640 | 540 | 164 | 109.73 | 114 | 42.47 | 38.7 | 194.67 | 61.7 |
| 3 | K1 +780 ~ K2 +720 | 940 | 358 | 179.65 | 67.3 | 44.32 | 24.4 | 268.29 | 43.9 |
| 4 | K3 +700 ~ K4 +510 | 810 | 274 | 191.85 | 62.7 | 33.24 | 17.3 | 258.33 | 45.7 |
| 5 | K4 +540 ~ K4 +885 | 345 | 80 | 200.53 | 59.8 | 35.89 | 17.9 | 272.31 | 43.2 |

注:①具有 97.7% 概率。

从表 7-1 可以看到,有隔断层的前三段弯沉值的变异系数明显大于后两段。说明隔断层上土基的施工质量不佳或施工中曾有降水。因此,宜在雨季过后做隔断层和垂直防水墙,然后向上填土。对于路堑的隔断层,需视路堑的具体情况,另行考虑。

利用回弹弯沉 $l_0$ 与回弹模量 $E_0$ 的经验关系式 $l_0 = 9\ 308E_0^{-0.938}$,(或 $\lg l_0 = \lg 9\ 308 - 0.938\lg E_0$)可计算得与平均弯沉和代表弯沉相对应的回弹模量值 $E_0$ 值(MPa)归纳在表 7-2 中。表 7-2 中序号 1 ~ 序号 3 的平均回弹模量值略高于无隔断墙的序号 4 和序号 5 两小段。

不同弯沉值时的回弹模量 $E_0$(MPa)　　表 7-2

| 序　号 | 平均弯沉(0.01mm) | $E_0$(MPa) | 代表弯沉(0.01mm) | $E_0$(MPa)① |
|---|---|---|---|---|
| 1 | 135.95 | 90 | 223.50 | 51 |
| 2 | 109.73 | 114 | 194.67 | 62 |
| 3 | 179.65 | 67 | 268.29 | 44 |
| 4 | 191.85 | 63 | 258.33 | 46 |
| 5 | 200.53 | 60 | 272.31 | 43 |

注:①计算得的 $E_0$ 值,按 4 舍 5 入原则取整数。

## 二、土基改善层

在不做垂直防水墙的情况下,特别是土路堤的土质不好,达不到路基施工技术规范的要求,可以在路堤上部设土基改善层。

土基改善层是将土基上部厚 30 ~ 40cm 用无机结合料稳定土(其抗压强度可略小于底基层的强度)也可用无结合料的未筛分碎石或天然级配砂砾,以加强土基的承载能力,然后在上铺筑预定的路面结构层。

## 三、中央分隔带的多功能防撞墙

为防止进入中央分隔带的水渗入土基中,在中央分隔带上可设置防撞墙,见图 7-5。此多功能防撞墙于 1999 年曾在广珠东线高速公路逸仙大道上首次使用,至今已 11 年,效果良好。

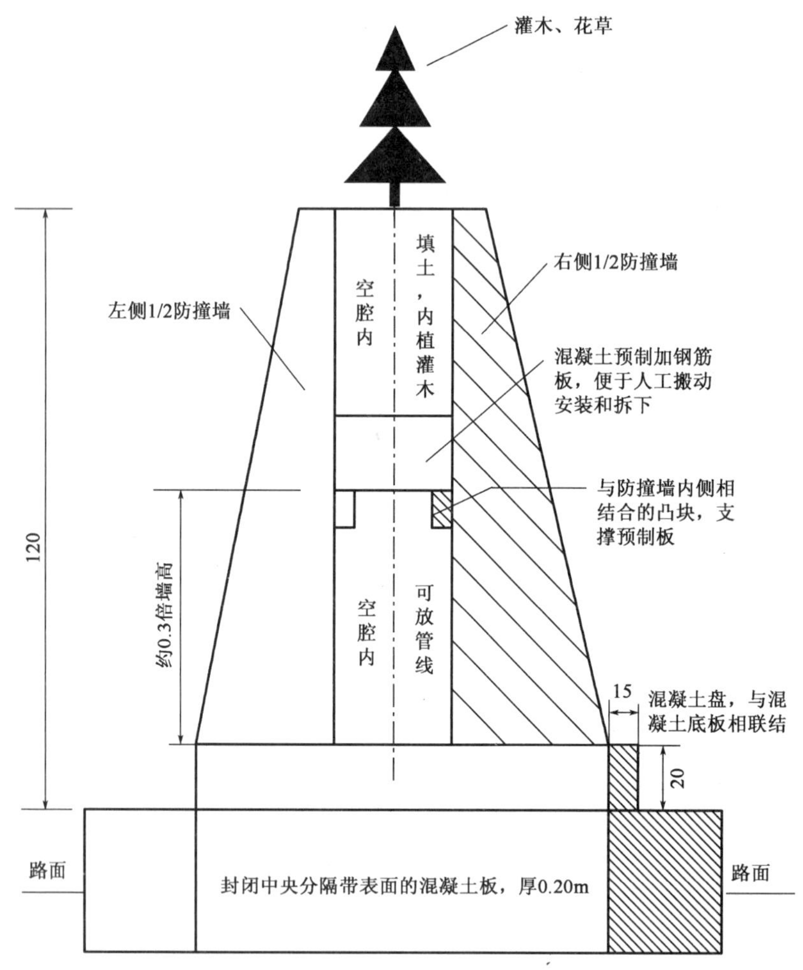


图 7-5 混凝土防撞墙示意图(尺寸单位:cm)

中央分隔带防撞墙施工说明:

(1)相当于将高约 1.2m 长 5m 的标准防撞墙由中间分开成两片。

(2)将两片墙拉开0.6m。

(3)在两片墙的内侧下部1/3处,做一块凸块(与防撞墙身一起预制),用来支撑预制钢筋混凝土板。

(4)预制加筋混凝土盘,长5.04m,宽=墙厚+0.64m,高0.2m,在盘内能放置两片分开的防撞墙,用其固定防撞墙,盘放在中央分隔带的封闭混凝土板上。

(5)墙内安放预制板后形成上下两个空腔。下空腔内可放置管线,上空腔内填土并植灌木或花草,兼做防眩用。需检修下空腔内管线时,上空腔内的灌木和填土暂时移去,将预制板取出,即可进行检修工作。完成后,再恢复原状。

## 第二节　基层的施工

### 一、粗集料单一粒级专用筛分机的研制

1.研制目的

室内做沥青混合料的性能试验时,通常要重复做多个试件的试验,而不是简单地做2~3个试件的试验,这种试验通常称平行试验。为了缩小平行试验结果间的误差,或提高试验结果的可靠性,通常先将粗细集料都先筛分成一个一个单一粒级的料。然后再根据预定的级配曲线,计算每个粒级料需要的数量,并逐级称量后配成要求的级配。笔者深信,将室内试验的这一成功经验搬到拌和厂或碎石厂,使进入拌和机前的粗集料都已是一个一个单一粒级的料,一定会提高混合料的均匀性,显著提高水泥碎石基层和沥青混凝土面层的使用性能并延长使用寿命。当前碎石厂使用的筛分设备得到的粗集料达不到单一粒级的要求。

本书第五章第四节已经证明,不同最大粒径的SAC的粗集料各个粒级的量都有一定的范围。质量优秀的SAC矿料级配,只有粗集料各个筛孔通过量的误差不超过允许范围,才能保持其性能无明显变化。

图7-6　粗集料单一粒级专用筛分机构造简图

国内第一台粗集料单一粒级专用筛分机在秦皇岛试验路碎石厂试用。该设备按设计要求,最多能筛分四种单一粒级粗集料,如CBG-25和SAC-25用的26.5~19mm、19~13.2mm、13.2~9.5mm和9.5~4.75mm四种单一粒级料。四个粒级的上限筛孔和下限筛孔通过量的误差都不超过5%。此设备的简单构造见图7-6,

筛分所得的两种碎石的颗粒棱角好，又整齐一致，见图7-7和图7-8。较细的另两种粗集料13.2~9.5mm和9.5~4.75mm也是这种状况。

图7-7　筛得的26.5~19mm的料

图7-8　筛得的19~13.2mm的料

2. 应用效果

试验路水泥碎石基层CBG-25和中下面层SAC-25所用的四个粒级粗集料都是用单一粒级粗集料专用筛分机筛分后使用的。经过专用筛分机筛分得的单一粒级粗集料中已很少有粉尘和泥土，有利于提高混合料的性质。

单一粒级专用筛分机不是仅为SAC级配服务，它适用于各种矿料级配粗集料的筛分。如果在碎石厂石料经过反击式碎石机破碎后，按矿料级配的具体要求，更换粗集料单一粒级专用筛分机的筛网，即可筛得符合所选用矿料级配的单一粒级的粗集料。这无疑对提高基层和沥青面层的质量，延长路面使用性能和耐久性大有益处。

3. 单一粒级粗集料

随混合料的最大粒径而异，粗集料单一粒级料的数量不同，例如：

1）SAC-25和CBG-25的四个单一粒级粗集料已如前述。考虑实际应用方便，在此未纳入孔径16mm的筛。如纳入16mm筛孔，则19~16mm和16~13.2mm两个粒级料的含量分别只有8%左右，约为前两个粒级粗集料的一半，含量相差太多，还要另加两个料仓。不利于拌和厂组织生产。

2）SAC-20和CBG-20的粗集料可筛分成19~16mm、16~13.2mm、13.2~9.5mm和9.5~4.75mm四个单一粒级料。

3）SAC-16的粗集料可筛分成16~13.2mm、13.2~9.5mm和9.5~4.75mm三个单一粒级料。

4. 细集料

在室内常将细集料筛分成六个粒级的料，即4.75~2.36mm、2.36~

1.18mm、1.18～0.6mm、0.6～0.3mm、0.3～0.15mm 和 0.15～0.075mm。但在施工现场，如室内那样筛分细集料很难实现。秦皇岛试验路已经证明，可预先准备两种细集料，此两种细集料按一定配合比配合后能符合细集料的级配要求，并分装在拌和厂的两个料斗中，就可以满足要求。

## 二、水泥碎石基层的施工

### 1. 影响水泥碎石强度的因素

1）拌和厂拌和时间长短的重大影响

从施工角度讲，水泥碎石拌和时间长短直接影响混合料的均匀性和水泥碎石应有的强度，见图 7-9。

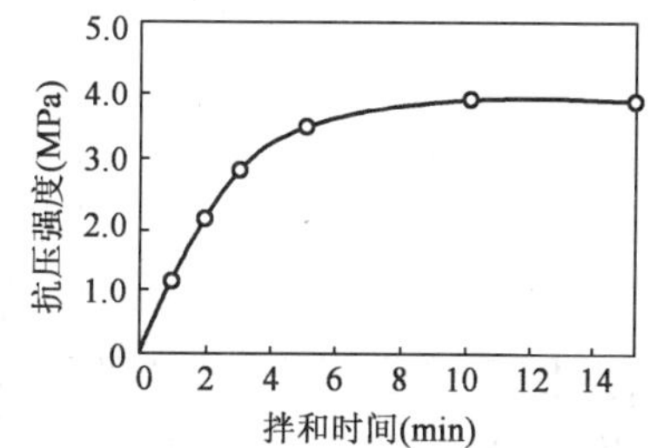


图 7-9 水泥碎石的抗压强度随拌和时间增长而增加

从图 7-9 可以看到，拌和时间在 1～2min 以内，对抗压强度的影响最大；拌和时间超过 3min，对抗压强度的影响程度就很快减少。因此，应十分重视水泥碎石拌和室的有效拌和长度。所谓有效拌和长度指：从加水泥、加水开始拌和到螺旋拌和轴上最后一个桨叶片为止的长度。通常此长度应超过 3.2m。如果达不到此要求，应该请拌和机生产厂家加长拌和室。在秦皇岛试验路上，为保持拌和水泥混合料的均匀性和强度，施工单位采用两台不符合要求的双卧轴拌和机串联在一起拌和。原材料进入第一台拌和机的拌和室时，加水泥和水开始拌和，第一台拌和机拌和的混合料在出料口由输送带接料后直接送入第二台拌和机的拌和室进行再次拌和，拌和后的混合料显得相当均匀，并由输送带送入临时储料仓，然后由有篷布覆盖的自卸车运送到现场铺筑，见图 7-10。

图 7-10 两台拌和机串联后一起拌和

2）延迟时间长短对抗压强度的重大影响

从拌和结束到现场碾压密实的间隔时间称延迟时间。众所周知，水泥稳定砂砾和稳定石灰岩碎石，在拌和均匀后，如不尽早运到施工现场进行摊铺和压实，则延迟时间愈长，水泥混合料所能达到的干密度和抗压强度就愈小，室内试验的结果见图 7-11。

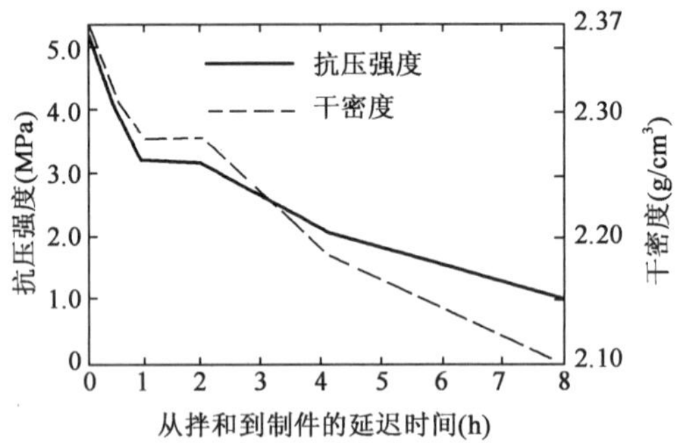

图 7-11　延迟时间对水泥稳定砂砾的影响

图 7-11 表明，延迟时间 1 ~ 2h，抗压强度会从 5MPa 降至 3MPa 多，约降低 40%。为了缩短延迟时间，应采取下列措施：

（1）缩短拌和厂到施工现场的距离。

（2）根据距离的长短，调整运料车的数量。

（3）采用初凝时间长的水泥。

（4）现场有足够的振动压路机，可尽早、尽快压实。

3）水泥粒料混合料的覆盖

水泥粒料混合料的运料车应有完整的篷布覆盖，在运输过程中保护混合料的含水率不会明显损失，或不会遭雨淋。

4）水泥粒料混合料的摊铺

摊铺水泥碎石或水泥砂砾等混合料时，要尽可能降低混合料下落到下承层顶面的高度。高度大，容易使大颗粒石料落在底部。碾压结束后，会发现底部数厘米厚是孔隙率大的粗料，相当于减薄了水泥粒料层的厚度，直接影响水泥碎石基层的强度和寿命。

5）水泥粒料混合料的碾压

由于水泥混合料层的松铺厚度较大，常大于 20cm，碾压时要注意，开始碾压时不能用重型三轮压路机，容易产生推挤，要按照先轻后重的方式进行碾压。可以采用双钢轮双驱动振动压路机碾压，先静压 1 ~ 2 遍，再用低频高振幅振动碾压密实。

2. 上、下基层间的黏结

两层水泥粒料之间用下述两种方法之一使其互相结合。

第 1 个方法：在下层水泥粒料中的水泥初凝时间未到来之前，立即铺筑上层水泥粒料，并碾压密实。

第二个方法：按《公路路面基层施工技术规范》要求的措施进行。

1）争取时间铺筑和压实

水泥粒料应该采用水泥初凝时间 3h 以上的普通硅酸盐水泥 32.5 级，不需要用早强或高强水泥，并在下基层中水泥的初凝时间没有到达之前能铺筑上基层，并碾压密实，则上下两层能很好黏结在一起。如仅用一台摊铺机往返铺筑，则铺筑小段的长度有限，沿路横向接缝较多，易影响平整度。如组织两套拌和与摊铺碾压设备，一前一后连续摊铺下层和上层，则效果更好。两层结合在一起犹如一个整体。下基层与上基层的压实度均为 100%。

2）基层施工规范的要求

在铺筑上基层之前，应先清扫和冲洗下基层表面，见图 7-12。然后在潮湿表面上撒布干水泥或水泥净浆，水泥用量均为 $1.5kg/m^2$，随后铺筑上基层的水泥碎石混合料，见图 7-13。两层水泥碎石的压实度均为 100%。

图 7-12　清扫冲洗后的下基层表面

图 7-13　在摊铺前方 100m 长的下基层表面洒水泥净浆

## 第三节　层间黏结层的施工

层间黏结始终受到路面技术人员的重视。因为实践和路面力学计算早就证明，层间完全摩擦和光滑对层间的应力、应变和表面弯沉值会产生很大影响。第四章已经介绍了试验路利用表面有梯形凸块的新型羊足碾，使下底基层与土基、两层底基层间及下基层与上底基层间都互相紧固嵌入并取得了特殊效果。下面再介绍基层与底面层间的黏结和表面层与底面层的黏结。

## 一、基层与底(下)面层间的黏结层

7d龄期抗压强度 $R_{C,7}=6$MPa 的 CBG-25 具有很好的整体性。试验路基层养生结束后，正值夏季高温，经过2.5~3个月曝晒和行车碾压，表面产生了3~5cm厚的松散层，但没有任何坑洞。应采取措施冲洗清除干净松散料。

实践和力学计算都证明，基层与底面层的黏结对路面的使用寿命有很大影响。基层顶面能否达到既无浮土、无松散的颗粒，又无土饼，对两层间黏结得好与不好又有重大影响。

应十分重视清扫基层，需专派一名路面技术人员在现场监督。长寿命半刚性路面试验路，清扫基层分三个步骤：首先用洒水车压力水冲洗，冲洗后，人工用竹扫帚将松散料扫到一起，同时用铁锹将松散料铲除到路外；表面变干后，用强力吹风机(森林灭火器)吹除残留在表面的松散粗、细集料，同时配合人工用竹扫帚扫除黏结在表面的尘土；基层表面干燥后，仍是一块坚固完整的板体，而且露出一颗一颗粗碎石，非常有利于基层与下面层间的黏结，见图7-14。

图7-14 水泥碎石基层表面状况

在基层表面，用沥青洒布车喷洒AH-70沥青做黏结层，用量随表面构造深度而变。表面外露碎石的间隙率较小的路段，沥青用量为1.8kg/m²；表面外露碎石的间隙率较大的路段，沥青用量为2.0kg/m²。接着用碎石撒布车均匀撒布19~26.5mm的单一粒级干净白碎石，撒布量为满铺一层用量的55%~60%(碎石不能重叠)。碎石与碎石间应有40%~45%的露黑间隙。撒完碎石后，宜用轻型压路机碾压一遍，使碎石就位压入沥青膜。待沥青完全冷却后，才可以驶上铺底面层的摊铺机和运料车。在上面摊铺SAC25-1底面层混合料时，高温混合料能落入白碎石的间歇中，使黏结层沥青融化。混合料碾压过程中，绝大多数原撒布的白碎石都被裹覆着沥青嵌入SAC25-1底面层的下部，成为底面层的一部分。当时钻芯取样，可能见到个别白碎石，但通车后，个别白碎石仍会变成黑碎石嵌入底基层下部，与底面层融为一体，因此黏结层并不单独成层，也无厚度。黏结层铺成后，实际上能节省至少与白碎石相同数量的SAC25-1沥青混凝土。从底面层表面向下取的钻件(芯样）见图7-15。图上芯样是倒立的，其上部约3cm厚成为富沥青层，使底面层的下部可防止雨水透过底面层，并避免基层顶面遭冲刷。

图7-15　SAC25-1底面层底部的富沥青层

## 二、下面层与表面层间的黏结防水层

在表面层与下面层之间，除黏结优良外，还要预防车轮下带压力的雨水透过表面层进入下面层而导致水破坏。为此必须设置黏结防水层，而不是简单的黏结层，两者的差别主要在沥青的用量与碎石的规格和数量。

从黏结防水层这个名词看，显然这一层做好后有两个作用：

第一个作用：将表面层与底面层紧紧黏结在一起。

第二个作用：能防止行车荷载将面层表面的雨水压入表面层并进入下层沥青混凝土中，也就是防止面层产生水破坏。

成功的黏结防水层应具有上述的两个功能，如不能同时达到这两个功能，就不能称作黏结防水层。做好黏结防水层有下面几个要点：

(1)底面层表面应该清洁无杂物，特别不能有土饼；

(2)用与表面层相同的改性沥青，同时有足够的沥青用量，通常为2.2～2.4kg/$cm^3$；

(3)白碎石的尺寸和用量。

由于秦皇岛试验路表面层是SBS改性沥青SAC-16，所以黏结防水层用相同的SBS改性沥青，撒布的单一粒级白碎石与表面层所用玄武岩碎石相同，规格为13.2～16mm（作为黏结防水层，一般来讲碎石规格，表面层是SAC13时，碎石的粒级最小是13.2～16mm。若表面层是SAC16可以用16～19mm，也可用13.2～16mm。碎石也可以与下面层所用碎石一致）。

由于施工单位抢工完成任务，试验路一直在边通行施工车辆边施工，所以底面层表面被泥土污染得较多。外加中央分隔带正在填土准备植树。施工的交叉作业，使局部底面层表面被泥土污染得更严重。这些都给底面层的清扫工作增加了许多困难。应该学习江苏省的先进经验：在铺筑沥青面层之前，先完成全部带土的作业，例如中央分隔带绿化及交通工程设施等；然后将基层顶面彻底清扫干净，并实行全线封闭不让任何车辆通行。在起点和终点前后铺一定距离的草垫或油毡布防止摊铺设备及运料车将土带到底面层上；所有上路的施工车辆一律凭指挥部颁发的“通行证”进出，路口值班员严格执行。避免重复清扫，既加快工程进度,又节约资金,沥青路面施工结束,即可全线通车。

试验路在施工黏结防水层前,必须先清除下面层表面的杂物,特别是大小土饼。只得用人工将小金属丝刷将粘在表面的土饼刷成松散的土粉,再用森林灭火器将浮土吹出路面外。

在已清扫干净的底面层上,用沥青洒布车喷洒 SBS 改性沥青,用量 2.2 ~ 2.4kg/m$^2$。接着撒布单一粒级 13.2 ~ 16mm 的白碎石,用量都是满铺一层的约 60%。

基层与底面层间的黏结层和底面层与表面层间的黏结防水层参看图 4-5 和图 4-6。

近若干年来,有些单位不理解黏结防水层的作用,片面认为沥青洒得太多,减少沥青用量到 1kg/m$^2$ 多,同时在沥青层上只撒布细集料,形成局部细集料互相重叠。铺筑表面层后,使局部位置表面层与下层沥青混凝土间无黏结,更谈不到防水。开放交通后局部表面层脱落,露出下层表面的白碎石,面层产生过早早期破坏。这种做法只能导致一个不好的黏结层,不能称为黏结防水层,应该引以为戒。

## 第四节　添置和改造水泥碎石与沥青混合料拌和机和质量检验

### 一、拌和机添置设备

现场原有的水泥碎石和沥青混合料拌和机,都只有四五个料斗,都需要添加料斗到 6 个。其中 4 个料斗放 4 种单一粒级粗集料,另两个料斗放两种细集料。原水泥碎石拌和机和沥青混合料拌和机都无准确的称量装置。试验路用的拌和机仍与以前相同,由人工调试确定输送原材料的数量,实际所供冷料数量的误差相当大。认真改善供冷料数量的误差是保证混合料性能稳定的关键措施。笔者找到了专门生产电子秤的公司,据介绍按国标要求,电子秤的称量误差可控制在 ±0.5% 以内。笔者征得业主同意后,决定在水泥碎石拌和机的 6 个料斗和沥青混合料拌和机的 6 个冷料仓下各安装一台皮带式电子秤(实际现场标定的结果其称量误差可达到 ±0.1%)。有的生产单位称其为称重给料机,其称量误差也符合国家标准 ±0.5%。

利用上述已筛分成的 4 个粗集料单一粒级料和已确定的两种细集料的配合比及改造后的拌和机,做冷料的目标配合比就相当简单和准确。只要按照所用级配就可计算得4个粒级粗集料的用量并分别装在4个料斗中和已得到的两种细集料的用量,分装在两个料斗(CBG-25)或冷料仓(SAC25-1)中。6个料斗或冷料仓各自的供料数量确定后,直接由电子秤准确称量并输送到主输送带上。水泥碎石料斗下的皮带秤见图7-16a)。沥青混合料冷料仓下的电子秤,看不到其工作状态,图7-16b)仅显示其中的一个电子秤。

a)料斗下的电子秤　　　　b)一个电子秤

图7-16　电子秤的应用

## 二、施工中的检验

2007年5月7日到5月10日,铺筑K1+720～K2+807.8段、K3+688.5～K4+170.6段的水泥碎石上基层时,曾取样检验水泥剂量和级配。

2007年5月11日,铺筑K4+03～K4+200.6水泥碎石下基层和上基层时,也曾取样进行检验。

2007年5月12日,铺筑K4+200～K4+525段右侧水泥碎石下基层和上基层时,第三次取样进行检验。

三次检验结果列在表7-3和表7-4中。

表中水泥剂量的平均值为7.55%,变异系数为4.08%。

**水 泥 剂 量**　　表7-3

| 日　期 | 实测水泥剂量(%) | | | | | |
|---|---|---|---|---|---|---|
| | 上　午 | | | 下　午 | | |
| 2007.5.07 | 7.6 | 7.5 | 7.5 | 8.0 | 7.5 | 7.4 |
| 2007.5.08 | 7.6 | 8.0 | 7.5 | 7.5 | 7.4 | 7.2 |
| 2007.5.09 | 8.9 | 7.5 | 7.7 | 7.5 | 7.6 | 7.4 |
| 2007.5.10 | 7.5 | 7.3 | 7.5 | 7.4 | 7.4 | 7.4 |
| 2007.5.11 | 7.6 | 7.3 | 7.5 | 7.4 | 7.3 | 7.5 |
| 平均 | 7.8 | 7.5 | 7.5 | 7.6 | 7.4 | 7.4 |

**混合料筛分结果** 表 7-4

| 日期 | 通过下列筛孔(mm)的质量百分率(%) | | | | | | | | | | |
|---|---|---|---|---|---|---|---|---|---|---|---|
| | 26.5 | 19 | 13.2 | 9.5 | 4.75 | 2.36 | 1.18 | 0.6 | 0.3 | 0.15 | 0.075 |
| 07.5.07 | 100 | 81.9 | 63.3 | 54.8 | 36.2 | 29.7 | 15.9 | 11.8 | 7.6 | 4.2 | 2.7 |
| 07.5.09 | 100 | 80.9 | 66.1 | 53.2 | 34.8 | 24.1 | 16.8 | 11.4 | 6.5 | 4.9 | 3.1 |
| 07.5.10 | 100 | 84.8 | 69.0 | 55.7 | 38.1 | 24.3 | 18.0 | 11.4 | 6.7 | 4.4 | 2.3 |
| 极差 | | 3.9 | 5.7 | 2.5 | 3.3 | 5.6 | 2.1 | 0.4 | 1.1 | 0.7 | 0.8 |
| 平均 | 100 | 82.5 | 66.1 | 51.6 | 36.4 | 26.1 | 16.9 | 11.5 | 6.9 | 4.5 | 2.7 |
| 设计级配 | 100 | 82.0 | 66.1 | 54.4 | 36.0 | 25.8 | 18.6 | 13.4 | 9.7 | 7.0 | 5.0 |

表中第 5 行为各个筛孔通过量的最大偏差，即极差(%)，4.75mm 通过量的平均值为 36.4%，接近设计值 36%。

## 三、养生

水泥碎石基层碾压结束后，用深色无纺土工布覆盖养生。养生 7d 期间，始终保持土工布潮湿。

## 四、车辆临时通行后的基层外观

基层先后养生结束后，正值秦皇岛的高温季节。同时又要开放交通，并不是全幅完成，全幅通车，而是行车忽而走一段右幅，忽而又驶向左幅。在基层表面没有任何覆盖保护措施的情况下，通车 2.5 ~ 3 个月后，基层表面产生程度不一的松散。轻者表面碎石颗粒一颗一颗松散，重者甚至两颗碎石松散脱落(约 5cm 厚)，但没有坑洞。把松散料扫除，甚至用水冲洗后，下面仍然是一块完整的板，见图 7-14。在约长 5km 的路基路面段上，仅在 K1 + 024 ~ K1 + 387 共长 363m 的路段上发现有 7 条横向收缩裂缝，缝的间距为 8 ~ 106m。其具体位置如下：

| 位置 | 裂缝间距 | 位置 | 裂缝间距 |
|---|---|---|---|
| K1 + 024 | | K1 + 356 | |
| | 106m | | 23m |
| K1 + 130 | | K1 + 379 | |
| | 99m | | 8m |
| K1 + 229 | | K1 + 387 | |
| | 90m | | |
| K1 + 319 | | | |
| | 37m | | |

该小段水泥碎石基层施工时遭雨淋,使水泥混合料的含水率过大,导致产生收缩裂缝。

设计抗压强度 $R_{C,7}=6$MPa,实际水泥剂量略大于7%,绝大多数水泥碎石基层却没有产生横向收缩裂缝(以往的水泥碎石基层养生结束后10~20d,就会产生间距为6~10m的横向收缩裂缝)。所以,新的CBG-25基层被业内人士看作是奇迹。

# 第五节　沥青面层的施工

## 一、SAC矿料级配的一致性

SAC的矿料级配特别是粗集料的变化,对沥青混凝土的使用性能有很大影响。粗集料的含量变化不但对沥青混凝土的 $V_a$、*VMA* 和 *VFA* 有显著影响,特别对重载交通长寿命半刚性路面快速行车时的抗滑性能和高温抗永久形变能力有显著影响。因此,在工程实施之前、实施过程中,都应该十分重视并采取各种措施来保持SAC矿料级配的一致性。沥青混凝土的不均匀性大和质量不好,是我国高速公路沥青面层产生过早破坏的重要原因之一。

施工能否实现设计要求,是需要着重抓好的关键:一是采用各种措施,使矿料级配能稳定地符合所确定的矿料级配。二是采取多种措施,减小沥青混凝土的矿料离析和温度离析现象。三是采取多种措施,提高沥青混凝土的压实度以及纵向、横向压实度的均匀性。

## 二、沥青

### 1.适用重交沥青的建议

基层与底面层间黏结层用重交沥青AH-70,下面层用AH-30或AH-20沥青,其技术指标值见表7-5。

重交沥青的等级和技术指标值　　表7-5

| 指标 | | AH-70 | AH-30[①] |
|---|---|---|---|
| 针入度(25℃,100g,5s) | (0.1mm) | 60~80 | 20~40 |
| 延度(5cm/min,15℃) | 不小于(cm) | 150 | 报告 |
| 延度(5cm/min,10℃) | 不小于(cm) | 20 | — |
| 延度(5cm/min,5℃) | 不小于(cm) | 7 | — |

续上表

| 指　　标 | | | AH-70 | AH-30① |
|---|---|---|---|---|
| 软化点(环球法) | 不小于(℃) | | 44～54 | >55 |
| 闪点(COC) | 不小于(℃) | | 260 | 260 |
| 含蜡量(蒸馏法) | 不大于(%) | | 2.2～3 | |
| 密度(25℃) | ($g/cm^3$) | | 实测记录 | |
| 溶解度(三氯乙烯) | 不小于(%) | | 99.0 | |
| 薄膜加热试验后 163℃,5h | 质量变化 | 不大于(%) | ±0.2 | |
| | 针入度比 | 不小于(%) | 58 | 65 |
| | 延度(15℃) | 不小于(cm) | 100 | 报告 |

注:①根据当前硬质沥青的使用情况,AH-30 的针入度可为 25～40,AH-20 的针入度可为 15～25。

对于改性石油沥青的技术指标和规定值,请参阅有关规范。但是,不要过分强调针入度指数 *PI* 的重要性。用传统方法回归后计算得的 *PI* 值,对聚合物改性沥青是否还适用,仍需要做深入的试验研究。要注意改性沥青的软化点不是越高越好,只要满足规范要求就可以。弹性恢复性和储存稳定性是两个重要指标。

2. 面层所用沥青的选择

由于表面层直接受大气因素影响和行车荷载的作用,所以表面层沥青混凝土应该有较高的抗低温裂缝和抗温度疲劳裂缝的能力,同时沥青面层整体应该有优良的高温抗永久形变能力。为提高表面层的抗温度裂缝能力,应该采用较稀的沥青和较多用量。而为了提高沥青面层的高温抗永久形变能力,即减轻辙槽 RD。沥青面层的各层应该使用针入度小的较稠沥青和较少的用量。近 10 多年来,表面层都采用改性石油沥青,但使用改性沥青会增加表面层的裂缝。可以说,为满足这两个使用性能的要求,在使用沥青时有矛盾。需要根据具体路段的气温条件和交通状况,考虑以哪个使用性能为主。对于重载交通长寿命半刚性路面,笔者建议以减轻辙槽为主。因为一旦面层产生严重辙槽,行车就会颠簸不稳,容易导致交通事故。裂缝多了,可以在每年雨季到来之前用“架桥”措施封缝,或在冬季裂缝最宽时,向缝中灌重交沥青封缝。

做中面层和底面层的 SAC-20、SAC-25 和 SAC-30,可以用 AH-30 沥青、AH-20沥青。或用改性石油沥青和 40 号改性煤沥青(山西省研制成功)。当前国内有多个工厂化生产的多种 SBS 改性沥青,但它们的实际性能可能有差别,建议通过沥青混凝土的力学性质(主要是轮辙试验结果的相对形变大小),优选相对形变较小的改性沥青。最好是总结同一条路上,同时用过两种改性沥青做比较试验路的使用情况。

3. 集料

1)粗集料

用岩石、圆石和矿渣加工的碎石。粗集料应有良好的颗粒形状(接近立方体),同时应该洁净、干燥、无风化颗粒和无杂质。长寿命路面对粗集料和矿料级配的要求见表7-6。

长寿命路面粗集料和矿料级配的要求　表7-6

| 指　标 | | 表 面 层 | 其 他 层 次 |
|---|---|---|---|
| 集料压碎值(%) | 不大于 | 23 | 26 |
| 吸水率①(%) | 不大于 | 2.0 | 3.0 |
| 与沥青的黏附性(黏结力)② | 不小于 | 5级 | 4级 |
| 磨光值(%) | 不大于 | 42 | — |
| 针片状颗粒含量(混合料)(%) | 不大于 | 15 | 18 |
| 洛杉矶磨耗损失(%) | 不大于 | 28 | 30 |
| 面层矿料级配 | | SAC10~SAC20 | SAC25~SAC30 |

注:①对于多孔隙玄武岩碎石和矿渣,吸水率>3%也可以使用,但要注意延长烘干时间。

②在沥青与碎石的黏附性达不到要求时,应添加水泥,其最小用量为矿料总量的4%,最大用量与矿料中小于0.075mm的粉料量相同;国外常用1%~2%的消石灰。笔者考虑消石灰的质量难以保证,不提倡使用。通常不用生石灰。

能满足磨光值要求的各种硬质岩碎石(包括矿渣)都可以用做抗滑表层。已使用过的硬质岩有玄武岩、安山岩、辉绿岩、闪长岩、砂岩、片麻岩、辉长岩、花岗岩等多种。如石灰岩的指标符合要求,也可以使用。实际上,辉绿岩与闪长岩的效果优于玄武岩。长寿命沥青路面需要采用较好岩石品种的粗集料。

2)细集料

细集料可以使用石灰岩集料,它应该洁净、干燥、无风化、无杂质。细集料可以用质量较好的石屑或用机制砂。有时机制砂中缺少0.3~0.15mm和0.15~0.075mm的颗粒,要设法增加这两个粒级的颗粒。为此,应规定机制砂中小于0.075mm颗粒的含量为4%~5%。如石屑和机制砂的级配不符合要求,可以掺加部分(5%以内)清洁的天然砂改善级配。

细集料的技术要求见表7-7。

细集料的技术要求　　表 7-7

| 指　标 | | 长寿命路面 |
|---|---|---|
| 坚固性(%)(>0.3mm 颗粒) | 不小于 | 12 |
| 砂当量(%) | 不小于 | 60 |
| 塑性指数 | | 无 |

3)填料(指 0.075mm 以下的粉粒)

矿质填料包括石屑中的石粉、硅酸盐水泥和高钙粉煤灰,但我国习惯都用水泥,水泥既能活化碎石表面,又能做填料。

4)抗剥落剂

如已用水泥做填料,一般可以不再用化学抗剥落剂。但碎石与沥青的黏结力只有 1 级或 2 级时,除用水泥外,可再加化学抗剥落剂。

## 三、SAC 矿料级配的选择

应该根据层厚和交通状况选择不同的矿料级配。通常层厚是 SAC 最大粒径的 2.5~3.0 倍,在特殊情况下,可以为 2.0 倍。

SAC-10 可用做厚 15~20mm 的超薄面层,厚 20~30mm 的很薄面层;SAC-13 可用做厚 30~40mm 的表面层,SAC-16 可用做厚 40~50mm 的表面层;SAC-20 可用做厚 80~100mm 的中面层或底面层(或下面层);SAC-25 可用做厚度达 140mm 的底面层;SAC-30 可用做柔性路面的基层。在纵坡大于 2.5% 的路段上,也可以用 SAC20 做表面层。

对于长寿命路面,其沥青面层的各层都应该使用 SAC 矿料级配。

## 四、不同最大粒径 SAC 粗集料单一粒级的要求

在向碎石企业订购粗细集料,或业主投资开设碎石厂或由施工单位采购块、片石自己加工粗集料时,都需要根据拟采用的最大粒径矿料级配,用粗集料单一粒级专用筛分机,将加工的粗集料筛分成若干个单一粒级的集料。

不同 SAC 的粗集料应筛分的单一粒级集料如下:

1. SAC25

粗集料:26.5~19mm,19~13.2mm,13.2~9.5mm,9.5~4.75mm;

2. SAC20

粗集料:19~16mm,16~13.2mm,13.2~9.5mm,9.5~4.75mm;

3. SAC16

粗集料:16～13.2mm,13.2～9.5mm,9.5～4.75mm(后者两个料仓);

4. SAC13

粗集料:13.2～9.5mm,9.5～4.75mm,各两个料仓;

5. SAC10

粗集料:9.5～7.5mm,7.5～4.75mm,各两个料仓;

细集料:4.75～0.075mm,机制砂或其他细料,共两个料仓。

按事先试验确定的两种细集料的配合比所得细集料的级配,要符合规定的级配要求。秦皇岛长寿命半刚性路面试验路的实践证明,这样操作的效果很好。

## 五、沥青混合料拌和厂

沥青混合料拌和厂应该加强从备料开始到生产出合格沥青混合料各有关工序的管理,力求生产的沥青混合料的矿料级配和沥青用量符合原确定的要求。

1. 基础设施的准备

1)配备4000型沥青混凝土拌和机1台。

2)拌和机要有6个冷料仓。4个冷料仓放单一粒级粗集料,2个冷料仓放两种细集料。布置冷料仓时应注意,使主输送带的底面是最大粒级的粗集料,表面是最小尺寸的细集料。每个冷料仓的前方壁上应标明所装料的规格。

3)每个冷料仓下都要安装一台电子称量设备,或"称重给料机"。其称量误差在±0.5%以内。电子称量设备应在控制室内安装计算机和显示屏,使控制室人员能够看到每个冷料仓的实际供料数量。开始生产前,应先试机,检验6个冷料仓输送到主输送皮带上的混合粗细集料的级配是否符合规定的级配。至少取5次样品,分别筛分成单一粒级的料,与要求的级配进行比较,并计算各个粒级料的误差范围。

2. 堆料场

堆料场地及运输车辆行驶的主要道路都必须硬化处理。地坪要有一定横坡,其下侧应设排水沟。小堆料场的数量需要6个,其中4个堆放单一粒级粗集料,2个堆放两种细集料。每个堆料场的前方应有显著的所堆料规格的标牌。在不同规格石料堆料场的交界处,需用砖砌墙或水泥混凝土墙隔开。所堆料的规格,要与相应冷料仓中所装料的规格相同。

(1)粗集料堆上应用篷布覆盖。

(2)向冷料仓装料机械的料斗宽度应小于冷料仓的上开口宽度。

(3)冷料仓之间应安装高 0.8 ~ 1.0m 的隔板,避免向冷料仓装料时,不同冷料仓中的规格料交错相混。

(4)雨季来临前需采取措施保护细集料,其堆放场地上方,应该用钢管搭成篷架,其上面用硬塑料板作篷顶;其四周的上部用硬塑料板围住,防止雨水随风进入增加细集料的含水量。场地上可以搭 1 ~ 2 个大篷,也可以搭互相连接的若干个较小的篷,见图 7-17。同时要注意防雨篷四周要有排水沟,避免雨水向料篷下流。

图 7-17　细集料堆料场的防雨篷

3. 使用间歇式拌和机

使用上述多项技术措施后,从烘干筒出来的热料,都符合级配要求。热料不需要再提升到拌和机上面进行二次筛分,二次筛分后,每个热料仓中的料,每个筛孔的通过量都有相当大的变异性,会破坏热料的良好级配。诸多实践证明,做热料仓的生产配合比时,虽然规定的多项技术指标都符合要求,但随后生产时,通常不再可能得到与生产配合比级配曲线相符合的级配,所得的实际级配经常与生产配合比的级配有显著误差。这是导致我国高速公路沥青面层早期破坏不断的关键因素。应拆除二次筛分热料用的筛网,使热料直接进入一个较大的热料仓,临时储存。经称量后进入拌和室,在拌和室与矿粉或水泥干拌一定时间后,加入沥青湿拌不少于 40s。需要研究开发连续式拌和机,使烘干筒出来的热料直接进入连续式拌和机拌和均匀后,送到现场铺筑。连续式拌和机与粗集料单一粒级专用筛分机和皮带式电子秤一起配合使用,将能生产出稳定的符合级配要求的沥青混合料。

## 六、不同规格矿料的购料和验收

拌和厂需要和供料单位签订购料合同。应该要求供料单位按前述不同 SAC

粗集料的单一粒级规格,提供各种规格料的样品,以及试生产的统计结果。对各种样品要进行筛分试验。通常碎石厂的筛分设备难以生产出单一粒级的粗集料,需要配备粗集料单一粒级专用筛分机。

## 七、沥青混凝土试件的制作方法

沥青混凝土试件的制作方法,直接影响沥青混凝土的物理 - 力学性质,以及在路上的使用质量和使用寿命。

1. 旋转压实仪 SGC(参阅第五章第三节)

2. 轮辙试验

有关轮辙试验的详细内容,参看第五章第四节。

2010 年中海油气开发利用公司的 AH-30 沥青和 AH-20 沥青的动力黏度列于表 7-8。

**AH-30 和 AH-20 沥青黏度** 表 7-8

| | 温度(℃) | 黏度(Pa·s) |
|---|---|---|
| AH-30 沥青 | 60 | 1 280.89 |
| | 100 | 6.06 |
| | 135 | 0.903 |
| | 180 | 0.125 |
| AH-20 沥青 | 温度(℃) | 黏度(Pa·s) |
| | 60 | 16 017.88 |
| | 100 | 65.20 |
| | 135 | 2.99 |
| | 180 | 0.278 |

可以用其中的 3 个温度和相应的 3 个黏度,计算其黏温曲线,并根据黏温曲线,确定中海 30 号沥青与 20 号沥青的施工温度如下,参看第四章第三节。

| | 拌和温度 | 开始碾压温度❶ | 正常碾压温度 | 终压温度 |
|---|---|---|---|---|
| AH-30 沥青 | 167 ~ 173 | 155 ~ 160 | >120 | 92 |
| AH-20 沥青 | 190 ~ 197 | 177 ~ 182 | >142 | 112 |

❶ 室内试验时的压实温度相同。

也就是说 AH-20 沥青的拌和温度比 AH-30 沥青高 23℃，开始碾压温度和正常碾压温度高 22℃，终压温度高 20℃。

3. 多种沥青的施工温度

用黏温回归方程式计算得多种不同沥青混合料的施工温度见表 7-9。

根据 Brookfield 黏度仪的程序说明，用相关方程计算得规定黏度时的施工温度后，需要时（例如气温低时）可将所得的温度提高 14℃。

多种不同沥青的施工温度（℃） 表 7-9

| 沥青品种 | 60℃黏度（Pa·s） | 拌和 | 初压 | 正常碾压 | 终压 |
|---|---|---|---|---|---|
| 欢 AH-90 | 352 | 153 ~ 159 | 156 ~ 160 | >110 | >84 |
| 克 AH-90 | 405 | 165 ~ 171 | 152 ~ 157 | >117 | >87 |
| 壳 AH-90 | 111 | 148 ~ 154 | 136 ~ 141 | >103 | >76 |
| AH-70 | 269 | 156 ~ 162 | 144 ~ 149 | >111 | >83 |
| 克 AH-70 | 648 | 169 ~ 176 | 157 ~ 162 | >121 | >91 |
| 中海 AH-70 | 307 | 150 ~ 156 | 139 ~ 144 | >108 | >82 |
| 中海 AH-30 | 1 022 | 166 ~ 173 | 154 ~ 159 | >121 | >93 |
| 路安特改性沥青 | — | 174 ~ 180 | 161 ~ 166 | ≥122 | ≥89 |
| 青岛安邦路法 elf 改性沥青 | 770 | 185 ~ 193 | 171 ~ 177 | ≥130 | ≥97 |

对比表 7-8 和表 7-9 可以看到，AH-30 沥青的施工温度接近路安特改性沥青；AH-20 沥青的施工温度接近 elf（埃尔夫）改性沥青；

4. 施工的合理安排

在施工组织设计上，需要将沥青面层的施工安排在初夏、夏季和初秋。切忌将表面层施工，拖到气温已接近《公路沥青路面施工技术规范》允许的低限时间。在这种情况下，为了保证表面层的施工质量，宁可将表面层安排在来年的夏初铺筑。

5. 沥青混合料的加热温度及试验油石比

1）沥青混合料的加热温度

改性沥青和 AH-30 沥青的加热温度要达 180℃，矿料的加热温度要达 200℃ ~ 205℃。拌和及开始压实温度要参考表 7-9 中有关沥青施工温度的高限值。

青岛 elf 改性沥青和 AH-20 沥青的加热温度要达 190℃，矿料的加热温度要达 210℃。拌和及开始压实温度要接近施工温度的高限值。

使用上述沥青的工程，如果在夏季和初秋高温时施工，则拌和及开始压实温度也要接近施工温度的高限值。如果工程在秋末和冬初实施，施工时气温接近施工规范允许的低限值时，则拌和及开始压实的温度要较表 7-9 中的温度增加 10 ~ 14℃。

2）试验的油石比

用旋转压实仪 SGC 确定所用 SAC 的油石比。

## 八、一次摊铺和一次碾压的厚度

在面层各层都采用 SAC 的情况下，如中、下面层的厚度不超过 15cm，可将中、下面层改用相同的 SAC25-1 矿料级配，并用相同的硬质沥青 AH-30、AH-20 或 40 号改性煤沥青。然后用一次摊铺和一次碾压的施工工艺，既可减少一道铺筑工序，减少一层黏层沥青，又能保持较高的碾压温度，获得更好的压实效果，在 SAC25-1 下面层上取的芯样见图 7-18。

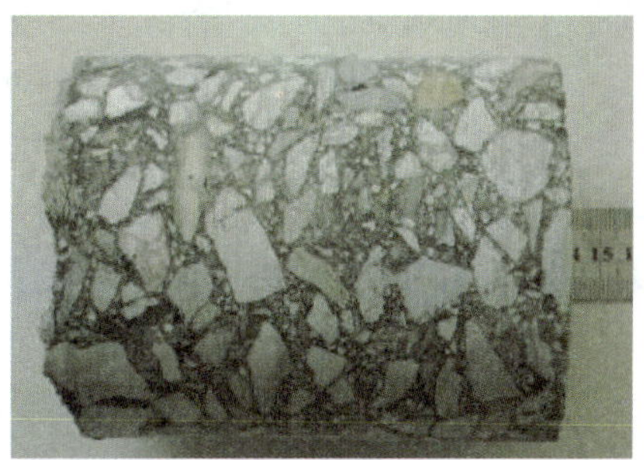

图 7-18　一次碾压成型的 14cmSAC25 下面层，左侧为芯样的下端

## 九、运料车与摊铺机的配合

（1）在拌和厂由储料仓向运料车装混合料时，要尽量缩短储料仓出料口到车厢底板的距离，要分别在车厢的不同位置分次卸料。如先在车厢的后部装一部分料，再在车厢的前部装一部分料，然后再在车厢中部装一部分料，见图 7-19。对大型运料车也可以分 5 次装料。

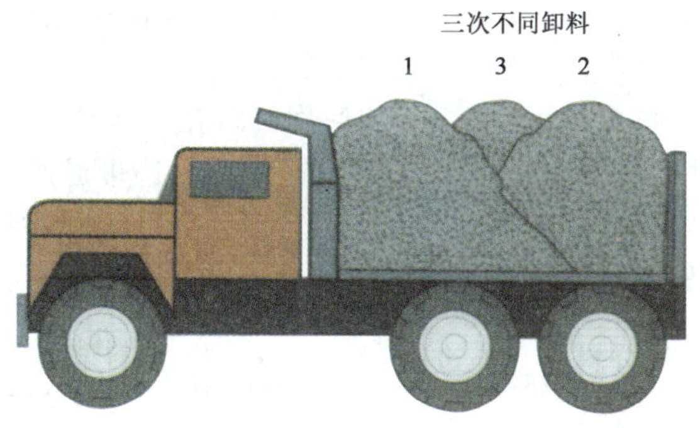


图 7-19　正确装料

(2)摊铺机的摊铺速度应与拌和机的正常生产能力相匹配。运料车需要有足够的数量,能将拌和机生产的混合料及时送到铺筑现场。

(3)运料车的覆盖保温。覆盖保温对减少沥青混合料的温度离析十分重要,是保持沥青混凝土性能稳定的必备重要措施。近几年来,有的高速公路在运送沥青混合料的运料车上,都使用两层帆布中间夹1~2层棉被做成的覆盖保温被,而且在装满沥青混合料后,将覆盖保温被完全扣固在车厢侧板上,将料运送到铺筑现场。卸料过程中,只打开车厢的后挡板,覆盖保温被始终不揭开。直到回拌和厂再次装料前,才揭开保温被。

(4)现场应设专人指挥运料车的行动。

(5)运料车后退到摊铺机受料斗前准备卸料时,不能撞击摊铺机。

(6)运料车向摊铺机受料斗中卸料时,要根据受料斗的容量,尽可能快速一次将受料斗装满,以减少集料离析。但要注意不要一次卸料过多,使料溢出料斗,散落到待铺下承层上。散落在下承层上的少量沥青混合料,如温度已下降到低于碾压温度,应将其铲除甩出路外。

(7)应保持摊铺机连续摊铺。摊铺过程中要采取多种措施,避免摊铺机后面的粗细集料离析现象。特别是路幅两侧沥青混凝土的空气率 $V_a$ 常偏大。

## 十、压路机的合理组合和碾压方式

(1)在长寿命高速公路沥青混凝土面层施工中通常采用两种压路机,一种是双钢轮双驱动振动压路机,例如DD110、DD130、BOMAG、DYNAPAC等,另一种是质量260kN以上的轮胎压路机。

压路机的数量要适宜,除进行终压的双钢轮压路机静压和备用压路机外,一侧两个车道的高速公路,有5台压路机足够。可以是3台双钢轮双驱动振动压路机,2台轮胎压路机。压路机过多,互相干扰导致施展不开,反而不利于压实。

(2)对于SAC沥青混合料压路机的组合

SAC沥青混合料可趁混合料高温时,用两台振动压路机一前一后振动碾压,而且一开始就振动碾压直到摊铺机跟前,沿原轮迹带退回时,也振动碾压。退回到起点错轮碾压时,也是振动碾压。两台压路机碾压的交接带应不小于1/2轮宽。轮胎压路机主要进行复压。这种组合方式可用于表面层和中下面层的碾压。

在使用多碎石SAC矿料级配时,由于其粗集料的含量占大部分,离析现象往往不明显,常不需要采取人工撒细集料的措施。

有的施工单位习惯于先用轮胎压路机初压,后跟双钢轮双驱动压路机碾压,应该说,这种碾压方式只适用于下面层,表面层不适宜用。如表面层也用这种碾压方式,则表面会余留一条一条深约 1 ~2mm 的纵向轮迹,影响表面层的平整度。

## 十一、压实度与碾压遍数

压实度用最大理论密度计算的现场空气率或孔隙率 $V_a$ 表示,中、下面层的 $V_a$ 可小于3%;表面层的 $V_a$ 应为6%。以利于有较大表面构造深度TD,使行车较安全。$V_a$ 是沥青混凝土施工的最重要技术指标之一,需要十分重视。

1. 重载交通长寿命沥青路面

秦皇岛重载交通长寿命半刚性路面的中下面层合并在一起,厚度为8cm、11cm和14cm,用AH-30沥青SAC25-1级配,碾压时用2台DD130和1台DYNAPAC,共3台双钢轮双驱动振动压路机始终振动碾压,各压3遍,随后用1台轮胎压路机碾压1遍,取得了很好的压实效果。降雨时,表面有薄层积水,雨后变干时,没有任何水印,说明雨水没有透入下面层。

2. 充分压实减少不均匀性

无论是早期用于表面层的SAC-16级配,还是新SAC系列级配都是粗集料断级配,由于粗集料含量多于60%,振动碾压过程中不会产生推挤现象,也不会产生细小横向裂纹。可以趁沥青混合料高温时,用振动压路机碾压达到满意的压实度,且相当均匀。

对于SAC16-1和SAC13-1表面层,初压可以用DD-130或DYNAPAC双钢轮双驱动振动压路机各振动碾压2遍,复压压4遍,前进后退均始终振动碾压。再用轮胎压路机碾压一遍。最后用双钢轮双驱动压路机静压一遍,作为终压。

3. 解决路幅两侧 $V_a$ 大的措施

实践证明,往往在碾压范围的两侧边部沥青混凝土的孔隙率 $V_a$ 较大,容易导致产生水破坏。其原因有两个。一是沥青混合料摊铺后,两侧边部粗集料较多;二是由碾压不均匀形成。

为解决两侧边部各一条带空气率大的缺陷,需要采用两个措施:

(1)现场应该准备一辆能保温且能适当加温的有盖手推车。拌制部分细集料沥青混合料(细集料的颗粒组成都要与所铺沥青混凝土中细集料的颗粒组成相同)装在手推车内备用。在摊铺机后面向边部离析带的表面,人工补撒少量热细混合料,将粗集料之间的表面孔隙堵塞。

(2)压路机碾压1遍后,两侧边部的半轮宽(约1.1m),只压到1个往返,而其他部分都是压到 2 个往返。

如共碾压 4 遍,则两侧边部只压到 4 个往返,而其他部分都可压到 8 个往返。这是边部空气率大的另一个重要原因。为了减小两侧边部沥青混凝土的空气率,在碾压 4 遍的情况下,边部需要另外多压 4 个往返,也就是边部的 1.1m 宽要增加一倍碾压遍数。压路机既包括钢轮压路机,也包括错轮碾压的轮胎压路机。因此,现场指挥人员要及时令原压路机到两侧边部各补充碾压一个往返,使全断面各条带的碾压次数相同,压实度比较均匀。特别是靠横坡上侧的一条带更重要。如该条带不补压,其压实度偏小,透水性较大,容易导致邻接车道产生水破坏。

## 第六节　铺筑试验路

### 一、试拌与检验

试拌的目的是检验拌和楼控制室对各计量部分、包括各冷料仓的供料数量、沥青的数量、集料的加热温度、沥青的加热温度、拌和温度、拌和时间以及拌和室的出料温度等的控制是否准确和稳定。需要连续试拌 5 盘。SAC 的干拌时间不少于 10s,加沥青后的湿拌时间不少于 40s。

从第 4 盘和第 5 盘放出的沥青混合料中,取有代表性的样品送试验室进行下列试验。

(1)抽提筛分试验和 SGC 试验,检验矿料级配和油石比是否符合要求,检验沥青混凝土的三个体积指标,即空气率 $V_a$、矿料间隙率 *VMA* 和饱和度 *VFA* 是否符合要求？这三个体积指标的具体要求参看本章第五节。

(2)试拌沥青混合料时,可以减少每盘的数量,多余混合料只能用于铺筑便道或拌和厂内的道路。

试拌检验符合要求后,就可以铺筑试验路。试验路的长度约 300m 左右。试验路所用的机械设备和运料车要达到正式施工要求的水平。

### 二、铺筑试验路的目的

通过试验路要解决下列问题:

(1)有关人员在生产过程中如何协调配合实现自己的职责。

(2)运料车、摊铺机和压路机如何进行协调配合。

(3)混合料松铺厚度。

(4)双钢轮双驱动振动压路机、轮胎压路机的合理组合和碾压方式。

(5)初压和复压的合适碾压遍数。

## 三、技术交底和培训

(1)所采用的沥青,沥青的施工温度(拌和温度、初压温度、正常碾压温度、终压温度)。

(2)采用什么矿料级配,为什么?

(3)所采用的粗集料是否已用粗集料单一粒级专用筛分机筛分,有哪几个粒级;两种细集料是否准备好各自的配合比,以及粗细集料冷料仓的安排方式,采用什么填料,是否加抗剥落剂。

(4)沥青混凝土拌和厂所用拌和机是否已检验,冷料斗数量是否满足要求,是否已配备了皮带式电子秤,皮带式电子秤的使用情况等。

## 四、基层交接和处理

1)基层交接:指基层施工单位向沥青面层施工单位交接。相当于面层施工单位验收基层的质量是否符合要求?如是同一单位施工,也必须有此验收手续。

质量要求包括:

(1)基层材料的强度,包括室内混合料设计的详细资料;

(2)基层的厚度和完整性,包括现场钻孔取芯样,必要时采取挖探坑检查;

(3)基层承载能力的均匀性,用弯沉仪测量表面的弯沉值。分析时,要区分基层竣工时间的长短,可以半个月为区分时间单元。

2)基层处理:指在铺筑面层与基层间的黏结层之前,需要将基层进行处理,使基层的粗集料几乎全部露出表面,以便与沥青下面层很好黏结。水泥碎石基层和二灰碎石基层都需要处理。水泥碎石基层养生结束,表面都有薄层水泥砂浆填充在粗集料的间隙中和覆盖在粗集料表面。二灰碎石基层表层的碎石间都被二灰填满,二灰同时又覆盖在粗集料的表面。因此,一些施工企业常采用先在基层上开放交通,利用行车将基层表面已干的砂浆和二灰薄层磨去,使粗集料外露,这一措施要求有专人管理和指挥交通,使全幅基层的表面都能达到要求。也有些工地采用圆盘钢丝帚(圆盘上是硬的钢丝,而不是软的尼龙丝),多次清扫,使基层表面的粗集料外露。

3)铺筑底面层前,需对基层进行交接和处理。重载交通长寿命沥青路面试验路的水泥碎石基层,在养生结束后,通车2.5~3个月,使基层表层3~5cm都跑散了。所以只能清除基层表面的松散薄层,并边用高压水冲洗,边扫除;表面变干后，用强力吹风机（如森林灭火器）吹尽表面的浮灰砂和松散颗粒，使粗集料全部露出表面。

## 五、水泥混凝土桥面上的沥青面层

水泥混凝土桥面上在铺筑沥青面层前，需要对桥面混凝土进行认真的处理，处理的目的是将桥面混凝土表面的干砂浆除去，使混凝土的粗集料外露。

笔者曾经历过三次：

1）第一次是2003年元月初，在105国道中山市沙口桥和细窖桥的旧水泥混凝土桥面上的旧沥青混凝土面层铣刨后重铺一层沥青混凝土面层。两座桥各长约1 000m。旧桥面上的沥青面层铣刨和清扫干净后，先做黏结防水层，然后分别摊铺3cm（细窖桥）及4cm（沙口桥）改性沥青混凝土，矿料级配采用经验性的SAC-10。这两座桥的交通量很大，当年平均为4万辆/d，绝大部分是货车。通车后的前4年，每年笔者都去观测一次，没有出现坑洞、裂缝和辙槽。第5年只在个别地方看到很少且细小的裂缝，无明显辙槽及补块。2010年2月，通车7年后再次观察，桥面使用情况良好，见图7-20。沙口桥有3条细小横向裂缝，1条纵向裂缝，无辙槽；细窖桥可见一小坑和一处小补块、3～4条细小横向裂缝、1小段纵向裂缝，无辙槽。此两座桥沥青面层的加铺工程由王旭东博士负责，黏结防水层由专业施工组施工。

图7-20 通车7年后的细窖桥4cmSAC-10行车道表面

2）第二次是2004年10月，在安徽省庐铜高速公路靠近长江边的7km长多孔简支梁大桥，其桥面的沥青面层设计参看第五章第六节。该桥面的沥青面层的施工都是按设计方案实施的。主要包括下述几道工序：

（1）用铣刨机铣刨5mm桥面，除去表面的干砂浆层，使混凝土中的粗集料外露。原低洼处未外露的粗集料，再用小型机械凿除干砂浆层。

（2）用高压水将桥面上的松散料冲洗干净。

（3）桥面处理完成并晒干后，在桥面上先用AH-70沥青做黏结层；沥青用量约2.0kg/m$^2$。其上撒布10～20mm的干净白碎石，用量为满铺一层的约60%。

（4）在黏结层上铺一层厚6cm的AH-30硬质沥青和SAC25矿料级配相结合的下面层，这是国内高速公路首次采用AH-30硬质沥青于实际工程中。

(5)在下面层上用 SBS 改性沥青做黏结防水层;改性沥青用量约 2.4kg/m$^2$。其上撒布 5 ~ 10mm 的干净白碎石,用量也约是满铺一层的 60% 。

(6)在黏结防水层上铺筑厚 4cm 的改性沥青 SAC16 表面层。整个工程由笔者负责指挥,黏结层和黏结防水层都由有经验的专业施工组完成。

3)第 3 次是在秦皇岛重载交通长寿命沥青路面试验路的一座 880m 长的高架跨线大桥上,桥面上也设计了 6cm 底面层和 4cm 表面层。由业主安排采用了当地生产的打毛机打毛桥面混凝土。此机械是将小球形铁砂打在桥面上,使桥面混凝土表面的砂浆被打掉。打四遍后,能看到混凝土表面的碎石,但表面光滑且平,碎石并没有露出表面,较用铣刨机处理桥面的质量要差得多。在上铺筑 AH-70 沥青黏结层和 6cm 底面层后,又在底面层上铺筑黏结防水层。黏结层和黏结防水层都由富有经验的专业施工组完成。两层沥青面层用的是新 SAC25-1 和 SAC16-1,此级配明显优于庐铜路 7km 长桥面上的矿料级配,但由于施工单位抢工的原因(参看第三章),2009 年夏,观察桥面状况时,发现桥面上 1 小段产生了连续 5 个水破坏坑洞。笔者分析局部面层产生坑洞,既与桥面太光滑有关,更与施工单位在气温处于 5 ~ 8℃的夜间抢工铺筑表面层有关。

## 六、其他要点

1)控制底面层高程,在路幅两侧要挂钢绞线,控制高程。

2)铺筑上一层面层前,必须先清除底面层顶面的各种杂物和泥土饼。

3)黏结防水层完工后,要及时铺筑表面层。未铺筑表面层前,严禁车辆到黏结防水层上行驶,避免白碎石脱落和松散的白碎石集中成两条带。否则将会严重影响黏结防水层应起的作用。

4)在摊铺混合料前 1h,就要开始预热熨平板等有关部位。熨平板必须紧密拼接,不得有缝隙,防止卡入粒料。

5)运料车到达现场时,要有专人负责测量混合料的温度,而后测量摊铺温度,开始碾压温度和复压温度(后 3 个温度只能测表面温度)。如温度与规定温度有显著差异,要及时报告给现场主管工程师。

6)现场必须有专人指挥运料车,及时向摊铺机受料斗中卸料,避免在摊铺机后产生片状离析现象。如两块侧翼板中的余留沥青混合料的温度与新混合料的温度无大差异,可先将侧翼板中的混合料翻到中间,随后再令运料车将新混合料卸入摊铺机的受料斗内,使部分旧料与新料一起送到摊铺机的螺旋分料室。如侧翼板内混合料的温度相差过大,则要废弃,不再翻到中间。

7)摊铺机驾驶员应注意保持分料室中从中间到两侧沥青混合料饱满,使熨平板挡板前混合料的高度保持一致。要达到螺旋分料器高度的3/4以上。

8)摊铺机应该匀速摊铺,不能随意中断。

9)必须有专人负责指挥碾压,使压路机按初压、复压、终压有序地进行。要指挥协助压路机驾驶员按规定错轮,不产生漏压现象,并注意两侧边部,指定压路机到两侧边部补充碾压所缺的遍数。要真正达到路幅范围内各点的碾压遍数相同。

10)摊铺遇雨时,应立即停止施工。雨后继续开工前,要清除未碾压密实的混合料。遭受雨淋的混合料应废弃。

11)每天摊铺机正常摊铺沥青混合料完成后,摊铺机驶离现场时,人工将撒铺在地面上的沥青混合料耙拢、整平、碾压后作为当天铺筑段的尾部。第二天开始继续摊铺前,将此尾部垂直铲除,使新旧混合料垂直相接。

12)当天碾压的路段上,禁止停放任何机械和车辆,任何机械都不得在当天碾压的路段上掉头。

13)取样试验和验证。在铺筑试验路过程中,试验室要分三次取沥青混合料样品,进行下列试验。

(1)抽提筛分试验。

(2)SGC试验。

(3)水稳性试验。

(4)轮辙试验。

14)控制室打印材料。沥青混合料生产半小时后,控制室要连续打印半小时的下述资料。打印每盘各个冷料仓和热料仓的供料质量、填料和沥青的质量以及各个温度的实际值等。控制台操作员应及时将打印出的30盘资料进行统计分析,包括:各个冷料仓和热料仓所供料质量的极差、平均值、标准差和变异系数;填料和沥青质量的极差、平均值、标准差和变异系数;每盘沥青混合料总质量的极差、平均值、标准差和变异系数;各种温度含沥青混合料的拌和温度的极差、平均值、标准差和变异系数。每一项的统计计算结果,都应该列一张简表,其格式见表7-10。

**SAC25-1沥青混合料各个总质量的统计结果** 表7-10

| 日 期<br>年 月 日 | 设定值<br>(kg) | 极差<br>(kg) | 平均值<br>(kg) | 标准差<br>(kg) | 变异系数<br>(kg) |
|---|---|---|---|---|---|
| | | | | | |
| | | | | | |

15)小结和报批

试验路完成的第二天,要随机钻取6个钻件,测量其厚度、密度并计算空气率。钻孔后要及时用热沥青混合料填塞空洞并夯实。

承包单位应针对试验路的主要目的和内容撰写试验路小结报告,及时将小结报告提交给监理工程师和业主,同时申请正式生产。

## 第七节　沥青混合料的变异性

沥青混合料拌和机的主输送带将粗细集料送入烘干筒,烘干后送到拌和楼上经二次筛分后进入各个热料仓。

重载交通长寿命沥青路面的中下面层合为一层后,采用的矿料级配是紧密骨架密实结构SAC25-1。沥青混合料拌和厂按照要求,将粗集料用单一粒级筛分机筛成4个单一粒级的料,配置了6个冷料仓,每个冷料仓下都配了电子秤。应该说,其冷料和热料的级配都符合SAC25-1。生产时,每天从各个热料仓放出较多样品,用四分方法逐次缩小后的小样品的筛分结果表明,连续7d同一热料仓中各个筛孔的通过量仍有较大变异性,见表7-11。

**底面层SAC25-1热料仓各筛孔通过量的变化**　　表7-11

| 日期 | 仓号 | 通过下列筛孔(mm)的质量百分率(%) | | | | | | | | | | |
|---|---|---|---|---|---|---|---|---|---|---|---|---|
| | | 26.5 | 19 | 13.2 | 9.5 | 4.75 | 2.36 | 1.18 | 0.6 | 0.3 | 0.15 | 0.075 |
| 9.01 | 4 | 100 | 37.5 | 6.9 | 0.5 | 0.1 | | 0.1 | 0.1 | 0.1 | 0.1 | 0.1 |
| 9.03 | 4 | 100 | 48.3 | 8.6 | 0.4 | 0 | 0 | | | | | |
| 9.04 | 4 | 100 | 52.2 | 10.0 | 0.8 | 0.1 | 0.1 | 0.1 | 0.1 | 0.1 | 0.1 | 0.1 |
| 9.09 | 4 | 98.7 | 20.0 | 4.1 | 0 | 0 | 0 | | | | | |
| 9.11 | 4 | 95.0 | 30.2 | 8.3 | 3.1 | 0.6 | 0.5 | 0.1 | | | | |
| 9.17 | 4 | 97.2 | 23.3 | 3.9 | 0 | 0 | 0 | | | | | |
| 9.17 | 4 | 99.2 | 41.3 | 3.4 | 0.7 | 0.4 | 0 | | | | | |
| 9.18 | 4① | 67.1 | 29.0 | 14.9 | 11.9 | 5.5 | 2.1 | | | | | |
| 9.19 | 4① | 99.5 | 78.9 | 50.1 | 31.7 | 0 | 0 | | | | | |
| 9.01 | 3 | | 96.5 | 45.3 | 4.9 | 1.2 | 1.2 | 1.2 | 1.2 | 1.2 | 1.2 | 1.2 |
| 9.03 | 3 | | 100 | 44.1 | 2.8 | 0.3 | 0.3 | 0.3 | 0.3 | 0.3 | 0.3 | 0.3 |
| 9.04 | 3 | | 100 | 44.8 | 3.0 | 0.2 | 0.2 | 0.2 | 0.2 | 0.2 | 0.2 | 0.2 |
| 9.09 | 3 | | 93.7 | 54.2 | 14.0 | 2.9 | 0 | | | | | |

续上表

| 日期 | 仓号 | 通过下列筛孔(mm)的质量百分率(%) | | | | | | | | | | |
|---|---|---|---|---|---|---|---|---|---|---|---|---|
| | | 26.5 | 19 | 13.2 | 9.5 | 4.75 | 2.36 | 1.18 | 0.6 | 0.3 | 0.15 | 0.075 |
| 9.11 | 3 | | 98.4 | 68.3 | 17.9 | 0.7 | 0.3 | 0.2 | 0.1 | | | |
| 9.17 | 3 | | 96.1 | 53.2 | 14.5 | 3.2 | 0 | | | | | |
| 9.17 | 3 | | 97.6 | 50.4 | 6.1 | 0.8 | 0.4 | 0 | | | | |
| 9.18 | 3 | | 100 | 59.3 | 25.3 | 2.6 | 1.6 | 1.2 | | | | |
| 9.01 | 2 | | 100 | 98.3 | 86.7 | 2.2 | 1.3 | 1.0 | 1.0 | 1.0 | 1.0 | 1.0 |
| 9.03 | 2 | | | 100 | 82.2 | 1.2 | 0.6 | 0 | 0 | | | |
| 9.04 | 2 | | | 100 | 74.2 | 1.5 | 0.7 | 0 | 0 | | | |
| 9.09 | 2 | | | 100 | 98.7 | 4.2 | 1.7 | 1.1 | | | | |
| 9.11 | 2 | | | | 97.1 | 3.3 | 1.1 | 0.8 | 0.7 | | | |
| 9.17 | 2 | | | | 98.9 | 2.7 | 1.3 | 0 | | | | |
| 9.17 | 2 | | | | 96.7 | 2.2 | 0.84 | 0.32 | 0.1 | 0 | | |
| 9.01 | 1 | | | | 100 | 93.9 | 60.4 | 33.7 | 21.9 | 14.5 | 10.4 | 6.3 |
| 9.03 | 1 | | | | 100 | 88.7 | 66.8 | 43.9 | 32.5 | 20.2 | 15.3 | 10.3 |
| 9.04 | 1 | | | | 100 | 88.7 | 66.8 | 43.9 | 32.5 | 20.2 | 15.3 | 10.3 |
| 9.09 | 1 | | | | 100 | 94.0 | 62.9 | 31.9 | 21.0 | 10.7 | 8.8 | 5.0 |
| 9.11 | 1 | | | | 99.6 | 88.7 | 55.4 | 38.4 | 25.2 | 16.5 | 11.4 | 7.4 |
| 9.17 | 1 | | | | | 94.6 | 62.1 | 33.0 | 19.7 | 12.2 | 8.0 | 5.3 |
| 9.17 | 1 | | | | | 95.7 | 73.9 | 45.3 | 32.1 | 20.6 | 14.0 | 8.4 |

注:①由于热料仓中筛网故障,这两天的筛分结果数据不统计在内。

## 一、热料仓中 SAC25-1 的变异性

### 1. 热料仓各个筛孔通过量的统计分析

分析表 7-11 的 7 次筛分结果,可归纳在表 7-12 中。

各热料仓不同筛孔通过量(%)的统计分析结果(粗集料)　　表7-12a

| 仓号 | 筛孔26.5mm | 筛孔19mm | 筛孔13.2mm | 筛孔9.5mm | 筛孔4.75mm |
|---|---|---|---|---|---|
| 4 | $R$:95.1%~100%<br>$X$:4.9<br>$C_v$:1.9% | 20.0~52.2<br>32.2<br>33.8 | 3.4~10<br>6.6<br>41 | 0~3.1<br>3.1<br>136 | 0~0.6<br>0.6<br>138 |
| 3 | $R$:%<br>$X$:%<br>$C_v$:% | 93.7~100<br>6.3<br>2.3 | 44.1~68.3<br>24.2<br>16.5 | 2.8~17.9<br>15.1<br>69.2 | 0.2~3.2<br>3.0<br>92.2 |
| 2 | $R$:%<br>$X$:%<br>$C_v$:% | | 98.3~100<br>1.7<br>0.6 | 74.2~98.9<br>24.7<br>10.7 | 1.2~4.2<br>3.0<br>41.9 |
| 1 | $R$:%<br>$X$:%<br>$C_v$:% | | | 99.6~100<br>0.4<br>0.15 | 88.7~95.7<br>7.0<br>3.5 |

各热料仓不同筛孔通过量(%)的统计分析结果(细集料)　　表7-12b

| 仓号 | 筛孔2.36mm | 筛孔1.18mm | 筛孔0.6mm | 筛孔0.3mm | 筛孔0.15mm | 筛孔0.75mm |
|---|---|---|---|---|---|---|
| 4 | $R$:0~0.5%<br>$X$:0.5%<br>$C_v$:183% | | | | | |
| 3 | $R$:0~1.2%<br>$X$:1.2%<br>$C_v$:119% | | | | | |
| 2 | $R$:0.6%~1.7%<br>$X$:1.1%<br>$C_v$:136.2% | | | | | |
| 1 | $R$:55.4%~73.9%<br>$X$:18.5<br>$C_v$:9.1% | 31.9~45.3<br>13.4<br>15.0 | 19.1~32.5<br>13.4<br>22.0 | 10.7~20.6<br>9.9<br>24.9 | 8.0~15.3<br>7.3<br>25.4 | 5~10.3<br>5.3<br>29.0 |

表中$R$为同一热料仓同一筛孔的多天通过量(%)的变化范围。$X$指级差，即通过量最大值与最小值之差。$C_v$为同一筛孔多天通过量的变异系数。

由表7-12看到，4号热料仓中19mm筛孔通过量的极差(最大值与最小值之差)达32.2%，3号热料仓中13.2mm筛孔通过量的极差为24.2%，2号热料仓中9.5mm筛孔通过量的极差为24.7%，1号热料仓中从4.75mm筛孔到0.6mm筛孔共四个筛孔通过量的极差分别为7%、18.5%、13.4%和13.4%。这些结果说明，虽然在保证冷料的实际级配符合设计级配要求方面，采取了多种措施，使烘干筒中的热料完全达到了级配要求，但通过间歇式拌和楼热料二次筛分，各个热料仓中的料还是有相当大的变异性，只是比以往高速公路沥青面层施工过程中混合料各个筛孔通过量的变异性稍小些。以往粗集料热料仓中连续6d 19mm通过量的极差达到36.3%，现仅减小4.1%。

2. 热料仓各筛孔通过量变化对级配的影响

将表7-11中7d的热料仓筛分结果，按第1d(日期9.01)采用的相同热料配合比4号仓25%，3号仓30%，2号仓13%，1号仓28%，另加4%水泥作为填料，可计算得7d的矿料级配，见表7-13。

**按热料仓筛分结果计算得的矿料级配** 表7-13

| | 配比 | 通过下列筛孔(mm)的质量百分率(%) | | | | | | | | | | |
|---|---|---|---|---|---|---|---|---|---|---|---|---|
| | | 26.5 | 19 | 13.2 | 9.5 | 4.75 | 2.36 | 1.18 | 0.6 | 0.3 | 0.15 | 0.075 |
| 1号仓 | 25 | — | 9.38 | 1.73 | 0.12 | 0.02 | 0.02 | 0.02 | 0.02 | 0.02 | 0.02 | 0.02 |
| 2号仓 | 30 | — | 28.95 | 13.59 | 1.47 | 0.36 | 0.36 | 0.36 | 0.36 | 0.36 | 0.36 | 0.36 |
| 3号仓 | 13 | — | 13 | 12.78 | 11.27 | 0.29 | 0.17 | 0.13 | 0.13 | 0.13 | 0.13 | 0.13 |
| 4号仓 | 28 | — | 28 | 28 | 28 | 26.29 | 16.91 | 9.44 | 6.13 | 4.06 | 2.19 | 1.76 |
| 水泥 | 4 | — | 4 | 4 | 4 | 4 | 4 | 4 | 4 | 4 | 4 | 3.8 |
| 日期 | 9.01 | 100 | 83.3 | 60.1 | 44.9 | 31.0 | 21.5 | 14.0 | 10.6 | 8.6 | 7.4 | 6.1 |
| | 9.03 | 100 | 87.1 | 60.4 | 43.6 | 29.1 | 22.9 | 16.4 | 13.2 | 9.8 | 8.4 | 6.8 |
| | 9.04 | 100 | 88.0 | 60.9 | 42.8 | 29.1 | 22.9 | 16.4 | 13.2 | 9.7 | 8.4 | 6.7 |
| | 9.09 | 99.7 | 78.1 | 62.3 | 49.0 | 31.7 | 21.8 | 13.1 | 9.9 | 7.0 | 6.5 | 5.2 |
| | 9.11 | 98.8 | 82.1 | 67.6 | 50.7 | 29.6 | 19.9 | 14.9 | 11.2 | 8.7 | 7.3 | 5.9 |
| | 9.17 | 99.3 | 79.6 | 62.0 | 49.2 | 31.8 | 21.6 | 13.2 | 9.5 | 7.4 | 6.2 | 5.3 |
| | 9.17 | 99.3 | 79.6 | 61.0 | 49.2 | 31.8 | 21.6 | 13.2 | 9.5 | 7.4 | 6.2 | 5.3 |
| $R$(%) | | 98.8 ~ 100 | 78.1 ~ 88.0 | 60.1 ~ 67.6 | 42.8 ~ 50.7 | 29.1 ~ 31.8 | 19.9 ~ 22.9 | 13.1 ~ 16.4 | 9.5 ~ 13.2 | 7.0 ~ 9.8 | 6.2 ~ 8.4 | 5.2 ~ 6.8 |
| $\overline{X}$(%) | | 99.4 | 82.5 | 62.0 | 47.1 | 30.6 | 21.7 | 14.5 | 11.0 | 8.4 | 7.2 | 5.9 |
| $C_v$(%) | | — | 4.6 | 4.2 | 6.8 | 4.2 | 4.7 | 10.2 | 14.6 | 13.6 | 13.2 | 11.4 |
| 设计级配 | | 100 | 79.2 | 61.4 | 48.7 | 30.0 | 21.4 | 15.2 | 11.0 | 7.8 | 5.6 | 4.0 |

表7-13中第1行为筛孔尺寸(mm)，第2行～第4行为各个热料仓不同筛孔的通过量。日期右侧各个筛孔的通过量为该天计算得的矿料级配。

表7-13中底部3行的$R$表示极差，$\overline{X}$表示平均值，$C_v$为变异系数。从表7-13所列结果可以看到，实际的合成级配都超过了原先希望达到的结果：4.75mm的实际通过量与设计值之差在+0.9%～-1.8%之间，平均通过量为30.6%，极差为:2.7%，大于4.75mm各个筛孔的通过量的极差为7.9%、7.5%、

9.9% 和 1.2%，也就是极差最大的是筛孔 19mm（$R = 9.9\%$），其次是筛孔9.5mm 和 13.2mm。也即粗集料的含量接近 70%。细集料从 2.36mm 往下到 0.075mm 各个筛孔通过量与设计值之差，分别为：+1.5% ~ -1.5%，+1.2% ~ -2.0%，+2.2% ~ -1.5%，+2.0% ~ -0.8%，+0.6% ~ +2.8% 和 +1.2% ~ +2.8%。表 7-13 中就平均值而言，粗集料仅 26.5mm、13.2mm 和 4.75mm 共 3 个筛孔的通过量符合要求。细集料各个筛孔通过量与设计值之差多数在 ±2% 以内，仅 0.15mm 和 0.075mm 的偏差略大。证明冷料仓增加到 6 个，用两种事先做好配合比的细集料，分装在 2 个冷料仓中是可行的。试验路只能在已定条件下尽可能做好。虽然级配产生了上述的显著变化，由于粗集料的含量在 70% 左右，铺出来的下面层用肉眼观测还是相当均匀，很少离析现象。

产生表 7-13 中这样大的极差，以及表 7-13 中合成级配间也产生 1.6% ~ 9.9% 的差异，显然与拌和机的机龄与管理有关。实际使用时，该机一天至少产生一次故障，有时甚至两次，更重要的原因是热料二次筛分后，每个热料仓中料的组成经常变化。

因此，用哪一次筛分结果做的生产配合比所得的级配曲线，虽然其物理—力学性质指标，如水稳性，动稳定度，低温弯曲试验结果都符合要求，但随后接着正式生产时，就难以得到生产配合比所确定的级配曲线。正式生产得到的多根新级配曲线必然会直接影响沥青混合料的物理 - 力学性质，使其完全不符合要求。这种不可避免的结果是实际高速公路路面早期破坏不断的根本原因。

## 二、热料仓中 SAC16-1 的变异性

表面层 SAC16-1 所用的安山岩碎石，由于两个原因，没有用粗集料单一粒级专用筛分机再次筛分。原因之一是，该碎石厂的筛架斜度、振动频率和筛网尺寸配置得较好，管理较好，三个粒级粗集料（16 ~ 13.2mm，13.2 ~ 9.5mm 和 9.5 ~ 4.75mm）中仅一个粒级粗集料某筛孔的通过量误差达到 11%；另一个原因是已进入深秋，秦皇岛气温有时已低于规范规定的最低施工温度，时间已不允许再用粗集料单一粒级筛分机筛分，在此情况下不得不放弃再次筛分。不再次筛分，又无人监督碎石厂的生产，实际送到拌和厂的料到底前后有多大差异，很难讲清。

### 1. 四天从热料仓中取样后的筛分结果

表面层施工时，四天从热料仓中取样后的筛分结果列在表 7-14。

**表面层 SAC16-1 热料仓各筛孔通过量的变化** 表 7-14

| 日期 | 仓号 | 通过下列筛孔(mm)的质量百分率(%) | | | | | | | | | |
|---|---|---|---|---|---|---|---|---|---|---|---|
| | | 16 | 13.2 | 9.5 | 4.75 | 2.36 | 1.18 | 0.6 | 0.3 | 0.15 | 0.75 |
| 10.08 | 4号 | 99.0 | 60.3 | 5.5 | 0 | — | — | — | — | — | — |
| 10.11 | 4号 | 99.2 | 61.3 | 5.2 | 0 | — | — | — | — | — | — |
| 10.12 | 4号 | 99.2 | 60.5 | 9.6 | 0 | — | — | — | — | — | — |
| 10.13 | 4号 | 98.6 | 34.5 | 6.9 | 0.3 | — | — | — | — | — | — |
| 10.08 | 3号 | — | 100 | 99.2 | 93.5 | 2.4 | 0 | — | — | — | — |
| 10.11 | 3号 | — | 100 | 99.5 | 93.2 | 2.4 | 0 | — | — | — | — |
| 10.12 | 3号 | — | 100 | 96.2 | 6.7 | 2.8 | 1.9 | — | — | — | — |
| 10.13 | 3号 | — | 100 | 98.1 | 92.2 | 0.7 | 0 | — | — | — | — |
| 10.08 | 2号 | — | — | 100 | 77.4 | 7.9 | 2.7 | 2.3 | — | — | — |
| 10.11 | 2号 | — | — | 100 | 77.5 | 8.0 | 3.3 | 2.1 | — | — | — |
| 10.12 | 2号 | — | — | 100 | 73.5 | 4.5 | 1.7 | 1.3 | — | — | — |
| 10.13 | 2号 | — | — | 100 | 44.2 | 2.2 | 0.9 | 0 | — | — | — |
| 10.08 | 1号 | — | — | — | 100 | 94.8 | 64.5 | 45.1 | 25.1 | 14.5 | 7.5 |
| 10.11 | 1号 | — | — | — | 100 | 95.3 | 64.6 | 44.9 | 25.2 | 14.4 | 7.6 |
| 10.12 | 1号 | — | — | — | 99.7 | 86.0 | 43.0 | 26.6 | 19.5 | 14.8 | 8.2 |
| 10.13 | 1号 | — | — | — | 98.8 | 85.9 | 55.6 | 40.6 | 23.4 | 13.1 | 7.4 |

2. 热料仓通过量的统计分析

分析表 7-14 所列的筛分结果，归纳在表 7-15 中。表 7-15 中第 2 列符号所代表的意义同表 7-12。

**SAC16-1 各热料仓不同筛孔通过量的统计分析结果** 表 7-15

| 仓号 | | 通过下列筛孔(mm)的质量百分率(%) | | | | | | | | | |
|---|---|---|---|---|---|---|---|---|---|---|---|
| | | 16 | 13.2 | 9.5 | 4.75 | 2.36 | 1.18 | 0.6 | 0.3 | 0.15 | 0.075 |
| 4 | $R$(%) | 98.6 ~ 99.2 | 34.5 ~ 61.3 | 5.2 ~ 9.6 | 0 ~ 1.3 | 0 | — | — | — | — | — |
| | $X$(%) | 0.6 | 26.8 | 4.4 | 1.3 | 0 | — | — | — | — | — |
| | $C_v$(%) | 2.9 | 24.2 | 29.5 | 200 | 0 | — | — | — | — | — |
| 3 | $R$(%) | — | 100 ~ 100 | 96.2 ~ 99.5 | 6.7 ~ 93.5 | 0.7 ~ 2.8 | 0 ~ 1.9 | — | — | — | — |
| | $X$(%) | — | 0 | 3.3 | 86.8 | 2.1 | 1.9 | — | — | — | — |
| | $C_v$(%) | — | 0 | 1.5 | 60.4 | 45.1 | 200 | — | — | — | — |

续上表

| 仓号 | | 通过下列筛孔(mm)的质量百分率(%) | | | | | | | | | |
|---|---|---|---|---|---|---|---|---|---|---|---|
| | | 16 | 13.2 | 9.5 | 4.75 | 2.36 | 1.18 | 0.6 | 0.3 | 0.15 | 0.075 |
| 2 | R(%) | — | — | 100～100 | 44.2～77.5 | 2.2～8.0 | 0.9～3.3 | 0～2.3 | — | — | — |
| | X(%) | — | — | 0 | 33.3 | 5.8 | 2.4 | 2.3 | — | — | — |
| | $C_v$(%) | — | — | 0 | 23.6 | 49.9 | 49.4 | 73.2 | — | — | — |
| 1 | R(%) | — | — | — | 98.0～100 | 85.9～95.3 | 43～64.6 | 26.6～45.1 | 19.5～25.2 | 13.1～14.8 | 7.4～8.2 |
| | X(%) | — | — | — | 2.0 | 9.4 | 21.6 | 18.5 | 5.7 | 1.7 | 0.8 |
| | $C_v$(%) | — | — | — | 0.6 | 5.8 | 17.9 | 22.2 | 11.4 | 5.3 | 4.7 |

由表7-15可以看到,4号热料仓中13.2mm筛孔通过量的极差为26.8%,3号热料仓中4.75mm筛孔通过量的极差高达86.8%,2号热料仓中4.75mm筛孔通过量的极差为33.3%,1号热料仓中1.18mm和0.6mm两个筛孔通过量的极差分别为21.6%和18.5%。上述极差显著大于经单一粒级专用筛分机筛分的SAC25-1的热料仓的极差。

3. 热料仓各筛孔通过量变化对级配的影响

按热料仓的生产配合比(4号仓40%,3号仓25%,2号仓8%,1号仓21%,另加6%水泥作为填料)。用表7-14中各热料仓的筛分结果可计算得四天矿料的合成级配,见表7-16。

**SAC16-1四天的合成级配** 表7-16

| 日期 | 通过下列筛孔(mm)的质量百分率(%) | | | | | | | | | |
|---|---|---|---|---|---|---|---|---|---|---|
| | 16 | 13.2 | 9.5 | 4.75 | 2.36 | 1.18 | 0.6 | 0.3 | 0.15 | 0.075 |
| 10.08 | 99.7 | 84.5 | 62.9 | 34.5 | 27.2 | 19.7 | 15.6 | 11.2 | 9.1 | 7.2 |
| 10.11 | 99.7 | 84.1 | 62.0 | 56.5 | 27.1 | 19.8 | 15.6 | 11.3 | 9.0 | 7.3 |
| 10.12 | 99.7 | 84.2 | 62.9 | 34.5 | 25.1 | 15.7 | 11.7 | 10.1 | 9.1 | 7.4 |
| 10.13 | 99.7 | 84.2 | 62.8 | 34.5 | 25.1 | 15.6 | 11.7 | 10.1 | 9.1 | 7.4 |
| 设计级配 | 100 | 83.2 | 60.7 | 31.3 | 24.3 | 18.9 | 14.8 | 11.5 | 9.0 | 7.0 |

由表7-16可以看到,SAC16-1矿料的粗集料未经单一粒级粗集料专用筛分机筛分成3个单一粒级集料,而是直接用碎石厂运到拌和厂的集料,其规格和质量失去了控制。所以,连续生产四天,各个热料仓中热料的变异性还显著大于SAC25-1。一旦按技术指标要求确定热料仓的配合比后,矿料级配就是一根曲

线,但正式生产时,再也得不到这根技术指标符合要求的级配曲线。这就是SAC16-1 表面层产生多种早期破坏的根本原因。

上述结果是笔者曾在多个拌和厂用不同型号间歇式拌和楼生产过程中发现的一种通病。这也是我国新建高速公路通车 2 年左右就产生过早水破坏和严重辙槽的根本原因。

尽管秦皇岛长寿命试验路在冷料的规格和配合比的准确度上都做了很大努力,但并没有取得应有的效果。通过间歇式拌和机的二次筛分,同一热料仓中不同时间取大样品,经四分法缩到小样品筛分后,同一筛孔的通过量仍有相当大的误差,只是比以往习惯做法的通过量误差稍小些。看来要使在冷料上做的努力发挥应有的效果,粗集料必须筛分成单一粒级的料,并采用连续式拌和机,使从烘干筒出来的热料直接进入拌和筒,同时向拌和筒添加填料和沥青后,将混合料拌和均匀。应该说,连续式拌和机体积小,产量大,单价也低得多,是间歇式拌和的发展方向。也可以说,从间歇式拌和机到连续式拌和机,是拌和机的一场革命。在当前只能使用间歇式拌和机的情况下,应取消热料二次筛分,热料送到拌和楼上直接存放在一个合适的热料仓里,经称量后进入拌和室。

# 参 考 文 献

[1] 沙庆林. 重载交通长寿命沥青路面关键技术的研究(总报告)[R],2008.11.

[2] 沙庆林. 高等级公路半刚性基层沥青路面[M]. 北京:人民交通出版社,1998.

[3] 沙庆林. 多碎石沥青混凝土 SAC 系列的设计与施工[M]. 北京:人民交通出版社,2005.

[4] 王富玉. 高速公路沥青路面抗滑表层与解决水破坏的研究.

[5] 杨瑞华. 重载交通长寿命沥青路面关键技术的研究—江苏省连盐高速公路试验路[R].

[6] 梁春雨. 30 号硬质沥青用于沥青路面中下面层的试验研究[R].

[7] 沙庆林. 高速公路沥青路面早期破坏现象及预防[M]. 北京:人民交通出版社,2001.

[8] 孔繁盛. 大粒径沥青碎石(LSAM-25)混合料试验研究[J]. 山西交通科技,2009.6.

[9] Asphalt Pavement Alliance. Perpetual Pavement Synthesis. Asphalt Pavement Alliance Order Number APA 101 1/02, 2002.

[10] Nunn, M. E. , Design of Long-life Flexible Pavements for Heavy Traffic[P], Report 250 Transportation Research Laboratory , U K,1997.

[11] A. C. Collop, D. Cebon, Parametric study of factors affecting flexible pavement performance[J]. Journal of Transportation Engineering, Vol. 121(6),1995.

[12] Fehrl Report 2009/1 Ellpag Phase 2 a Guide to the Use of Long-life Semi-rigid Pavements.